ÉTUDES
SUR
LA GÉOGRAPHIE HISTORIQUE
DE LA GAULE,
ET SPÉCIALEMENT
SUR LES DIVISIONS TERRITORIALES DU LIMOUSIN,
AU MOYEN ÂGE,

PAR M. MAXIMIN DELOCHE,
MEMBRE DE LA SOCIÉTÉ IMPÉRIALE DES ANTIQUAIRES DE FRANCE
ET DE LA SOCIÉTÉ IMPÉRIALE DE GÉOGRAPHIE.

OUVRAGE COURONNÉ
PAR L'ACADÉMIE DES INSCRIPTIONS ET BELLES-LETTRES.

PARIS.
IMPRIMERIE IMPÉRIALE.

M DCCC LXI.

ÉTUDES
SUR
LA GÉOGRAPHIE HISTORIQUE
DE LA GAULE,
ET SPÉCIALEMENT
SUR LES DIVISIONS TERRITORIALES DU LIMOUSIN,
AU MOYEN ÂGE.

EXTRAIT DU TOME IV, 2ᵉ SÉRIE, 1ʳᵉ PARTIE.
DES MÉMOIRES
PRÉSENTÉS PAR DIVERS SAVANTS À L'ACADÉMIE DES INSCRIPTIONS ET BELLES-LETTRES.

ÉTUDES
SUR
LA GÉOGRAPHIE HISTORIQUE
DE LA GAULE,
ET SPÉCIALEMENT
SUR LES DIVISIONS TERRITORIALES DU LIMOUSIN,
AU MOYEN ÂGE.

PAR M. MAXIMIN DELOCHE,

MEMBRE DE LA SOCIÉTÉ IMPÉRIALE DES ANTIQUAIRES DE FRANCE
ET DE LA SOCIÉTÉ IMPÉRIALE DE GÉOGRAPHIE.

OUVRAGE COURONNÉ
PAR L'ACADÉMIE DES INSCRIPTIONS ET BELLES-LETTRES

PARIS.
IMPRIMERIE IMPÉRIALE.

M DCCC LXI.

ÉTUDES

SUR

LA GÉOGRAPHIE HISTORIQUE DE LA GAULE,

ET SPÉCIALEMENT

SUR LES DIVISIONS TERRITORIALES DU LIMOUSIN,

AU MOYEN ÂGE.

INTRODUCTION.

En dehors du système des divisions ecclésiastiques, c'est-à-dire dans l'ordre que nous appellerons *laïque*, les territoires de ceux des anciens peuples de la Gaule qui constituèrent des *civitates* dans la géographie des Romains et ont formé, depuis Constantin, des circonscriptions diocésaines, se présentent sous des aspects divers, suivant :

1° Qu'on les considère comme divisions purement géographiques, c'est-à-dire comme régions occupées par tels ou tels peuples, et subdivisées elles-mêmes en petits pays ou cantons, indépendamment de la hiérarchie et des arrondissements administratifs qui s'y sont succédé ;

2° Qu'on les envisage, au contraire, au point de vue de cette hiérarchie, de ces arrondissements administratifs et des divisions territoriales auxquelles ils ont donné naissance;

3° Enfin, qu'outre les divisions communes à tous ou à la plupart des peuples de la Gaule, les monuments signalent, sur tel ou tel point, des divisions particulières qu'on ne rencontre que dans un nombre de pays assez restreint.

L'un des savants contemporains auxquels appartient l'honneur d'avoir fait revivre parmi nous le goût de l'étude de la géographie du moyen âge, le regrettable M. Guérard[1], a caractérisé, par trois appellations différentes, les trois espèces de divisions que nous venons d'indiquer; il a nommé

Celles de la première espèce, *civiles*;
Celles de la seconde espèce, *dynastiques*;
Celles de la troisième espèce, *irrégulières*[2].

Malgré le respectueux et reconnaissant souvenir que nous conservons de cet érudit, et malgré notre déférence habituelle pour son ju-

---

[1] Au nom de M. Guérard, qui fut une des lumières et qui est une des gloires de notre pays et de notre époque, il faut associer celui de M. Auguste Le Prevost, notre vénéré et savant ami, que ses remarquables travaux sur les Anciennes divisions territoriales de Normandie et sur la Topographie du département de l'Eure, ainsi que l'édition d'Orderic Vital, publiée aux frais de la Société de l'Histoire de France, ont mis au premier rang de l'érudition française. Les recherches sur la géographie des temps postérieurs à la chute de l'empire d'Occident, qu'un émule des Du Cange, des Mabillon et des Baluze, notre célèbre Adrien de Valois, avait inaugurées avec tant de talent et un si éclatant succès, un instant reprises, au siècle suivant, par l'abbé Lebeuf, languirent après lui; et c'est à l'initiative des deux éminents esprits que nous venons de citer que l'on doit la vive et féconde impulsion que cette partie de la science géographique et de la science historique a reçue de notre temps. Un nom que nous ne pouvons oublier est celui de M. Jules Desnoyers, le savant et ingénieux auteur de la Topographie ecclésiastique, ouvrage de longue haleine et de haute importance, dont la publication se continue depuis plusieurs années dans l'Annuaire de la Société de l'Histoire de France.

[2] *Essai sur le système des divisions territoriales de la Gaule sous la domination des Francs*, extrait d'un mémoire couronné, en 1830, par l'Académie des inscriptions et belles-lettres; in-8°, Paris, p. 41.

gement, nous ne pouvons nous empêcher de signaler les objections auxquelles donnent lieu les termes qu'il a employés sans les accompagner, d'ailleurs, d'aucune explication.

Les appellations dont il s'agit, emportant avec elles l'idée et l'intention de définir, ont besoin d'être pesées aussi mûrement que des définitions.

La première sorte de divisions, qui comprend la *civitas* ou grand *pagus*, et les *pagi* de l'ordre inférieur, a été sans doute nommée *civile* par opposition aux circonscriptions ecclésiastiques. Mais, à ce titre, les divisions de la deuxième et de la troisième espèce sont également civiles.

D'un autre côté, si la différence existant entre les circonscriptions ecclésiastiques, d'une part, et la *civitas* et les *pagi*, d'autre part, se trouve ainsi exprimée, celle qui sépare ces derniers des arrondissements *administratifs* et des districts *particuliers* ne l'est aucunement. Le terme de *divisions civiles* comprend donc à la fois au delà de ce qu'on a voulu définir, et ne renferme pas tout ce qui devrait y être défini.

J'observe que les divisions en *civitas*, *pagi*, etc. indépendantes de l'organisation administrative, sont toujours, quant à la *civitas*, et souvent aussi, quant aux *pagi*, la conséquence naturelle et, pour ainsi dire, historique, du fait de l'existence d'un peuple, de peuplades et de clans ou tribus, fixés dans telle ou telle région, ou bien encore le résultat de la configuration du sol ou de son état de culture. Elles seraient, ce semble, proprement appelées *divisions régionales*.

Le nom de *dynastiques*, imposé aux divisions de la deuxième espèce, ne paraît pas complétement exact; car, soit que l'on prenne ce terme dans son sens étymologique, ou dans son acception la plus usitée, qui désigne une série de souverains, princes ou personnages puissants, il ne saurait s'appliquer avec justesse qu'aux grands officiers, tels que les ducs et comtes, et non pas aux officiers subalternes, tels que les vicaires et les centeniers, dont la série est à peu près partout inconnue. J'ajoute que leurs districts n'ont persisté presque nulle part, et ont été généralement fractionnés dans le cours et surtout à la fin du xɪᵉ siècle.

Le nom de *dynastiques* ne peut donc leur convenir. Il serait même mieux appliqué aux marches, fiscs et immunités, qui furent, plus souvent que les vicairies et centaines, l'occasion et le moyen de fonder des seigneuries héréditaires.

Ne serait-il pas rationnel de remplacer ce nom par un mot qui exprimât le véritable caractère des arrondissements territoriaux à définir? Puisqu'ils représentaient, dans le principe, des circonscriptions administratives, je proposerai de les appeler simplement *administratifs*, comme l'Académie elle-même les avait d'ailleurs dénommés [1].

Quant aux divisions dites *irrégulières*, elles ne semblent pas non plus convenablement nommées; car on peut se méprendre sur le sens de l'appellation, et en induire qu'elles avaient été arbitrairement instituées en dehors de l'action régulière de l'autorité, ce qui serait loin d'être exact dans la plupart des cas. Le terme de *divisions particulières* serait, nous le croyons, moins ambigu [2].

En résumé, nous proposerions de remplacer les trois désignations que nous venons d'examiner par celles-ci, qui correspondent également aux trois sortes de circonscriptions géographiques :

1° *Régionales;*
2° *Administratives;*
3° *Particulières.*

Ces trois ordres de divisions doivent être étudiés à la fois, parce que, dans les documents qui les mentionnent, ils se combinent et même se confondent assez fréquemment ensemble, et que, réunis, ils représentent plus exactement l'état du pays à certaines époques de l'histoire.

Ils doivent pourtant rester distincts, parce que leur origine, leur

---

[1] Voir la question posée par l'Académie des inscriptions et belles-lettres, dans sa séance du 25 juillet 1828, et reproduite en tête de l'Essai de M. Guérard, p. vɪ.

M. Guérard lui même s'en est servi dans le cours de son Essai.

mode de formation et leur durée ont été différents, et que, pendant que les divisions régionales ou de la première classe, c'est-à-dire la *civitas* et les *pagi*, se maintenaient ou paraissaient dans la géographie, les autres se transformaient ou disparaissaient pour toujours.

La raison de cette différence est que la *civitas* ou le pays habité par la peuplade, ainsi que les *pagi*, que nous trouvons occupant la place des tribus qui la subdivisaient, constituent ce qui, dans la vie des peuples, s'efface le plus lentement : le souvenir, la tradition d'une sorte de nationalité secondaire. Parmi ceux qui composaient la confédération gauloise existant au moment de la conquête des Romains, chacun conservait le type de visage et de corps, les usages, le costume, le dialecte même, qui lui étaient propres, et par lesquels les membres de ces petites nations se reconnaissaient entre eux comme unis par un double lien de parenté.

« Lorsqu'on parcourt successivement chacun de nos départements, « que l'on visite surtout les cantons ruraux, les villages placés en dehors « des grandes routes, on est frappé, dit un de nos plus savants et ha- « biles ethnologistes, M. Alfred Maury, on est frappé de rencontrer « dans chacun d'eux des types de figures différents, variant, non avec « une certaine uniformité, mais paraissant se rattacher aux popula- « tions des anciennes provinces de notre patrie. Il n'est pas besoin « d'avoir beaucoup observé pour distinguer de prime abord un Pro- « vençal d'avec un Lorrain, un Alsacien d'avec un Breton, un Nor- « mand d'un Basque ou d'un Roussillonnais. Ces populations ont, en « effet, chacune un type très-réel, très-national, je veux dire très- « provincial; et ce type est tellement persistant, qu'il ne s'efface même « pas toujours chez les classes les plus élevées de la société, où le mé- « lange est cependant beaucoup plus fréquent [1]. »

N'est-il pas, en effet, naturel de penser que, provenant ou de l'immigration en masse de quelque peuplade importante des contrées

---

[1] Nous tirons ce passage d'un excellent mémoire du savant académicien sur les Questions d'ethnologie ancienne de la France, publié dans l'Annuaire de la Société des Antiquaires de France, pour l'année 1853, p. 194.

qui envoyèrent de leurs habitants sur notre sol, ou du développement ultérieur d'une tribu peu nombreuse à l'origine [1], chaque nation gauloise, dans des temps où l'absence à peu près complète de voies de communication, et plus encore un état de civilisation peu avancé, l'isolaient de ses voisins, conserva presque sans altération ses traits physiques et ses instincts particuliers. Ces instincts étaient, en outre, spécialisés par la vie habituelle, une éducation en quelque sorte journalière : éducation de chasseur dans les contrées boisées, de pasteur dans les régions coupées de montagnes et de vallées, de marin et de pêcheur sur les rives des grands fleuves et sur les bords de la mer, d'agriculteur dans les pays de plaine, d'industriel dans le voisinage de gisements métallifères et sur le parcours des grandes lignes de transit, voies de terre ou voies fluviales. Il n'y a donc pas à s'étonner de ces dissemblances si frappantes et si persistantes, que nous voyons encore, affaiblies seulement, malgré l'amalgame des races, malgré ce long et pénible travail d'unification que notre patrie n'a mené à fin qu'à une époque bien rapprochée de nous. Il ne faut pas non plus s'étonner des rapports sensibles que nous observons entre le périmètre d'une certaine configuration extérieure du sol, d'une certaine formation géologique, et les limites d'un ancien *pagus*.

Nous montrerons plus bas, en traitant des *Lemovices* de l'Armorique, que le territoire occupé par cette branche du peuple limousin avait la même constitution géologique que celui des *Lemovices* de l'intérieur [2].

---

[1] Telle est l'opinion que dom Brézillac a exprimée dans le tome II de l'Histoire des Gaulois, qu'avait entreprise dom Martin, son oncle : « Il arriva aux Gaulois ce « qui arriva à toutes les nations....... que « certaines familles se développèrent bien « plus que les autres. Les familles qui se « multiplièrent le plus formèrent les grands « peuples, et celles qui se multiplièrent « moins formèrent les petits peuples..... « Les cités ont commencé par être de simples *pagi*, et ce n'est qu'en s'étendant et « s'agrandissant, ou même en incorporant « à leur *pagus* d'autres *pagi*, qu'elles sont « parvenues à se distinguer des petits États, « et quelquefois à les forcer de reconnaître « leur supériorité et leur juridiction. » (*Histoire des Gaules*, t. II, p. 27 et 28.)

[2] Voir plus bas, IIe partie, chapitre 1er, notre dissertation sur les *Lemovices* armoricains.

..Les limites véritables de ce dernier nous offrent, à leur tour, un exemple frappant de la même conformité. Le Limousin et l'Auvergne présentent, au centre de la France, une masse granitique qui est, en quelque sorte, le noyau de notre territoire national. Du côté du Périgord, de l'Angoumois, du Poitou et du Berry, les limites de cette formation géologique suivent, avec une exactitude tout à fait digne de remarque, les limites de l'ancien diocèse, qui reproduit à peu près la configuration de la *civitas* ou grand *pagus Lemovicinus*, sauf sur les deux points suivants :

1° Dans la direction du Poitou et de la colline qui s'étend jusqu'à l'embouchure de la Loire, qu'habitait en effet la branche armoricaine des *Lemovices*;

2° Dans la direction du Périgord, où la constitution géologique du sol limousin se prolonge au delà des bornes du diocèse jusqu'à Thiviers, et sur des cantons qui étaient non-seulement dans le Périgord moderne, mais même dans l'ancien diocèse de Périgueux.

Eh bien, nous avons reconnu, d'après les monuments les plus anciens et les plus authentiques, que, sous l'occupation romaine et sous les rois de la première race, le pays des *Lemovices* s'étendait précisément jusqu'à Thiviers, et suivait, de l'est à l'ouest, vers le Bandiat, au sud de Nontron, les limites du terrain granitique que couvre le Limousin [1].

---

[1] M. Antoine Passy, de l'Académie des sciences, a fait, il y a plusieurs années, la même remarque touchant le territoire du Boulonnais. (Voir aussi sa Description géologique du département de la Seine-Infér. p. 195.) Plus récemment, en 1857, le savant M. Chéruel, en prenant possession de la chaire de géographie à la faculté des lettres de Paris, qu'avait longtemps occupée avant lui un des plus illustres représentants de l'érudition moderne, M. Guigniaut, a développé, dans un remarquable discours, cette pensée, que « les dénominations spéciales, affectées a certaines contrées ou pays, ont leur raison dans la constitution géologique du sol. Fondées sur la constitution même du sol, ces divisions en *pays*, dit l'éminent professeur, ont survécu à toutes les crises politiques et persisté jusqu'à nos jours. » (*Journal général de l'instruction publique*, n° du 16 décembre 1857.) Il y a seulement une réserve à faire sur les termes de cette proposition, à savoir que la constitution géologique, ou même ce qu'on appelle en général les *régions natu-*

Ces observations, dont on appréciera l'importance, servent, à leur tour, à expliquer la persistance de la *civitas* ou grand *pagus* dans l'histoire et dans la géographie du moyen âge.

Cette division, dont souvent l'origine remonte à l'établissement des peuples sur le sol où la conquête romaine les a trouvés, c'est-à-dire à des temps que l'historien ne peut indiquer que d'une manière conjecturale, respectée généralement par l'organisation administrative des Romains[1], adoptée, au IVe siècle, comme type de l'institution des diocèses ecclésiastiques, laquelle, à son tour, nous en a transmis l'empreinte fidèle, cette division, disons-nous, traverse les orages et les désastres des invasions des barbares, tout le chaos du moyen âge, et arrive jusqu'à nous, modifiée quelquefois sur certains points de ses limites, mais par exception seulement, et conservée dans sa base par l'institution religieuse, à laquelle elle avait servi de modèle.

Quant à son titre de *civitas*, qui, à la vérité, avait moins servi à indiquer le territoire que le peuple qui l'habitait, il disparut vers la fin du haut empire, ou plutôt il prit un autre sens, et ne s'appliqua guère plus qu'au chef-lieu du diocèse, à la ville, à la *cité* épiscopale dans l'acception moderne du mot. Le territoire même du diocèse fut désigné, soit par *fines*, que César emploie fréquemment, ou par *regio*, dont il se sert quelquefois, ou bien par *ager*, qui est assez rare dans les Commentaires, mais se rencontre à chaque page dans Tite-Live et dans Pline; soit par les mots de *pagus, solum, patria, territorium, rus, saltus, clima, orbis* ou *urbs*, et *terminus*. De tous ces termes, *pagus* fut le plus usité à partir du VIe siècle.

Dans le sein de la *civitas* ou diocèse, les pays de l'ordre inférieur, qui, dans la période romaine, avaient été appelés *pagi* ou *vici*, re-

---

relles, est loin d'être l'unique source des *pagi* : ils sont aussi provenus d'autres causes que nous avons indiquées sommairement plus haut, et que nous exposerons avec détail dans la 1re partie du présent travail, titre 1er, chapitre II, section 1re.

[1] Lors des différentes divisions de la Gaule en provinces, qui se firent à diverses époques, « on ne morcela pas les peuples; « on les fit entrer intégralement et comme « subdivisions dans les grandes divisions « usitées par la nouvelle administration ci- « vile et militaire des Romains. » (Walckenaer, *Géogr. anc. des Gaules*, t. I, p. 236.)

çurent, sous les rois francs, des dénominations très-diverses. Sauf celles de *propagi*, *pagelli*[1], *paguli*, *agelli* ou *pagæ* au féminin[2], qui leur étaient propres, ces dénominations étaient les mêmes que celles du diocèse entier : les termes d'*orbis* et *urbs* étaient seuls exclusivement réservés à cette dernière circonscription. Toutefois, les confusions et les obscurités de langage qui pouvaient résulter de cet emploi simultané des mêmes expressions pour indiquer des divisions de deux ordres différents, étaient fort atténuées, dans la pratique, par cette circonstance, que les deux ordres divisionnaires étaient le plus souvent désignés dans la même phrase ou dans une phrase voisine, comme dans les exemples suivants : *In* PAGO *Lemovicino, in territorio Torinensi; in territorio Lemovicino, in* PAGO *Exandonensi*.

Malgré l'emploi alternatif des mots de *pagus* et de *territorium*, ces désignations géographiques ne laissent aucun doute dans l'esprit du lecteur, et l'on voit clairement que, dans l'un et l'autre cas, les cantons de Turenne, *Torinense (territorium)*, et d'Yssandon, *Exandonensis (pagus)*, étaient contenus dans le grand pays du Limousin et lui étaient conséquemment subordonnés.

Néanmoins, les érudits ont cru devoir distinguer le *pagus*, qui représente le diocèse entier, des *pagi* inférieurs, par les qualificatifs conventionnels de *major* et de *minor*.

Parmi les *pagi* il en est qui ont pu surgir pendant l'occupation romaine ou sous les deux premières dynasties de nos rois, par des causes que nous indiquerons; mais il en est aussi que l'on est autorisé à regarder comme couvrant le territoire occupé, dans le principe, soit par des peuples gaulois annexés depuis à la cité où on les rencontre, soit par des clans ou tribus dont les peuples se composaient[3]. Ceux-là ont continué de former, sous l'empire et dans les

---

[1] M. le baron de Gaujal (*Études hist. sur le Rouergue*, éd. de G. Dupont, 1859, t. I, p.152), considère les *pagelli* comme des subdivisions des *pagi*, divisions de la cité; mais c'est à tort : le *pagellus* est, comme le *pagus*, une division de la cité; seulement, quand le mot de *pagus* fut employé pour désigner la cité, *pagellus* servit à marquer ses subdivisions, c'est-à-dire les *pagi* proprement dits.

[2] *Paga* est très-rarement employé.

[3] Voir plus bas l'exposé des causes di-

périodes mérovingienne et carlovingienne, des divisions qui ont fait assez fréquemment la base d'arrondissements administratifs. Elles restent, dans tous les cas, à peu près indépendantes de ces arrondissements, et se retrouvent souvent, de même que la *civitas*, aux diverses époques de l'histoire, avec cette différence toutefois, que leurs limites sont incertaines, et que, n'ayant pas été, quoi qu'on en ait dit, abritées, comme la cité, sous une circonscription ecclésiastique, elles ont subi de nombreuses altérations à la suite des changements survenus dans l'ordre politique et gouvernemental [1].

C'est pourquoi nous avons jugé qu'il était utile de chercher à déterminer non-seulement la position et l'étendue des *pagi* contemporains des divisions administratives du IXe, du Xe et du XIe siècle, ou antérieures, mais encore celles des petits *pays* dont la mention ne se rencontre qu'après le XIe siècle et qui s'échelonnent depuis le XIIe jusqu'aux derniers temps de l'ancienne monarchie; ceux-ci (dont quelques-uns, d'ailleurs, ont peut-être une origine aussi reculée que les précédents) remplissent parfois d'une manière très-heureuse les lacunes que les *pagi* de mention plus ancienne laissaient dans la topographie. C'est ce qui a lieu quant au Limousin, dont la carte se trouve complétée par quatre *pays* de dates postérieures au XIe siècle.

Dans certaines contrées, je devrais dire dans la plupart, il existe, au-dessous des *pagelli* ou pays inférieurs, de plus petits quartiers, qui prennent des dénominations très-diverses suivant les lieux.

Dans les pays d'Aix, Avignon, Arles, Narbonne, Agde, Marseille, et tout le littoral de la Provence, c'est le *castrum*, au-dessous duquel

verses de formation des *pagi*, titre Ier, chap. II, sect. 1re.

[1] M. Ernest Desjardins, dans l'un des articles qu'il a publiés, en 1858, sur la question d'emplacement de l'*Alesia* des Commentaires de César (*Moniteur universel*, n° du 19 octobre), soutient, au contraire, que les *pagi* se sont mieux conservés que la *civitas*, et qu'il est plus aisé de retrouver leurs limites que celles de la cité. Nous examinerons ailleurs les considérations invoquées à l'appui de cette thèse. Nous nous contenterons de faire observer ici que les raisons déduites et les faits cités par le savant professeur sont tirés de la géographie et de l'histoire de la Gaule cisalpine, et s'appliqueraient difficilement à la Gaule transalpine.

paraît la première et la plus considérable des divisions agraires, la *villa*.

Dans les pays de Vienne et de Grenoble, dans le Lyonnais, l'Autunois, le Châlonnais et le Mâconnais, c'est à la fois le *finis* et l'*ager* (qu'il ne faut pas confondre avec le *pagellus* ou *propagus* quelquefois désigné par ce terme) [1]. Ces deux mots *finis* et *ager* s'emploient l'un pour l'autre et à peu près parallèlement aux divisions administratives du deuxième degré, vicairies ou centaines, mais qui souvent se réduisent à la signification d'une simple *villa*, surtout au VIIIe siècle [2].

Dans les diocèses de Sens, d'Auxerre et de Langres, c'est le *finis* et l'*actus*.

Dans la Lorraine, l'Alsace, le Soissonnais, le Hainaut et les Flandres, le *finis* paraît à peu près seul [3].

Dans la Normandie, le Perche, la Bretagne, le Maine, l'Anjou, la Touraine, l'Orléanais, le Blaisois, le Vendômois, le Dunois, et généralement le pays Chartrain, le haut Poitou, le nord de la Saintonge, l'Aunis et le Berry occidental et central, c'est la *condita*, ou sa forme corrompue *condeda*, et immédiatement au-dessous, en Poitou, en Bretagne et dans le Maine, la *plebs*, qui correspond à la paroisse, et l'*ara* qui touche presque à la *villa*.

Dans l'Auvergne, le Nivernais, le Gévaudan, le haut Rouergue, nous trouvons l'*aïcis* ou *arcis* et l'*aïzum*, qui sont généralement de même étendue que la circonscription administrative de la vicairie,

---

[1] M. Aug. Bernard paraît avoir attribué cette dernière signification aux nombreux *agri* qu'il a énumérés et décrits (*Cartulaires de Savigny et d'Ainay*, 1re partie, introduction, p. XLVI, et IIe part. p. 1070); mais c'est à tort : on compte, en effet, plus de cent *agri* dans chacun des deux diocèses de Lyon et de Mâcon; il ne pouvait pas exister dans ces deux territoires un tel nombre de *pagi*; c'est là une petite subdivision, inférieure au *pagus*.

[2] « Cedo in pago Atoariorum, in *villa* vel *fine* Longaniana. » (Charte de 734. Dans Pardessus, *Diplomata et chartæ*, t. II.)

[3] M. Guérard énonce que le terme de *finis* avait été adopté dans presque toute la Gaule, avec la signification de *finage*. (*Essai sur le système des divisions territoriales*, p. 50.) Mais cette énonciation n'est point exacte, car nous n'avons trouvé le *finis* en usage ni à l'ouest, ni dans le centre, ni au midi de la Gaule.

mais dans lesquels on peut reconnaître aussi exactement une division régionale; au-dessous de l'*aïcis* paraît l'*aram*, qui touche à la *villa* comme le féminin *ara* des provinces occidentales.

Le Forez et le Vélay présentent également l'*arcis* et l'*aïcis* d'Auvergne, mais concurremment avec l'*ager* et le *finis* du Lyonnais, de l'Autunois, du Mâconnais, du Châlonnais et des autres provinces de l'est.

Dans le bas Languedoc, auprès de Nîmes, c'est le *gaïcis*.

Mais il est des contrées, et notamment le Quercy, le Périgord, l'Agenais, le Bordelais, le Toulousain, l'Albigeois, les pays d'Auch, de Tarbes, de Bigorre et de Dax, où ces subdivisions régionales du troisième ordre sont à peu près absentes, ou, du moins, ne figurent point dans les monuments. L'*aïcis* et l'*aïzum*, dont nous avons trouvé de rares exemples au sud-est du Limousin et à l'extrémité nord-est du Quercy, ne s'y rencontrent que par exception, et encore faut-il remarquer que ces mentions proviennent d'un donateur originaire de l'Auvergne, qui employait là les termes usités dans sa province natale; dès lors cette exception est une preuve de plus de leur caractère local.

Nous devons ajouter qu'à raison de leur peu d'étendue et de leur faible importance, ces petits quartiers, plus exposés encore que les *pagi* aux changements de tout genre résultant de l'invasion du régime féodal, ont disparu sans laisser de traces dans la géographie.

En résumé, si nous considérons la Gaule dans son ensemble, au point de vue des divisions territoriales que nous appelons *régionales*, on voit que, presque partout, elle nous offre :

1° La *civitas* ou grand *pagus*, qui se maintient généralement dans l'ancien diocèse ecclésiastique;

2° Un ordre secondaire de *pays*, appelés conventionnellement *pagi minores*, dont la place et quelquefois les limites se retrouvent à l'aide des documents historiques;

3° Enfin des subdivisions de ces *pagi* inférieurs, désignées par des appellations diverses suivant les provinces, mais employées avec persévérance dans la contrée qui les avait adoptées et où elles avaient peut-être pris naissance.

Les termes qui servaient à désigner les deux premiers ordres des divisions régionales ont eu des destinées bien différentes.

La *civitas*, qui, dans la langue de César, de Cicéron, de Tite-Live, de Pline et de Tacite, s'entend à peu près invariablement d'un peuple, n'exprima plus, à partir du IVe siècle, que la ville principale, la ville épiscopale, chef-lieu du pays; c'est dans ce sens qu'on a employé constamment, dans les actes du moyen âge, *civitas*, dans les dialectes romans du XIIe siècle, *citat*, et chez les modernes, *cité*. Le terme celtique qui désignait le territoire entier du peuple ne nous est pas connu.

Quant aux pays de l'ordre inférieur, divisions territoriales de la cité, le terme qui servait, chez les Gaulois, à les exprimer, se rapprochait sans doute beaucoup de celui de *pays*: nous le trouvons, en effet, à peine modifié dans les anciens dialectes sur des points de la Gaule fort éloignés les uns des autres. Ainsi, en Provence, et notamment dans la chaîne de l'Estérel, qui borde le littoral de la Méditerranée entre Toulon et la frontière d'Italie, dans le bas Languedoc et le Roussillonnais, on dit *lo pey*[1]; en Limousin, en Auvergne et dans le haut Quercy, on dit *lou poï*[2]; en Vendée et dans le haut Poitou, *le pé*[3]; dans la presqu'île de Bretagne (Morbihan, Côtes-du-Nord et Finistère), *pou* ou *pow*[4] (qu'il ne faut pas confondre avec

---

[1] Il y a, dans la chaîne de l'Estérel (Var), un territoire tourmenté, stérile et d'un aspect triste et sévère; il est appelé *Mal pey* (Mauvais pays). (Rapport rédigé, en 1857, par M. l'ingénieur en chef Guillaume, qui est lui-même d'origine provençale, sur le tracé du chemin de fer de Toulon à Nice.)

[2] Ce mot se prononce en passant rapidement sur les deux premières lettres (l'o est bref) et en appuyant sur la voyelle finale.

[3] M. de la Fontenelle de Vaudoré, *Recherches sur les peuples qui ont habité l'ancien Poitou*, 1835, Poitiers, in-8°, p. 27.

[4] C'est peut-être le sens du radical de Poullan et Poullu (Finistère), Pouancé (Maine-et-Loire), Pouzauges (Vendée) et Pouzay (Indre-et-Loire). «En Bretagne, dit «d'Anville, le terme de *puys* est remplacé «par *pou* dans les lettres de Josselin, évêque «de Saint-Malo, de 1382; le territoire de «Pou-Alet est appelé *Page Aleatus*.» (*Notice de l'ancienne Gaule*, voc. *Aletum*.

plou, *plo*, *plu*, *pleu* ou *pley*, qui désigne la paroisse). Les mots de *poï* et *pou* rappellent la locution de *poium*, corrompue de *podium*, qui marque une colline isolée, un piton [1]; mais il est clair que leur sens est plus étendu.

Cette ressemblance entre les expressions employées par les habitants de contrées de la Gaule séparées par des distances considérables, et notamment dans la langue des Bretons, indique bien une origine celtique [2]. Le mot de *pagus*, au moyen duquel les Latins ont cherché à exprimer la même pensée, marquait, chez eux comme en Gaule, une subdivision de la *civitas*, et, à raison de cette circonstance autant que par l'identité de l'initiale du mot, il convenait en effet mieux que tout autre.

Les Germains ont employé dans le même sens les termes de *chow*, *gow*, *gau*, *gobb* ou *gheve*, comme nous le voyons dans *Basal-chowa*, qui est le *Basilensis ager*, territoire de Bâle sur le Rhin; *Beda-gowa*, le *Bedensis pagus*, territoire de Bade; *Elis-gowa*, ou *Elis-chowa*, le territoire des *Elisgantes*, puis *Elsatia*, l'Alsace; *Masa-gowi* ou *Masa-gobbi*, le *Mosanus pagus*, le *Masau*, pays de la Masovie chez les modernes; *Metin-gowa*, pays situé sur la rivière *Alsuntia*, l'Alsitz, près Luxembourg; *Bodo-gheve*, *Salo-gheve* et *Windo-gheve*, les trois *pagi* qui, d'après le prologue de la loi salique, formaient le territoire des Francs Saliens; enfin

---

[1] *Cartulaire de Beaulieu*, charte LXV.

[2] Ces observations justifieraient la conjecture émise par M. J. de Pétigny au sujet du terme moderne de *pays*. (*Études hist. sur les institutions mérovingiennes*, tome III, p. 48.) M. A. Jacobs, dans sa remarquable thèse sur la géographie de Grégoire de Tours (p. 49), reproche à M. de Pétigny d'avoir prétendu, sans avancer aucune preuve du fait, que *pagus* est un mot celtique.

« C'est une erreur, ajoute l'auteur de « la thèse, dans laquelle ce savant ne serait « pas tombé, s'il avait remarqué que ce mot « était en usage dès les règnes de Numa « Pompilius et de Servius Tullius, et que, « plus tard, l'empire entier fut divisé en « *pagi*. » C'est très-gratuitement, ce nous semble, que M. A. Jacobs attribue à M. de Pétigny une opinion que non-seulement celui-ci n'a pas énoncée, mais qui semblerait en contradiction avec le passage cité, car l'historien y émet la conjecture que le *pagus* des Latins pourrait bien être moins rapproché du mot celtique désignant la subdivision de la cité que le terme moderne *pays*; cette conjecture, exprimée d'ailleurs avec une grande réserve, nous paraît assez vraisemblable.

quatre pays qui ont tiré leur nom de rivières qui arrosaient leur territoire, savoir : *Albe-chowa*, l'*Albensis pagus*, pays de l'Elbe; *Blesit-chowa*, le *Blesensis pagus*, pays de Bliets, Bleiss ou Blies-Cassel; *Nita-chowa*, le *Nitensis pagus*, qui est le territoire de la Nide ou Niède, ou plutôt de la Nèthe; et *Sara-chowa*, le *Saravensis pagus*, territoire situé sur la Sare ou Sarre et appelé Sargau, où sont les villes de Sarrebrück et Sarreguemines.

Le caractère de persistance des divisions *régionales* ne pouvait s'attacher aux arrondissements *administratifs*. Institués par des volontés arbitraires et changeantes, et compris dans des organisations gouvernementales qui se succédaient, et qui différaient entre elles selon le temps, les lieux et les hommes, ces arrondissements devaient subir les mêmes transformations.

Dans la période de la domination romaine, la *civitas* conserva souvent son individualité et son rang dans la hiérarchie. Elle forma une grande administration municipale, de laquelle relevaient les municipalités secondaires instituées dans l'étendue de son territoire.

Après la chute de l'empire, sous les Visigoths, les Burgundes, les Mérovingiens et la deuxième dynastie, chaque cité eut un comte particulier en même temps qu'un évêque.

Quant au *pagi* et aux *vici*, ils étaient, sous les Romains, soumis à une classe particulière d'administrateurs[1]; et, comme la *villa*, division agraire, venait (ainsi que l'attestent les Tables alimentaires de Trajan), immédiatement après le *pagus* et le *vicus*, on peut dire, avec Fauriel et M. Guérard[2], que c'était là le dernier terme de la géographie gauloise au temps des Romains.

Nous avons dit plus haut que la juridiction du comte de la cité s'étendit le plus souvent sur le territoire de cette dernière, prise dans son intégralité. Il arriva toutefois, dans certaines contrées de vaste étendue, comme l'Auvergne, le Poitou, le Chartrain, par exemple,

---

[1] *Præfectus, præpositus, magister pagi, patroni vicorum*, dans le Code Théodosien.
[2] Fauriel, *Histoire de la Gaule méridionale*; Guérard, *Essai sur les divisions territoriales*, p. 35.

qu'il s'établit des comtes de second ordre, dont la circonscription correspondait assez exactement à des *pagi* : ces comtes prenaient le surnom de *pagisi, pagieni, pagorum* ou *rurales*, par opposition au *comes civitatis*. Mais, ces circonscriptions étant généralement comprises en entier dans la *civitas* et dans le comté qui la couvrait, il en résulta que, dans ce régime, la conformité de la cité et du premier degré des divisions administratives se trouvait encore maintenue.

C'est à la fin du xie siècle, après le triomphe définitif du principe féodal, que, cette conformité disparaissant, l'unité territoriale des cités gauloises et romaines cessa pour toujours d'être fidèlement représentée dans la hiérarchie gouvernementale; et l'on peut dire qu'à partir de cette époque les diocèses ecclésiastiques continuèrent seuls de reproduire exactement, ou, du moins, d'une manière assez approximative, la configuration des anciennes cités.

Les districts administratifs inférieurs, comme la vicairie et la centaine, sont ou absents ou insaisissables sous les rois visigoths, sous les princes burgundes et sous les premiers rois mérovingiens. Pourtant, au-dessous du comte de la cité, indépendamment des *comites pagisi* ou *pagieni*, il existait alors déjà des officiers subalternes, parmi lesquels les vicaires et les centeniers, *vicarii* et *centenarii*, occupaient le premier rang. Les circonscriptions de ces derniers officiers n'avaient point encore pris place dans la géographie à titre de divisions territoriales, et ce n'est qu'à partir de la deuxième moitié du viie siècle que la vicairie et la centaine apparaissent (et rarement encore) avec ce caractère.

A l'entrée du ixe siècle, vers la fin du règne de Charlemagne et sous son successeur, nous trouvons un plus grand nombre d'exemples de cette désignation, et l'usage en fut très-fréquent depuis cette époque jusqu'aux premières années du xie siècle[1].

La centaine disparut la première et ne dépassa guère le xe siècle. La vicairie lui survécut quelque temps. Mais, dès le commencement du

---

[1] On emploie, pour les désigner, dans certains pays, notamment dans le Rouergue, le terme plus vague de *ministerium*, qui devint synonyme de *vicaria*.

xıᵉ siècle, la mention en devint plus rare dans les monuments écrits, et, à la fin de ce siècle, elle était à son tour détruite ou fractionnée, de même que le *comitatus*.

Le terme de *vicaria* perdit sa valeur primitive. Tant qu'il avait marqué une division territoriale fixe, instituée par une volonté supérieure, et comprise dans un plan d'organisation administrative, ce terme était, ainsi que celui de la centaine, invariablement accompagné, dans le langage géographique, du nom de la localité, *castrum*, *vicus* ou même *villa*, qui en était le chef-lieu et qui servait à distinguer chaque arrondissement de vicaire : on disait *vicaria* DE ADECIA, vicairie d'Esse; *vicaria* DE AXIA, vicairie d'Aixe; *vicaria* BARRENSIS, vicairie de Bar; *vicaria* USERCENSIS, vicairie d'Uzerche; comme on disait *centena* DE VINOGILO, centaine de Vignols; *centena* NANTRONENSIS, centaine de Nontron; *centena* TARNACENSIS, centaine de Tarnac.

Il n'en fut plus ainsi quand la féodalité eut mis la volonté changeante de chaque seigneur (laïque ou ecclésiastique), maître sur sa terre, à la place de la loi uniforme imposée par le souverain. La vicairie conférée par le seigneur à un personnage qui était déjà ou devenait son feudataire, son homme lige, comprenait, en vertu des arrangements intervenus entre eux, un nombre de villages ou de manses qui variait incessamment au gré des événements ou du caprice du seigneur, et dont l'agglomération momentanée se désignait *par le nom du titulaire*. Ce fait, que l'on rencontre assez fréquemment au xııᵉ siècle, porte mieux que tout autre l'empreinte du régime féodal, et montre nettement le caractère *personnel* qu'il avait communiqué aux offices et aux appellations des districts où ces offices s'exerçaient.

Souvent aussi, dès la fin du xıᵉ siècle, le mot de *vicaria* n'indiqua plus même des districts féodaux, mais seulement l'office de vicaire, ou bien les droits et redevances attachés soit à l'office, soit au pouvoir de le conférer[1], comme *justitia*, par corruption *jutzia*, puis *jugie*, désigna les droits appartenant au juge ou au collateur de l'emploi.

---

[1] Il convient de noter ici que *vicaria* désigna assez souvent, dès le xııᵉ siècle et même dès la fin du xıᵉ, comme aux siècles suivants, une vicairie ecclésiastique, annexe

Nous remarquons, toutefois, qu'à l'extrémité méridionale du royaume, en Provence, dans le Roussillon et en Languedoc, dans les pays de Narbonne[1], de Carcassonne[2], de Foix, de Bigorre et de Tarbes, le terme de viguerie (*vigeria* ou *vicariatus*) se maintint avec le sens de circonscription territoriale d'un magistrat appelé *viguier* (*vigerius*, corrompu de *vicarius*). Ainsi Adrien de Valois mentionne les *vicariatus Ruscinonensis*, de Roussillon, et *Confluentinus*, de Conflans[3]. La généralité de Roussillon contenait encore, au XVIIe et au XVIIIe siècle, trois subdivisions administratives nommées *vigueries*, dont l'une était dans la Cerdagne française et les deux autres dans le Roussillon proprement dit. La généralité de Provence, au XVIe siècle, se divisait également en vingt-deux vigueries. Mais ces arrondissements nous paraissent avoir eu une plus grande étendue que les *vicariæ* du IXe, du Xe et du XIe siècle, et nous sommes porté à croire qu'ils ne correspondaient point à ces dernières.

Ce que nous avons dit plus haut de la *vicaria* et de la *jutzia* s'applique à une division administrative usitée du XIIe au XVe siècle, la *bailivia* ou *bailia*, bailliage ou beylie, qui désigna presque en même temps l'office du bailli, le district dans lequel s'exerçait sa juridiction, et l'ensemble des droits et priviléges qu'elle lui procurait. Les divisions de cette espèce, dont l'étendue était, au XIIIe siècle (du moins en Limousin et en Quercy), approchante de celle des plus petites vicairies du Xe siècle[4], ne correspondaient à ces dernières ni par leurs limites, ni par la position de leurs chefs-lieux.

ou subdivision de la paroisse, qu'il faut se garder de confondre avec le district de l'officier laïque du IXe et du Xe siècle.

[1] Il y avait notamment, dans le pays de Narbonne, les vicairies de Minervois, de Termenès et de Fenouillèdes. (Mahul, *Cartul. de l'ancien diocèse et de l'arrondissement de Carcassonne*, 1857, t. I, préface, p. 5.)

[2] Le territoire du comté et de l'ancien diocèse de Carcassonne se composait des deux vigueries de Carcassonne et de Ca-
bardès, et de la châtellenie de Montréal. (Mahul, *loc. cit.*)

[3] *Notit. Galliar.* p. 491.

[4] Le savant M. Léopold Delisle, de l'Institut, dans un travail substantiel, intitulé *Fragments d'histoire de Gonesse*, et publié dans la Bibliothèque de l'École des chartes, a fait connaître que, d'après le résultat de ses recherches, le bailliage de Pierre de Thillay, qui se qualifiait *bailli de Caen*, ou *bailli du roi*, comprenait 53 paroisses.

A la différence des termes dont il vient d'être parlé, le *comitatus*, qui, lorsqu'il désignait la circonscription du *comes civitatis*, comprenait l'intégralité du diocèse, ne fut jamais employé pour exprimer les redevances et droits de ce haut fonctionnaire. Lorsque cet ancien *comitatus* s'effaça pour faire place à un certain nombre de comtés et vicomtés féodaux, le terme ne fut plus consacré à désigner qu'un ensemble de possessions dont l'étendue et les limites n'avaient rien de régulier, rien de fixe, et ne pouvaient conséquemment servir, dans les actes de vente, d'échange, donation ou testament, à déterminer la situation des biens qui en faisaient l'objet.

Valois a pensé que, du mot *comté*, était dérivé celui de *contrée*[1]; d'autres ont fait dériver ce dernier de *condita*; mais ni l'une ni l'autre de ces étymologies ne nous semble admissible; la deuxième syllabe du terme *contrée* le différencie trop d'avec ceux dont on prétend le faire descendre: il a évidemment la même origine que le *country* des Anglo-Saxons.

On peut établir avec beaucoup plus de vraisemblance la filiation du mot *canton* et du mot *centena*. Les deux termes ne se rapprochent pas seulement par un radical commun et la ressemblance des formes, mais aussi par l'identité de l'idée que chacun d'eux suggère à l'esprit. On trouve d'ailleurs, à la fin du XIIIe siècle et au XIVe, l'expression de *plet* ou *plé centain,* qui était en usage, notamment dans le comté de Namur[2], et qui n'est que la traduction des mots *placitum centenarii*, que nous offrent les capitulaires de Charlemagne[3] et un di-

---

C'est là sans doute une contenance exceptionnelle, et qui s'explique par la position privilégiée de Pierre de Thillay.

[1] *Notit. Galliar.* præfat. p. x.

[2] « Encor i a (*à Spiés*) li cuens (*le comte*) trois fiés l'an, à trois nautaus de l'an, trois plés k'on apèle plés centains, c'est à chascun natal un plait, à queis plais to li homme et dou comte et de l'éveske doivent venir par le semonse do sergant le comte. »
(Ex *Reg. Cam. comput. Insul.* Dans Du Cange, *Glossarium*, édition Didot, t. VII, p. 263.)

[3] « Ut nullus homo in placito centenarii neque ad mortem, neque ad libertatem amittendam, aut ad res reddendas vel mancipia, judicetur. » (Capitular. III, ann. 812, cap. IV; apud Baluz. *Capitular. reg. Francor.* t. I, col. 497; cf. col. 769 et 883.)

plôme de l'an 1146[1]. Or cette expression *plet* ou *plé centain* prépare sensiblement celle de *plet* ou *plaid du canton*, qui fut employée dans les siècles suivants.

La dernière des circonscriptions administratives, celle qui dépendait immédiatement du chef-lieu de la *civitas* ou grand *pagus*, se distinguait du reste du territoire par la juridiction à laquelle elle était soumise, et son nom était, au ixe et au xe siècle, *quintana*, quintane ou quinte, en Poitou, en Limousin et en Anjou ; elle est sans doute exprimée en Berry par le mot *septena*, septaine.

On a cru reconnaître dans *quintane* et *septaine* une corruption de *centaine* (*centena*)[2]; mais, quant au mot de quintane, ce rapprochement est d'autant plus inadmissible, que les deux termes de *quintana* et *centena* étaient usités simultanément, au ixe et au xe siècle, pour exprimer deux divisions territoriales différentes. A l'égard de la septaine, elle ne provient pas non plus de *centena*; car le premier terme n'indique jamais qu'une circonscription existante autour de la ville, tandis que la centaine se rencontre dans toutes les parties du pays.

Restreinte dans son étendue et refoulée vers son centre par les usurpations de la féodalité, qui tenait la campagne, elle perdit presque partout son nom avec son importance. Là même où l'appellation continua de subsister, comme à Bourges, elle perdit sa signification primitive et fut même appliquée à la modeste banlieue de localités secondaires comprises dans le diocèse; la réalité avait disparu, et le territoire, qui, aux temps anciens, formait autour du chef-lieu de la cité une zone privilégiée, fut restreint, comme partout ailleurs, aux proportions d'une banlieue exiguë, à la *banni leuca* du xiie et du xiiie siècle et de la dernière période du moyen âge.

Du reste, le mot *quintana*, en vieux français *quintane*, *quintaine*, *quétaigne*, après avoir marqué une banlieue, désigna, au xiiie siècle,

---

[1] « Abbas Walciodorensis Theodericus... « conquestus est de quibusdam malefac- « toribus, qui legem centenarii placiti, hos- « pitationes et violentas oppressiones in- « ferebant. » (Dom Martène, *Ampliss. coll. veter. anecdot.* t. I, col. 799.)

[2] M. Raynal, dans son excellente Histoire du Berry, in-8°, 1844, t. Ier, p. xlviii.

une redevance au payement de laquelle était subordonnée la faculté d'introduire et de vendre des denrées, notamment du vin, dans le territoire ou sur le marché de la ville.

Quant à *septena*, en vieux français *septène* ou *septaine*, il exprimait, au xive siècle, une redevance exigible de sept en sept années, ou plus généralement la septième partie des produits de la terre, comme *decima*, la dîme, exprima la dixième partie des récoltes dues à l'Église[1].

On peut donc conclure que, des arrondissements administratifs des divers ordres qui subdivisaient la cité ou grand *pagus*, sous les princes des deux premières races, il n'en est pas un seul qui ait survécu à la révolution féodale et se manifeste encore après le xie siècle.

A partir de cette dernière époque, en effet, il se produisit une double série d'événements que nous caractériserons en peu de mots.

La première série, qui fut une conséquence directe et spontanée du nouvel état social et en réfléchissait exactement l'esprit, comprenait les faits suivants :

La vie sociale et politique se localisant de plus en plus, les pouvoirs publics délégués par le souverain étaient effacés ou peu obéis ; la royauté elle-même n'était plus désormais qu'un vain titre, qui con-

---

[1] M. Raynal (*Histoire du Berry*, t. Ier, p. xlix, note) a cru trouver dans un acte de 1318, où il est parlé *de la rente et septeine de bleiz*, l'explication et la véritable étymologie de la septaine géographique. « La septaine était peut-être, dit-il, le « pays dans lequel le vicomte et plus tard « le roi percevaient une redevance du « septième sur les produits de la terre et « sur les animaux domestiques. » Mais cette conjecture, proposée par le savant magistrat, sera jugée peu vraisemblable, si l'on considère que la mesure appelée *septaine* n'est mentionnée qu'au xive siècle, et qu'il est peu rationnel d'y chercher l'explication d'un terme géographique antérieur de plusieurs siècles ; que, d'ailleurs, rien ne prouve que cette mesure n'ait pas été en usage sur les divers points de la France, tandis que nous n'avons trouvé, jusqu'ici, que dans le Berry, le mot de *septena*, septaine, pour indiquer la banlieue ; qu'enfin, au lieu de distinguer seulement une zone régie par une loi particulière au *point de vue de l'impôt*, comme cela devrait être dans le système de M. Raynal, la *septena* désignait une zone soumise à une juridiction, à une coutume, c'est-à-dire à une législation spéciale, mais qui portait sur toute la vie et sur tous les rapports sociaux.

tenait à la vérité le germe d'une grande chose, mais alors sans force et sans autorité effectives. Dans cette déchéance du gouvernement central, toute régularité d'action, toute symétrie dans l'organisation ayant disparu, il s'était opéré un morcellement arbitraire et capricieux de la souveraineté et du territoire entre les comtés, vicomtés (*vicecomitatus*), principautés (*principatus*), prévôtés (*præposituræ*), châtellenies (*castellaniæ, castariæ, cassaniæ*), seigneuries (*dominicaturæ*), pôtés (*potestates*), bénéfices (*honores*), etc. On vit se multiplier à l'infini des circonscriptions féodales de tout genre et de tout nom, qui ne correspondaient, la plupart du temps, à aucune des anciennes divisions, et qui, composées de domaines plus ou moins vastes, groupés autour d'un château fortifié ou d'un monastère, se formaient, s'accroissaient, s'amoindrissaient, se dissolvaient et se reconstituaient, au gré des alliances de familles, des hommages de voisins plus faibles, des partages de successions, des guerres et des rapines, c'est-à-dire sans règle, sans précédents, sans lendemain, et sans autre raison d'être que le fait brutal qui les avait engendrées.

En face de la féodalité militaire, s'était développée avec une égale activité la féodalité religieuse. L'église cathédrale du diocèse, et, au-dessous d'elle, telle église paroissiale, telle abbaye, voire même tel prieuré, telle chapelle ou telle maison hospitalière, devint le centre de possessions terriennes d'une étendue considérable. Aussi les actes du xie et du xiie siècle nous montrent-ils le titre de l'ancien *comitatus* remplacé par celui d'*episcopatus* ou *diœcesis*, la *vicaria* administrative, par la vicairie ecclésiastique, et souvent même le premier terme de la division agraire, la *villa*, par la paroisse, *parochia*.

Enfin, entre ces deux grands possesseurs du sol, l'Église et la féodalité laïque, on vit, malgré l'anarchie profonde, les luttes armées, les calamités du temps et l'incertitude du lendemain, des centres nouveaux de population se former, et les bourgades que la Gaule romaine avait léguées à la Gaule franque grandir en importance et en richesse; on vit se réveiller chez ces dernières et naître chez les autres l'esprit de liberté, d'ordre social et d'organisation administrative, qui enfanta les communes, et dans le régime communal déposa le germe des institutions représentatives modernes.

La deuxième série de faits fut, au contraire, le produit raisonné d'une volonté intelligente et intéressée :

C'est l'organisation des sénéchaussées, subdivisées en bailliages, circonscriptions territoriales dans lesquelles s'exerça la juridiction des sénéchaux et baillis nommés par le roi, et représentant, dans le grand naufrage des institutions et du pouvoir central, la politique d'attente et de prévoyance des monarques de la dynastie capétienne et l'avenir de la monarchie française.

Les sénéchaussées (*senescalliæ*) du XIIIe et du XIVe siècle ne répondaient ni au premier ni au second degré des anciennes divisions régionales ou administratives.

Elles comprenaient quelquefois, en effet, une fraction seulement de la cité ou grand *pagus*, d'autres fois une cité tout entière, à laquelle on avait réuni certains cantons de la cité voisine, ou bien des parcelles de deux cités limitrophes.

Pour ne citer qu'un exemple, nous voyons la Marche limousine former une sénéchaussée qui porte son nom, puis deux sénéchaussées. de la haute et de la basse Marche, auxquelles se trouvent adjoints des quartiers du Berry, tandis que les autres portions du Limousin, confondues avec des démembrements du Quercy et du Périgord. forment une sénéchaussée qui prend tantôt le nom de *Sénéchaussée de Périgord et Quercy*, tantôt de *Sénéchaussée de Périgord et Limousin*, ou bien enfin de *Sénéchaussée de Limousin*. Et, lorsque la province du Limousin forma plus tard une sénéchaussée particulière, la Marche en resta encore séparée, ainsi que le Nontronnais et les quartiers limitrophes de l'Angoumois.

Quant aux bailliages (*bailiviæ*), subdivisions de la sénéchaussée, ils furent établis souvent dans des localités de nouvelle création, ou bien sur des points devenus importants à une époque assez récente, soit par la présence d'un monastère, d'une église de quelque célébrité, et pourvus de richesses et de possessions étendues, soit à raison d'un développement industriel et commercial favorisé par des circonstances locales, ou bien enfin à cause de l'octroi de chartes communales.

C'est de préférence dans les petites villes de communes jurées, sanctionnées et garanties par lettres royales et qu'on affectait d'appeler *villes du Roi*, ou *d'obéissance-le-Roi*[1], que les princes de la troisième race eurent soin d'installer des fonctionnaires, leurs délégués[2]; et ces fonctionnaires, issus de la bourgeoisie, lettrés et versés dans l'étude des lois, avaient là de nombreuses occasions de remplir, au nom du souverain, entre le seigneur laïque et le seigneur religieux, ou bien entre l'un d'eux et la bourgeoisie locale, ce rôle d'arbitre, cette *magistrature sociale*[3], dont la politique monarchique devait, à la longue, tirer un si grand profit.

On comprit généralement dans les bailliages les territoires avec lesquels les centres de population choisis comme chefs-lieux se trouvaient avoir les rapports les plus fréquents, sans tenir compte des divisions anciennes des cités et des *pagi*.

Nous prendrons encore nos exemples dans le Limousin et dans le Quercy. Beaulieu, simple manse et tout au plus *villa* au IXe siècle, enrichi et peuplé par un concours d'artisans qu'attirait le voisinage d'une célèbre abbaye, devint, au XIIIe et au XIVe siècle, chef-lieu d'un bailliage, qui s'étendait à la fois sur des paroisses du Limousin et sur des paroisses du Quercy. Martel, au contraire, qui était du Quercy, fut, dans le même temps, chef-lieu d'un autre bailliage, qui comprenait, avec des paroisses de cette province, des localités du Limousin.

---

[1] *Établissements de Saint-Louis*, cités par Montesquieu, *Esprit des Lois*, l. XXVIII, c. XXIX.

[2] Il faut observer, d'ailleurs, que la féodalité occupait déjà la plupart des anciennes localités de second ordre, châteaux et grosses bourgades, et que le pouvoir du seigneur ou de son agent excluait la présence, sur ces points, d'un délégué du souverain, ou tout au moins bornait et gênait beaucoup l'action de ce dernier.

[3] Suivant l'expression du plus profond de nos historiens modernes. (Guizot, *Essais sur l'histoire de France*, édit. Charpentier, 1841, p. 226 et *passim*.)

Les bailliages ne correspondaient donc, du moins en principe et le plus souvent en fait, ni aux *pagi minores*, ni aux anciennes vicairies et centaines, qu'ils remplaçaient pourtant au deuxième degré des divisions administratives, comme les baillis remplaçaient, dans la hiérarchie gouvernementale, les vicaires et les centeniers.

Il en fut de même des différentes circonscriptions que les rois établirent plus tard, depuis la fin du xive siècle jusqu'au xviiie, savoir : 1° dans l'organisation militaire et politique du territoire, les *gouvernements généraux*, les *gouvernements particuliers* et les *divisions militaires* du royaume; 2° dans l'ordre administratif, les *généralités* ou *intendances*, subdivisées en *élections* et en *subdélégations*; 3° enfin, dans l'ordre judiciaire, au-dessous des parlements, les *présidiaux*, les *sénéchaussées* royales et seigneuriales, les *prévôtés* et *juridictions*. Elles ne correspondaient pas davantage aux anciennes divisions régionales ou administratives de la Gaule.

Ainsi nous voyons, quant aux *gouvernements généraux*, que l'Aunis, qui était une partie de l'ancienne cité des *Santones*, formait un gouvernement général séparé de celui de la Saintonge; que celle-ci comprenait, en outre, la partie occidentale de l'Angoumois (l'élection de Cognac); que le Saumurois, qui était une partie de l'ancien pays des *Andecavi*, fut constitué en un gouvernement distinct de celui d'Anjou; que le gouvernement général de Guyenne renfermait, avec la cité des Bordelais, les pays d'Auch ou Gascogne, de Dax, etc. qu'enfin le Limousin se divisa en deux gouvernements généraux : l'un, nommé *gouvernement général de la Marche*, comprenant la haute et la basse Marche, était subdivisé en deux sièges de lieutenant du roi, correspondant aux deux parties de la province [1]; l'autre, appelé *gouvernement général du Limousin*, ne représentait point l'ancienne cité des *Lemovices*, ni même l'ancien diocèse de Limoges, puisqu'il ne comprenait ni la Marche, ni le pays de Nontron qu'on avait attribué au Périgord et soumis au gouvernement général de

---

[1] Le gouvernement général de la Marche ne contenait pas de gouvernements particuliers.

Guyenne, et que le territoire de l'élection de Bourganeuf, quoique placé au centre du gouvernement du Limousin, était soumis au Poitou, dont il formait une enclave. Par contre, le gouvernement général de Limousin s'étendait sur la plus grande partie de l'Angoumois, où il prenait l'élection d'Angoulême, et faisait une pointe en Poitou jusqu'à Montmorillon.

Les trois *gouvernements particuliers* du Limousin correspondaient, 1° à l'élection d'Angoulême ; 2° au haut Limousin ; 3° au bas Limousin.

Dans l'ordre administratif, nous remarquons que la *généralité* de Paris comprenait, avec l'Ile de France, des parties de la Picardie, de la Champagne, du Chartrain, du Nivernais, etc. que celle d'Orléans contenait d'autres portions des mêmes pays, la Picardie exceptée ; qu'on trouve encore des parcelles du Nivernais dans la généralité de Bourges ; que celle de Bordeaux renfermait, avec le Bordelais, l'Agénais et le Périgord ; que celle de Montauban contenait à la fois le Rouergue et le Quercy. De son côté, la *généralité* de Limoges était loin de correspondre à l'ancien pays des *Lemovices*, puisque, d'une part, on n'y avait fait entrer ni la haute Marche ni le Nontronnais ; que, d'autre part, elle enlevait à la cité des *Encolismenses* son chef-lieu, la ville d'Angoulême, et la partie orientale de son territoire ; elle différait même du gouvernement général en ce que celui-ci ne comprenait ni la basse Marche ni l'élection de Bourganeuf[1].

---

[1] La généralité de Limoges se divisait en cinq élections, dont les chefs-lieux étaient à Limoges, Bourganeuf, Tulle, Brive et Angoulême. La haute Marche formait, dans la généralité de Moulins, les deux élections de Guéret et de Combraille. La plus grande partie de la basse Marche appartenait à l'élection de Limoges ; mais le reste dépendait de l'élection du Blanc (en Berry).

Au-dessous des élections de la généralité de Limoges, il y avait trente-deux subdélégations, dont les sièges étaient, 1° à Limoges, qui comptait pour deux, ayant deux subdélégués, Bellac, Le Dorat, Magnac-Laval, Saint-Yrieix, Châlus, Lubersac, La Souterraine, Saint-Léonard, Eymoutiers, Saint-Junien ; 2° à Bourganeuf ; 3° à Tulle, qui comptait pour deux, ayant deux subdélégués, Treignac, Neuvic, Ussel, Meymac, Bort, Égletons, Argentat ; 4° à Brive, Uzerche, et Beaulieu ; 5° à

— 27 —

Nous ne pousserons pas plus loin la comparaison des circonscriptions des derniers siècles de la monarchie avec les circonscriptions antérieures au xııᵉ siècle. Il y a aussi peu de rapprochement à faire entre les arrondissements qui les subdivisaient.

On voit par là combien la royauté, dans les actes qui constituèrent, à diverses époques, le gouvernement des provinces, tint peu de compte des anciennes divisions administratives et des anciennes individualités ou *nationalités secondaires,* dont nous parlions dans les premières pages de cette introduction. Il semble même qu'elle y ait vu, en beaucoup d'endroits, des obstacles à son but providentiel de centralisation et d'unification politique; car elle s'efforça constamment de les briser et y réussit en partie. C'est donc à tort que l'on a rapporté à l'organisation départementale, décrétée au début de la révolution

Angouleme, La Rochefoucault, La Vallette, Baigne, Ruffec et Chabanais.

Dans l'ordre judiciaire, la province du Limousin avait un sénéchal d'épée, et, dans son ressort, trois présidiaux institués à Limoges, Tulle et Brive (l'Angoumois était soumis à un sénéchal d'épée particulier); puis quatre sénéchaussées, dont les siéges étaient à Limoges, Tulle, Brive et Uzerche; ces juridictions ressortissaient au parlement de Bordeaux. La haute et la basse Marche, pourvues de deux sénéchaux différents, et comprenant, la première le présidial et la sénéchaussée de Gueret, la seconde les deux sénéchaussées du Dorat et de Bellac, étaient soumises au parlement de Paris. (Cf. Dumoulin, *Géographie du royaume de France*, in-8ᵉ, Paris, 1767, t. VI, p. 109. Expilly, *Dictionnaire géographique des Gaules et de la France*, t. IV, p. 239 et suiv. p. 268 et suiv. et p. 529 et 530. Cf. en outre : 1° une *Carte des provinces de Saintonge, d'Angoumois, de la Marche, du Limousin et du pays d'Aunis*, par N. de Fer, à Paris, 1711;

2ᵉ la *Carte des gouvernements généraux de la Marche, du Limosin et de l'Auvergne*, par Robert de Vaugondy fils, 1753; 3° une *Carte particulière du gouvernement de la Marche*, dessinée par L. Aubert, gravée par P. F. Tardieu, sans date, mais d'une exécution supérieure à celle des deux précédentes; 4° une *Carte de la généralité de Limoges et des évêchés de Limoges, Tulle et Angoulême*, par Jaillot, corrigée par L. Denis, à Paris, 1783; 5ᵉ Enfin, la *Carte des provinces de Limosin, de la Marche et de l'Angoumois, comprenant la généralité de Limoges*, par Dézauche, à Paris, 1788. Cette dernière carte se rapproche, plus que les autres, de la vérité, pour les positions de lieux et pour les limites des gouvernements et généralités. Nous ne parlons pas ici des cartes du diocèse, parce qu'elles sont sans intérêt pour l'étude des rapports de l'ancien pays lémovique avec les divisions administratives pendant les trois derniers siècles de l'ancienne monarchie. (Voir ce qui en est dit plus bas, 1ʳᵉ partie, titre 1ᵉʳ, chapitre II, § 2.)

4.

française, la disparition des cités et *pagi* de la Gaule romaine et de la Gaule franque. Ce travail de destruction remonte beaucoup plus haut : commencé par la féodalité, il fut continué par les rois de la troisième race, qui en furent les artisans les plus énergiques, les plus habiles, les plus persévérants; et l'on peut affirmer que l'Assemblée constituante ne fit que terminer, en 1790, l'œuvre séculaire de la monarchie.

Il est peu de contrées de la Gaule dont les titres fournissent avec autant d'abondance que le Limousin des indications précises, circonstanciées, touchant les divisions territoriales, et cette remarquable richesse nous a déterminé à présenter, comme un spécimen précieux pour l'étude de la géographie historique au moyen âge, le tableau de cette vaste province sous les deux premières races de nos rois et jusqu'à la fin du XIe siècle. Tel est l'objet de la première partie du travail que nous publions.

Cette première partie se compose de trois titres distincts, correspondant aux trois ordres de circonscriptions que nous avons définis en tête de cette introduction.

Dans le premier, nous ferons connaître les divisions régionales, qui sont :

1° La *civitas* ou grand *pagus* du Limousin, avec ses limites antérieures à la période carlovingienne, comparées à celles que lui assigne l'étendue des deux diocèses réunis de Limoges et de Tulle;

2° Les *pagi*, pays ou cantons de l'ordre inférieur;

3° L'*aïcis* ou *aïzum*, aïce ou aïze, et l'*arum;*

4° Le *suburbium*, suburbe, et les *suburbia*, les faubourgs de Limoges.

Dans le deuxième titre, nous décrirons :

1° Le *comitatus Lemovicensis*, comté de Limoges ou du Limousin, calqué sur la *civitas;*

2° Les *vicariæ*, vicairies;

3° Les *centenæ*, centaines;

4° La *quintana*, quintane ou zone de terrain dépendant du chef-lieu de la *civitas*.

Dans le troisième titre, nous traiterons des divisions particulières que le Limousin nous présente, savoir :

1° La *marca*, marche limousine ;
2° Le *fiscus*, fisc royal ;
3° La distinction du haut et du bas Limousin.

La description de chacune de ces espèces de divisions est précédée d'une exposition des principes et des faits généraux qui la concernent. Nous nous sommes appliqué à compléter, sur ce point, les observations déjà acquises à la science par les notions nouvelles que nous avons recueillies, ou à indiquer, lorsque le résultat de nos recherches a paru le commander, des modifications ou restrictions aux règles que nos devanciers et nos maîtres ont établies en cette matière.

Quant aux arrondissements administratifs, qui forment le deuxième ordre divisionnaire du territoire, nous avons eu soin de faire connaître, à l'égard de chacun d'eux, l'origine, le caractère de l'officier (comte, marquis, vicaire ou centenier), qui y exerçait un commandement ou y rendait la justice.

En ce qui concerne spécialement les comtes de Limoges, nous avons eu à étudier la série de ces officiers depuis le commencement de la période mérovingienne jusqu'à l'an 1030 ; le fait si curieux et si important de l'inauguration des ducs et rois d'Aquitaine dans la capitale du Limousin, par les mains de ses évêques, successeurs de saint Martial ; le couronnement d'Eudes, roi des Francs, dans cette ville, en 887 ; l'état politique de l'Aquitaine à la même époque ; les motifs qui déterminèrent le nouveau souverain à changer l'organisation gouvernementale du Limousin et du Berry ; enfin l'institution des vicomtes dans ces deux pays, et la création de la marche Limousine.

Cette étude sur les divisions territoriales, comme nous l'avons fait pressentir en plus d'un endroit de cette introduction, s'arrête à la fin du xie siècle, parce que, avec ce siècle, ainsi qu'il est dit plus haut, disparurent les derniers vestiges des institutions des deux premières dynasties, que le régime féodal était alors en pleine possession de la société, et que les divisions qu'il enfanta échappent, par leur infinie variété comme par leur existence éphémère, à toute description.

Il est à peine besoin de signaler à l'attention du lecteur l'intérêt que doit offrir le tableau d'une cité de grande étendue comme le Limousin aux époques reculées que nous avons en vue. Ce tableau donne une idée assez exacte de l'organisation du gouvernement dans la Gaule ; car, à l'exception d'une zone considérable, située au nord de l'empire, les institutions qui régissaient notre province étaient, à peu de chose près, les mêmes partout ailleurs, et on peut les regarder comme des règles générales, dont l'application subissait seulement quelques restrictions sur divers points du territoire.

On trouve, à la suite de notre description, une carte géographique.

Cette carte, qui a été dressée en vue de la publication du Cartulaire de Beaulieu, et dont M. le Ministre de l'instruction publique a autorisé un tirage à part, qui permet de la joindre ici, présente à l'œil la configuration exacte de l'ancien territoire des *Lemovices* avant l'ère carlovingienne, les différences existantes entre les limites de ce territoire et celles du diocèse de Limoges réuni à celui de Tulle, enfin, les vicairies et centaines du Limousin du IXe au XIe siècle, au nombre de quarante-huit. Les positions de ces arrondissements sont certaines, et, pour deux seulement (*vicaria Pardaniacum* et *vicaria Vertedensis*), nous avons dû exprimer les motifs de notre hésitation sur la place qu'occupaient leurs chefs-lieux. Grâce à l'abondance des éléments qui nous étaient offerts par les titres du IXe, du Xe et du XIe siècle sur cet ordre divisionnaire, nous avons pu tracer avec précision, au sud-est, au sud, au sud-ouest et au centre, les limites de ces divisions territoriales; mais, au nord-ouest, au nord et au nord-est, où les monuments écrits de la deuxième race sont beaucoup plus rares, les limites sont approximatives, et nous avons dû tenir compte, sur plusieurs points, des séparations formées par les cours d'eau profonds, les chaînes de montagnes ou de hautes collines, ainsi que des régions naturelles et des traditions historiques.

Telle qu'elle est, et malgré les imperfections qu'on pourra y découvrir et pour lesquelles nous réclamons d'avance l'indulgence des érudits, cette carte, résultat de longues recherches et d'un minutieux labeur, constitue un fait nouveau, et, s'il nous est permis de le dire, un progrès dans la géographie du moyen âge. C'est la première fois, en effet, que l'on a tenté de figurer, à une aussi grande échelle et avec leurs limites, les districts correspondant à l'ordre administratif et judiciaire en vigueur sous les descendants de Charlemagne.

Si, parmi les nombreux arrondissements que nous avons décrits, il en est dont la délimitation laisse encore à désirer, on voudra bien considérer que, dans le cas où, plus tard, de nouveaux éléments viendraient à être découverts, il serait aisé de compléter, avec leur aide, les parties de notre description qui seraient reconnues défectueuses; que, d'ailleurs, les vicairies du sud-est, du sud, du sud-ouest et du centre du Limousin, n'en resteraient pas moins un spécimen curieux et utile du système de divisions territoriales que l'organisation administrative y avait engendré.

La deuxième partie de notre travail se compose de deux dissertations relatives à des questions de géographie antique concernant le peuple des *Lemovices*.

L'une a trait aux *Lemovices* de l'Armorique mentionnés par César, au septième livre de ses Commentaires, dans le dénombrement des nations gauloises qui fournirent des contingents de guerriers à l'armée chargée de dégager Vercingétorix enfermé dans *Alesia*. Elle est accompagnée d'une carte qui montre à la fois la position et l'étendue de la cité armoricaine, et les limites respectives des tribus ou *pagi* qui la subdivisaient: *Leuci*, *Agesinates*, *pagus Ratiatensis*, et *pagus Arbatilicus* ou *Herbatilicus*, tous compris dans le territoire des *Pictones* (Poitou), depuis l'époque où l'empereur Auguste organisa le gouvernement des Gaules (an 27 avant l'ère chrétienne).

L'autre dissertation a pour but,

1° De déterminer l'emplacement du quartier d'hiver assigné par César à deux de ses légions chez les *Lemovices* de l'intérieur, *in finibus*

Lemovicum, à la suite d'une courte et heureuse expédition en Aquitaine (50 ans avant J. C.);

2° De fixer l'époque de la destruction de la ville romaine à laquelle ce campement avait donné naissance;

3° De décrire les restes des monuments découverts, ainsi que les médailles, objets d'art et débris de toute sorte, recueillis en ce lieu, qui fut un centre important de population, et dont la main des barbares a fait, il y a quinze siècles, une ruine et une solitude.

PREMIÈRE PARTIE.

DES DIVISIONS TERRITORIALES.

TITRE PREMIER.

DIVISIONS RÉGIONALES.

CHAPITRE PREMIER.

DU PEUPLE LÉMOVIQUE.

§ 1". *Les Lemovices de l'Armorique et ceux de l'intérieur ne formaient, dans le principe, qu'un seul et même peuple.*

Le peuple Limousin apparaît pour la première fois dans le récit de la septième campagne de César, laquelle eut lieu l'an 53 avant l'ère chrétienne: il y reçoit, dans quatre passages, le nom de *Lemovices*[1], que Strabon traduit exactement

---

[1] « Celeriter (Vercingetorix) sibi Senones, Parisios, Pictones, Cadurcos, Turonos, Aulercos, *Lemovices*, Andos, reliquosque omnes qui Oceanum attingunt, adjungit. » (*De bello Gallico*, lib. VII, cap. IV.) « Imperant (Galli) Æduis, atque eorum clientibus..... millia xxxv (qui arma ferre possent)....... Sequanis, Senonibus, Biturigibus, Santonis, Rutenis, Carnutibus duodena millia; Bellovacis x; *totidem Lemovicibus*; octona Pictonibus, et Turonis, et Parisiis....... xxx universis civitatibus quæ Oceanum attingunt, quæque eorum consuetudine

« Armoricæ appellantur, quo sunt in numero Curiosolites, Redones, Ambibarii, Caletes, Osismi, *Lemovices*, Unelli... ...(VII, LXXV). « Sedulius, *dux et princeps Lemovicum*, occiditur. » (VII, LXXXVIII). Dans le passage suivant du huitième livre des Commentaires, chap. XLVI, Hirtius Pansa a mentionné le même peuple : « Quatuor legiones in Belgio collocavit (Cæsar).... duas legiones in Æduos deduxit.... duas in Turonis ad fines Carnutum posuit...; duas reliquas in *Lemovicum finibus*, non longe ab Arvernis, ne qua pars Galliæ vacua ab exercitu esset. »

Géogr. hist. de la Gaule.

— 34 —

par Λεμοουίκες [1]; telle est aussi la dénomination que lui donne Pline [2]. Ptolémée l'appelle Λιμουΐκοι [3], forme à laquelle correspond le *Lemovici* de l'une des éditions de la Notice des provinces romaines [4].

Ce peuple, au moment de la conquête, était dans sa deuxième phase historique. Nous voyons en effet, par les Commentaires, qu'il y avait alors en Gaule deux nations du nom de *Lemovices* : l'une, placée dans le périmètre de l'ancien diocèse de Limoges, et qu'à cause de sa position centrale nous appellerons *Lemovices* de l'intérieur; l'autre, au nord-ouest de ce diocèse, et s'avançant jusque dans l'angle sud formé par

---

[1] *Geogr.* lib. IV, cap. II, éd. Cramer.
[2] *Histor. natural.* lib. IV, cap. XVII.
[3] *Geogr.* lib. II, cap. VII.
[4] Édition de Simler, citée par Laurent Gronovius (*Varia Geographica*, in-8°, 1729, p. 51). — Plusieurs auteurs ont cherché l'étymologie du nom de *Lemovices*. Bullet (*Mémoires sur la langue celtique*, tome I", préface, p. 121-122) a proposé la suivante : *llymhau* ou *llemhau*, aiguiser, *wys*, hommes; *Lemowys*, hommes qui aiguisent, à cause des mines de fer du Limousin. Mais les *Petrocorii* et les *Bituriges*, qui avaient des mines de fer plus abondantes, ces derniers surtout, que Strabon signale comme adonnés à l'industrie métallurgique, auraient beaucoup mieux mérité ce nom : dans tous les cas, au mot *llemhau*, il faudrait substituer *lemm*, qui, en breton, signifie piquant, tranchant, et se rapproche davantage de *Lemovices*. Quelques-uns font dériver ce nom du grec λειμών, prairie, ce qui se rapporterait mieux à la nature du sol, qui est coupé de cours d'eau et consacré en partie à l'élevage des bestiaux. (Allou, *Descript. des monum. de la Haute-Vienne*, p. 34.) — Bodin (*De Republ.* lib. V, cité par Ménage, *Orig.* p. 423), a pensé que le mot de *Lemovices* a pu se composer de deux termes, dont l'un serait λιμός, et qui signifieraient ensemble *terre de la faim*, à raison, dit-il, de la stérilité du pays. — D'autres l'ont fait provenir d'*alimonia*. (Allou, *loc. cit.*) — On pourrait augmenter encore le nombre des conjectures en notant que, dans le dialecte gaëlique d'Irlande, *laimh* veut dire main ou bras (W. F. Edwards, *Recherches sur les langues celtiques*, p. 324) et *vic* ou *wic*, brave, courageux (M. le baron de Belloguet, *Ethnogénie gauloise*, t. 1", p. 226); et comme du latin *fortis*, brave, courageux, nous avons fait l'adjectif *fort*, *Laimhwic* signifierait bras forts, hommes aux bras forts, robustes ou vaillants. Mais toutes ces propositions contradictoires n'ont rien de bien sérieux, et le nom ethnique de la nation lémovique, qui cependant avait très-probablement, dans la langue gauloise, une signification caractéristique, reste encore à expliquer d'une manière satisfaisante.

l'Océan et par l'embouchure de la Loire. Cette dernière nation, que César range expressément parmi les cités de l'Armorique, n'était pas seulement contiguë à l'autre, mais l'un de ses *pagi* ou tribus, nommé *Leuci*, s'avançait assez profondément chez les *Lemovices* de l'intérieur, du côté de Châlus (*Castrum Leucus* dans la Vie de saint Waast), pour que la fraction qui y était comprise formât à elle seule un *pagus*, qui est le pays de Châlus et de Ligoure.

Cette circonstance remarquable met hors de doute, à nos yeux, une conclusion que l'identité des noms et la contiguïté des deux cités, au temps de César, auraient déjà suffisamment autorisée, à savoir qu'à une époque reculée et qu'on ne peut préciser, mais, dans tous les cas, de beaucoup antérieure à la venue du proconsul dans la Gaule centrale, ces deux cités n'en faisaient qu'une seule, nommée *Lemovices*, embrassant dans son étendue le diocèse primitif de Limoges ainsi que les cantons de Charroux, de Grand-Luc, de Rézé, d'Herbauge, etc. qui constituaient le territoire des *Lemovices* armoricains.

La démonstration de cette conclusion, que nous posons ici dans des termes sommaires, se trouve, avec tous ses développements, dans la deuxième partie du présent travail, à laquelle nous nous référons.

§ 2. Origine de la nation lémovique.

De quelle contrée est sortie cette nation? Tacite (an 97 du Christ) nous apprend qu'il y avait en Germanie un peuple appelé *Lemovii*[1], qu'il place auprès des trois peuplades suivantes : les *Lygii*, qui auraient donné leur nom à la Silésie

---

[1] « Trans Lygios, Gothones regnantur, paullo jam adductius quam ceteræ Germanorum gentes ; nondum tamen supra libertatem. Protinus deinde ab Oceano, Rugii et *Lemovii*. » (*De moribus Germaniæ*, cap. XLIII.)

moderne ; les *Gothones,* qui habitaient la Poméranie ultérieure, la nouvelle Marche et la partie occidentale de la Pologne ; enfin les *Rugii,* qui étaient sur les bords de la Baltique et dont le nom se reproduit dans ceux de la petite ville de Rugenwald et de l'île de Rugen. Les *Lemovii* étaient dans le Mecklenbourg ou sur le territoire de Lavenburg, Stolpe et Dantzig. Or le vocable de *Lemovii* est, à très-peu de chose près, identique à celui que les Limousins reçoivent dans Ptolémée (Λιμούϊκοι) et dans l'édition précitée de la Notice des provinces romaines (*Lemovici*)[1].

Les *Lemovices* de la Gaule descendent-ils des *Lemovii* de la Germanie, ou bien ces derniers sont-ils, au contraire, des émigrants envoyés du centre de la Gaule au delà du Rhin?

Dufour, dans son Ancien Poitou, a cru pouvoir avancer que les *Lemovices* de la Gaule étaient un peuple de race gothique; cet écrivain avait été vivement frappé de la ressemblance de leur nom avec celui des *Lemovii* de la Germanie : entraîné, d'ailleurs, par un auteur de mérite, mais très-systématique (Pinkerton)[2], il a vu partout des Goths, comme, dans d'autres temps, on avait vu partout des Celtes[3]. Il a sans doute entendu dire par là que les *Lemovices* étaient un de ces peuples de race gothique ou scythique (d'après Pinkerton c'est tout un), qui, dit-il, sous le nom de Belges, envahirent la Gaule 500 ans avant l'ère chrétienne[4].

Cette opinion, beaucoup trop affirmative, provient de l'idée dominante, même chez les historiens, que les peuplades qui

---

[1] L. Gronovius, *Varia Geogr.* p. 51.
[2] *Recherches sur l'origine des Scythes ou Goths,* in-8°, trad. de l'anglais, 1804.
[3] « Les antiquités qu'on nomme drui-» diques sont, dit-il, d'après Pinkerton « (p. 112), des monuments gothiques; les « Celtes n'avaient pas de monuments. » (*Ancien Poitou,* p. 37, note 1.)
[4] *Ibid.* p. 59, note 1. — M. Walckenaer semble admettre aussi que les *Lemovices* descendaient des *Lemovii* de la Germanie. (*Géogr. anc. des Gaules,* t. Ier, p. 370.)

habitent notre sol proviennent de nations fixées en Germanie ; et la place que les invasions des trois derniers siècles de l'empire d'Occident (lesquelles ont eu lieu invariablement du nord et de l'est au sud et au sud-ouest) occupent dans l'histoire, l'impression qu'elles ont laissée dans l'esprit des peuples, n'ont pas peu contribué à répandre l'opinion professée par Dufour.

Mais, sans vouloir diminuer le nombre et l'importance des migrations et des invasions venues des bords du Danube et de la Baltique sur notre territoire, il convient de faire observer qu'il s'agit ici d'événements antérieurs à l'occupation romaine; qu'avant l'entrée de César dans la Gaule, les déplacements des peuples de l'Europe étaient fréquents ; que, d'après de nombreux témoignages, ces grands mouvements n'avaient pas lieu seulement du nord et du nord-est vers le sud et le sud-ouest, et qu'ils s'opéraient aussi souvent dans le sens opposé. Il nous suffit de rappeler ici les gigantesques expéditions de guerriers et de familles de Bituriges, d'Arvernes et de Tectosages, parties, sous la conduite de Sigovèse et de Bellovèse, du centre et du sud de la Gaule, et dirigées soit à l'est, en Italie, soit au nord-est de l'Europe et dans l'Asie Mineure, où le royaume de Galatie garda si longtemps les traces de leur domination.

Il paraît donc difficile, à première vue, de résoudre la question d'origine des *Lemovices* gaulois et des *Lemovii* de Germanie.

Il est un passage de Tacite sur lequel on pourrait s'appuyer pour décider en faveur des *Lemovii*. Après avoir décrit à grands traits les limites de la Germanie, il s'exprime ainsi : « Je croirais « volontiers (*crediderim*) que les Germains étaient indigènes et « point mélangés par l'établissement ou le passage d'autres « peuples, parce que ce n'est point par terre, mais sur des « embarcations que se transportaient autrefois ceux qui cher- « chaient à se déplacer, et l'Océan, sans bornes au delà, for-

« mant pour ainsi dire une barrière, est rarement visité par les
« navigateurs de nos contrées. Et d'ailleurs, sans parler des pé-
« rils d'une mer horrible et inconnue, qui donc, à moins que
« la Germanie ne soit sa patrie, quitterait l'Asie, l'Afrique ou
« l'Italie, pour gagner cette terre sauvage, au rude climat,
« triste de séjour et d'aspect [1] ? »

On remarquera d'abord l'expression peu affirmative de l'auteur, *crediderim*. A son opinion nous pouvons opposer non-seulement des raisons qui la combattent, mais une autorité plus haute encore que celle de l'illustre écrivain, une affirmation de César, qui avait fait la guerre en Germanie et avait recueilli, sur place, environ cent quarante-trois ans avant Tacite, les renseignements que contiennent ses Commentaires.

En premier lieu, il n'est pas exact de dire d'une manière générale que les premières émigrations de peuples aient dû avoir lieu par mer et non par les routes de terre : il nous paraît évident que, si, pour les nations voisines du littoral océanique, le transport par mer offrait des facilités de déplacement, il n'en était pas de même pour les peuplades étrangères à la navigation et confinées dans l'intérieur des terres. Dans ce dernier cas, le transport du personnel entier et du matériel d'une tribu devait se faire naturellement sur des chariots et à dos de bêtes de somme : un fleuve n'était pas pour elles un obstacle sérieux; d'ailleurs la preuve sans réplique qu'il se faisait des émigrations par la voie de terre, c'est que la plupart de celles

---

[1] *De moribus Germaniæ*, cap. 11. Voici le texte du passage cité : « Ipsos Germanos « indigenas crediderim, minimeque alia- « rum gentium adventibus et hospitiis mix- « tos: quia nec terra olim sed classibus ad- « vehebantur qui mutare sedes quærebant; « et immensus ultra, utque sic dixerim, « adversus, Oceanus raris ab orbe nostro « navibus aditur. Quis porro, præter peri- « culum horridi et ignoti maris, Asia, aut « Africa, aut Italia relicta, Germaniam « peteret, informem terris, asperam cœlo, « tristem cultu aspectuque, nisi si patria « sit ? »

que l'histoire nous signale s'opérèrent ainsi. Nous savons, par l'exemple des Helvètes, dont parle César dans le premier livre de ses Commentaires, qu'ils emmenaient avec eux les enfants, les vieillards et les femmes, et chargeaient sur des chariots les êtres non valides, avec leurs ustensiles, leurs instruments de travail et leurs provisions de bouche [1].

Quant à l'âpreté du climat de la Germanie et à l'aspect triste et sauvage de son territoire, combien de provinces gauloises, et surtout de la Gaule centrale, dont les habitants auraient pu échanger avec profit contre des terres germaines le sol ingrat auquel ils arrachaient péniblement de maigres produits!

Mais, pour en finir avec la conjecture de Tacite touchant la qualité d'aborigènes sans mélange, qu'il accorde aux Germains, nous allons reproduire les paroles de César, que Tacite lui-même proclame *summus auctorum* : « Il fut un temps où les « Gaulois surpassaient les Germains en courage, portaient la « guerre hors de leurs frontières, et, à raison de leur population « surabondante et du manque de terre, *envoyaient des colonies au* « *delà du Rhin*. C'est ainsi que les parties si fertiles de la Ger- « manie qui entourent la forêt Hercynie, laquelle fut connue « d'Ératosthène et de certains auteurs grecs sous le nom d'Or- « cynie, furent occupées par les Volces Tectosages, qui s'y « fixèrent. Depuis, cette nation s'est maintenue à la même place, « jouit d'un grand renom de justice et de valeur militaire, et « se trouve à présent dans la même disette, pénurie et souf- « france, que les Germains eux-mêmes, dont elle partage toutes « les habitudes quant à la nourriture et aux vêtements [2]. »

---

[1] *De bell. Gallic.* lib. I, c. v, vi et xxix.

[2] « Ac fuit antea tempus, quum Germa- « nos Galli virtute superarent, *ultro bella* « *inferrent, propter hominum multitudinem* « *agrique inopiam* TRANS RHENUM COLO- « NIAS MITTERENT. Itaque ea, quæ fertilis- « sima Germaniæ sunt, loca circum Hercy- « niam silvam, quam Eratostheni et qui- « busdam Græcis fama notam esse video, « quam illi Orcyniam appellant, Volcæ

— 40 —

L'affirmation de César est catégorique : les Gaulois *envoyaient des colonies au delà du Rhin.*

Tacite lui-même le reconnaît d'ailleurs dans un autre chapitre de son livre sur les Germains, et détruit ainsi sa précédente conjecture : « Jules César, dont l'autorité est sans égale, « rapporte que les Gaulois étaient autrefois supérieurs aux Ger- « mains; et il est croyable, d'après cela, que, de leur côté, les « *Gaulois ont aussi passé en Germanie.* Combien le fleuve était, « en effet, une barrière impuissante à arrêter l'invasion de « peuplades, qui, aussitôt qu'elles en avaient acquis la force, « occupaient, dans leurs migrations successives, des terres en- « core vagues et qu'aucuns maîtres ne s'étaient, jusqu'alors, « partagées! Ainsi, entre la forêt Hercynie, le Rhin et le Mein, « ont habité les Helvètes, plus loin les Boïens, et l'une et l'autre « nation sont gauloises [1]. »

Puisque, de l'aveu de Tacite, les Gaulois avaient passé en Germanie et y avaient fondé des colonies, il n'est pas exact de dire que les Germains ne fussent pas mélangés d'un sang étranger ; il est même hors de doute que certaines parties du sol germain étaient habitées exclusivement par des populations gauloises. Et, puisque des Volces Tectosages du sud de la Gaule étaient allés se fixer dans la forêt Noire, on ne verrait rien d'invraisemblable à ce que des peuplades gauloises du centre

« Tectosages occupaverunt, atque ibi con-
« sederunt; quæ gens ad hoc tempus his
« sedibus sese continet, summamque ha-
« bet justitiæ et bellicæ laudis opinionem.
« Nunc quidem in eadem inopia, egestate
« patientiaque Germani permanent, eodem
« victu et cultu corporis utuntur. » (*De bello Gallico,* VI, xxiv.)

[1] « Validiores olim Gallorum res fuisse « summus auctorum, divus Julius, tradit ; « eoque credibile est etiam Gallos in Germa- « niam transgressos. Quantulum enim am- « nis obstabat quominus, ut quæque gens « evaluerat, occuparet permutaretque se- « des promiscuas adhuc et nulla regnorum « potentia divisas ? Igitur inter Hercyniam « silvam, Rhenumque et Mœnum amnes, « Helvetii, ulteriora Boii, *Gallica utraque « gens,* tenuere. » (*De moribus Germaniæ,* cap. xxviii.)

eussent émigré dans la direction de Dantzig et de la mer Baltique. Si même on attachait de l'importance à l'observation de Tacite sur les facilités que présentait la navigation pour ces grandes transmigrations de peuples, nous ferions remarquer que les *Lemovices* armoricains, situés sur le bord de l'Océan, adonnés sans aucun doute aux exercices nautiques, se trouvaient admirablement à portée d'entreprendre une expédition de cette sorte.

Enfin (et ce dernier argument semble devoir être d'un grand poids, sinon décisif) les *Lemovii*, ainsi qu'on l'a dit plus haut, habitaient les rivages de la Baltique, auprès des *Gothones*. Or Tacite, dans un passage du chapitre XLIII de son livre sur la Germanie, dit expressément que les *Gothini* (lesquels ne sont autres que les *Gothones* précités, ou tout au moins appartiennent à la même race) parlaient la langue gauloise: « Gothinos *Gallica*, « Osos Pannonica, *lingua* coarguit non esse Germanos. » L'historien conclut seulement de là que les *Gothini* n'étaient pas Germains; nous croyons pouvoir en induire à notre tour, sans témérité, qu'ils étaient de race gauloise, et que leurs voisins les *Lemovii* tiraient leur origine des *Lemovices* de la Gaule.

§ 3. Le peuple des *Lemovices* se divise en deux cités dépendantes de la Gaule celtique.

A un moment que l'on ne peut préciser, ce peuple se partagea en deux branches, qui formèrent deux cités ou nations distinctes, et, quand les Romains achevèrent la conquête de la Gaule centrale (an 53 avant Jésus-Christ), l'une de ces nations, à beaucoup près la moins considérable, était, comme nous l'apprend César, liée à la confédération armoricaine; l'autre était à la place qu'a occupée le Limousin du moyen âge.

Toutes deux faisaient partie de celle des trois grandes divisions de la Gaule que l'historien conquérant appelle la Celtique, et qui, située au centre du territoire gaulois, avait pour limites, au sud, la Garonne qui la séparait de l'Aquitaine, au nord, la Seine qui la séparait de la Belgique.

Nous exposons, dans la deuxième partie de notre travail, ce qui se rapporte à la branche armoricaine des *Lemovices;* nous ne nous occuperons, dès lors, dans la suite de cette première partie, que des *Lemovices* de l'intérieur, représentés par la province limousine.

§ 4. Les *Lemovices* de l'intérieur formaient une *civitas* au moment de la conquête. Ils n'étaient clients d'aucun autre peuple.

Que les *Lemovices* fussent au nombre des cités, *civitates,* de la Gaule, cela est formellement attesté par un passage des Commentaires où il est dit que le jeune général arverne, Vercingétorix, ayant appelé auprès de lui les représentants de divers peuples gaulois, savoir : les *Senones,* les *Parisii,* les *Pictones,* les *Cadurci,* les *Aulerci,* les Lemovices, les *Andes* et tous les peuples qui touchaient à l'Océan, il se fit adjuger le commandement et exigea des otages de toutes ces cités, « OMNIBUS IIS « CIVITATIBUS *obsides imperat*[1]. »

Ce dernier membre de phrase montre nettement que les *Lemovices* avaient le titre et le rang de *civitas* au temps de César.

De plus ils n'étaient unis à aucun autre peuple par les liens du patronage et de la clientèle. Nous n'avons pas de motif de présumer qu'ils aient exercé sur d'autres un droit de patronage; mais c'est aussi sans raison qu'on a prétendu qu'ils étaient subordonnés aux Arvernes, dont le territoire les confinait du côté de l'est[2].

Limitrophes de cette belliqueuse et puissante nation, qui

---

[1] *De bello Gallico*, lib. VII, cap. IV. — [2] Marvaud, *Hist. du bas Limousin*, t. Ier, p. 15.

commanda, pendant un certain temps, aux deux tiers de la Gaule, les *Lemovices* furent sans doute soumis à son influence, et entrèrent dans le cercle de ses alliances. Mais rien ne prouve qu'ils aient jamais été au nombre de ses clients. César a désigné expressément les peuples qui vivaient dans la clientèle des Arvernes[1]; c'étaient : les *Cadurci* (Quercy), les *Gabali* (Gévaudan) et les *Vellavii* (Velay), et, puisque les Limousins ne sont pas compris dans cette liste, on n'est point autorisé à les y ajouter. On les voit d'ailleurs, dans l'assemblée générale où les Gaulois fixèrent le contingent de guerriers que chaque nation devait fournir pour aller secourir Vercingétorix assiégé par le proconsul dans *Alesia*, on les voit, disons-nous, imposés comme peuple distinct, vivant de sa vie propre et jouissant de la pleine souveraineté : ajoutons que leur contingent, réglé à dix mille hommes, était égal à celui des *Bellovaci* (Beauvoisis), l'une des nations les plus redoutées de la Belgique, supérieur de deux mille hommes à celui des *Pictones* (Poitou), et double du contingent des *Petrocorii* (Périgord), ce qui annonce, *a priori*, surtout par comparaison avec deux pays moins accidentés et généralement plus fertiles, un territoire étendu, et une population à la fois nombreuse et propre aux travaux de la guerre.

§ 5. De la constitution gouvernementale des *Lemovices* dans la période gauloise. Le *dux* et le *princeps*.

César, dans le récit de la grande et décisive bataille livrée, en vue d'*Alesia*, par l'armée gauloise à l'armée de siège des Romains, a décrit avec détail un des incidents de cette lutte gigantesque, où la fortune et même la vie de l'illustre capitaine furent dans un péril imminent. Il s'agit d'une attaque dirigée par Vergasivellaunus contre la position la plus vulnérable des assiégeants, à la tête d'un corps de soixante mille guerriers choisis parmi ceux des nations les plus renommées pour leur bravoure[1]. Dans ce corps d'élite, divisé sans doute, comme celui qui avait défendu *Avaricum* (Bourges), par détachements de chaque nation[2], se trouvait une troupe nombreuse de *Lemovices*; car, au nombre des chefs qui périrent dans ce sanglant combat, où César lui-même dut payer de sa personne, il signale *Sedulius, dux et princeps Lemovicum*[3].

Ces quelques mots attestent que les *Lemovices* avaient un gouvernement particulier, et ils indiquent de plus la forme politique de ce gouvernement, laquelle, d'ailleurs, leur était commune avec la plupart des peuples de la Gaule.

Dux désigne évidemment un chef militaire ; c'est avec cette signification qu'il est constamment employé par César dans maint endroit des Commentaires, et par Tacite, notamment dans le passage où il rapporte que les Germains choisissaient leurs rois d'après la noblesse du sang et les généraux d'après leur valeur : « Reges ex nobilitate, *duces ex virtute* sumunt. Nec « regibus infinita aut libera potestas ; et *duces* exemplo potius « quam imperio, si prompti, si conspicui, *si ante aciem agant*, « admiratione præsunt[4]. » Il est, en outre, fort présumable que le titre et le pouvoir de ce chef militaire étaient temporaires, et qu'ils étaient conférés à l'occasion de chaque circonstance de guerre et dans un but de défense ou d'attaque défini et immédiat.

---

[1] « Cognitis per exploratores regionibus, « duces hostium LX millia ex omni numero « deligunt earum civitatum quæ maximam « virtutis opinionem habebant......... « His copiis Vergasivellaunum Arvernum, « unum ex quatuor ducibus, propinquum « Vercingetorigis, præficiunt. » (Cæsar, *De bello Gallico*, VII, LXXXIII.)

[2] « Defensores oppido idonei deligun-tur. » (*Ibid.* VII, xv.) « Galli... *generatim-que distributi in civitates*, omnia vada ac saltus ejus paludis obtinebant. » (*Ibid.* VII, XIX.)

[3] « Fit magna cædes. Sedulius, *dux et princeps Lemovicum*, occiditur. Vergasi-vellaunus Arvernus vivus in fuga comprehenditur. » (*Loc. cit.* VII, LXXXVIII.)

[4] *De moribus Germaniæ*, cap. VII.

La qualité et les fonctions du *princeps* étaient tout autres.

Nous voyons, en effet, dans César, que le *principat*, électif comme la charge de *dux*, avait un sens plus étendu et peut-être une importance plus grande, en ce que le *princeps* était revêtu de la puissance politique, administrative et même judiciaire.

Son caractère politique et administratif est nettement indiqué dans ce passage des Commentaires où César rend compte des brigues et des luttes engagées chez les Éduens au sujet du *principatus*[1], et dans cet autre, où nous lisons que l'Arverne Celtillus avait eu le gouvernement de presque toute la Gaule, *principatum Galliæ totius obtinuerat*[2]. Le caractère judiciaire du *principat* est clairement déterminé dans cette phrase de César : « In pace nullus communis est magistratus; sed *principes* regionum atque pagorum *inter suos jus dicunt, controversiasque minuunt*[3]; » et dans ce passage de Tacite, qui peut, suivant nous, s'appliquer à la Gaule comme à la Germanie : « Eliguntur in iisdem conciliis et *principes*, *qui jura per pagos vicosque reddant*[4]. »

D'ailleurs, dans la double qualité de *dux* et de *princeps* que César attribue à plusieurs chefs gaulois, le premier terme semble faire opposition à l'autre; et, puisque *dux* désigne évidemment le chef militaire, *princeps* indique naturellement le magistrat ou fonctionnaire civil [5].

---

[1] « His (Eporedorigi ac Viridomaro) erat inter se de *principatu* contentio, et in illa *magistratuum* controversia, alter pro Convictolitavi, alter pro Coto... pugnaverant. » (VII, xxxix.)

[2] VII, iv.

[3] VI, xxiii. Il faut voir ici et dans le passage de Tacite cité plus bas, non un magistrat unique, mais une classe de magistrats. César emploie aussi ce mot pour désigner les grands d'un pays et probablement les membres de ces sénats des cités, qui figurent assez souvent dans les Commentaires. Ainsi nous voyons, au livre VII, chapitre iv, Vercingétorix chassé de Gergovie par son oncle Gobannition et par les autres *principes* (*reliquisque principibus*).

[4] *De moribus Germaniæ*, cap. xii.

[5] Après la conquête, on ne retrouve plus de *dux*, parce que désormais le pou-

— 46 —

Tandis que la durée du commandement militaire n'avait d'autre limite que celle que lui assignaient les circonstances, qu'il se prolongeait ou cessait d'exister au gré des opérations et des vicissitudes de la guerre, le *principat* avait une durée déterminée et le plus souvent limitée à une année [1].

L'élection de ces deux chefs, de ces deux dépositaires de la puissance publique, présente encore un caractère distinctif, qui ressort de quelques paragraphes que le grand capitaine a consacrés au plus illustre défenseur de l'indépendance gauloise, à Vercingétorix.

Le jeune héros était, lui aussi, un *dux et princeps* des Arvernes, et Celtillus, son père, après avoir tenu longtemps le gouvernement de sa nation et même celui de la Gaule tout entière (sans doute à titre de magistrat ou chef électif et temporaire, comme il est dit plus haut), essaya de la soumettre au régime monarchique; et il expia par une fin tragique cette tentative d'usurpation [2].

Son fils, appelé à son tour à commander aux Arvernes, n'en était que le général et l'administrateur suprême, ou plus exactement peut-être le dictateur, acclamé sinon élu régulièrement par ses compatriotes [3]. D'après cela, on reconnaît que

voir militaire était réservé aux généraux que les Romains envoyaient dans cette province. Le titre de *princeps,* au contraire, se maintint; il était porté par le chef de l'*ordo* ou sénat de la cité. On en voit un exemple dans le *princeps* de la cité des Ségusiaves, mentionné dans une inscription lapidaire du Iᵉʳ ou IIᵉ siècle. (Aug. Bernard, *Description du pays des Ségusiaves,* p. 18.)

[1] Cæsar, *De bell. Gallic.* VII, xxxii.

[2] « Vercingetorix, Celtilli filius, Arver- « nus, summæ potentiæ adolescens, cujus « pater *principatum* Galliæ totius obtinuerat, « et ob eam causam quod regnum adpete- « bat, ab civitate erat interfectus, convo- « catis suis clientibus, facile incendit. » (*Ibid.* VII, iv.)

[3] César dit même : « *Rex* ab suis appellatur. » (*Loc. cit.*) Mais il n'y a rien à en conclure, car Vercingétorix ne pouvait être responsable des termes dans lesquels la foule ou peut-être quelques-uns seulement l'acclamaient. On reconnaît d'ailleurs, dans le passage cité des Commentaires, une de ces insinuations perfides,

l'Arvernie était soumise à une sorte de régime démocratique, avec cette restriction qu'en fait le chef était pris dans une famille puissante qui, de temps immémorial, lui fournissait des gouvernants.

Le sens des termes de *dux et princeps Lemovicum*, appliqués à Sédulius, se trouve ainsi fixé; ils nous paraissent marquer l'existence d'un gouvernement analogue à celui de l'Arvernie, et, dans tous les cas, exclusif du système monarchique.

On trouve pourtant quelques exemples de monarchies établies, notamment chez les *Suessiones* (Soissonnais) et les *Nitiobriges* (Agenais[1]). Mais ce sont là des faits exceptionnels, et il est exact de dire que, sauf la réserve indiquée plus haut à propos des Arvernes, la Gaule, au moment de la conquête, était régie par des constitutions populaires fondées sur le principe de l'élection et de la volonté du plus grand nombre[2].

§ 6. Organisation de la Gaule (an 27 av. J. C.). — Réunion des *Lemovices* armoricains aux *Pictones*. — Les *Lemovices* de l'intérieur continuent de former une cité séparée. — Leur capitale.

Vingt-cinq ans après la conquête, l'an 27 avant l'ère chrétienne, lorsque Auguste vint dans les Gaules et organisa cette province en cités, la branche armoricaine des *Lemovices*, res-

par lesquelles l'habile écrivain sait si bien flétrir celui qu'il n'ose calomnier ouvertement. Après avoir rappelé que Celtillus avait tenté d'usurper le pouvoir royal (*regnum adpetebat*), il veut laisser croire, pour rabaisser la plus pure et la plus noble figure de l'histoire gauloise, que le fils du chef arverne renouvela cette ambitieuse entreprise.

[1] « Remi dicebant..... apud eos (Suessiones) fuisse *regem*, nostra etiam memoria, Divitiacum totius Galliæ potentissimum..... nunc esse *regem* Galbam. » (Cæsar, *De bello Gall.* II, iv.) « Interim Teutomatus Olloviconis filius, *rex* Nitiobrigum. » (*Ibid.* VII, xxxi.)

[2] « Le gouvernement était exercé soit par des chefs élus pour un temps limité ou pour leur vie, ou bien par un sénat sous la présidence de l'un d'entre eux, ou bien enfin par un sénat et un chef temporaire. » (Amédée Thierry, *Hist. des Gaulois*, t. II, p. 64, 65. Aug. Martin, *Hist. morale des Gaulois*, in-8°, p. 4 et 6.)

serrée entre la mer et les *Pictones*, fut réunie à ces derniers pour composer la cité poitevine, telle que la représentait l'ancien diocèse de Poitiers, avant que les évêchés de Luçon et de Maillezais n'en eussent été distraits.

Quant aux *Lemovices* du centre, ils conservèrent leur autonomie et le rang de cité indépendante, qu'ils avaient antérieurement à la conquête.

Nous en avons des preuves nombreuses. Dans Strabon et dans Pline, les *Lemovices* sont nommés au milieu de nations gauloises qui avaient incontestablement le titre de *civitates*. Ptolémée, qui ne mentionne que les cités, les a compris dans sa nomenclature et a fait connaître leur capitale, Αὐγουστόριτον (*Augustoritum*)[1]. Ces trois auteurs sont d'accord pour placer le peuple lémovique en Aquitaine, et il est, en effet, parmi les

---

[1] On a longtemps, d'après un manuscrit fautif de Ptolémée et l'édition de Bertius, attribué Αὐγουστόριτον aux *Pictones*, et placé Ρατίατον (*Ratiatum*) chez les *Lemovices* de l'intérieur. Mais un érudit du siècle dernier, dont les dissertations sont des modèles de clarté et de méthode, l'abbé Belley, a démontré péremptoirement, par les Itinéraires, qu'*Augustoritum* était la capitale des *Lemovices*, et que *Ratiatum* était, ainsi que *Limonum* (Λίμονον), une ville des *Pictones* (*Mémoires de l'Académie des inscriptions et belles-lettres*, t. XIX, p. 691 et 707). Depuis, on a reconnu, par une étude comparée des manuscrits de Ptolémée, que le véritable texte de ce géographe est conforme à ces conclusions; et l'excellente édition dont nous sommes redevables au savant M. Léon Renier (*Annuaire de la Société des Antiquaires de France*, année 1848) a fixé irrévocablement les positions de ces villes.

On a cru retrouver sur une monnaie gauloise qui porte un débris de légende : LITA..., le nom de Limoges dans la période antérieure à la conquête (*Bulletin de la Société archéologique et historique du Limousin*, t. IV, p. 169); mais il est reconnu, depuis nombre d'années, que les deux syllabes conservées sont les initiales du nom du célèbre chef éduen, LITAVICUS, dont il est longuement parlé au livre VII des Commentaires de César (chap. XXXVII et suiv.). Bouteroue, qui le premier avait publié la médaille dont il s'agit (*Recherches curieuses sur les monnaies de France*, p. 48), avait indiqué cette attribution ; M. le marquis de Lagoy l'a depuis confirmée, d'après une pièce qui contient le nom entier LITAVICOS. (*Ancienne Revue numismatique*, t. V, p. 167-252, pl. XVII. Voir aussi, dans le même recueil, t. I, p. 148; III, 299 et 328; VII, 371; XIX, 89; et XX, 250.)

— 49 —

quatorze nations qui, au rapport de Strabon, furent distraites de la Celtique par Auguste, et rattachées à l'Aquitaine.

C'est ici le lieu de parler d'une inscription lapidaire, actuellement perdue, que J. Spon avait lue à Lyon, rue de la Colombe, près la place Saint-Michel, joignant le port d'Ainay, au confluent de la Saône et du Rhône. Ce monument, où la *civitas Lemovicum* est expressément mentionnée, a été publié par les savants qui se sont occupés de la topographie du Limousin ou des monuments épigraphiques de Lyon[1]. Nous la reproduisons d'après la nouvelle édition de la Recherche des Antiquités de la ville de Lyon, par Jacob Spon, édition que M. Léon Renier a enrichie de notes précieuses. Nous plaçons à la suite du texte la restitution qu'en a donnée le savant académicien[2].

TEXTE DE L'INSCRIPTION.

.... CALFIDOA..........
GALLOPACC.........................
PROVINCMACEDONIAE................
......RIVIAETIBVRTINVALERLEGLEG..
PROVINCCRETEETCYRENARVMLEG.
AQVITANICVIIVIROEPVLONSODALIH...
.....CIVITASLEMOVIC.

RESTITUTION DE L'INSCRIPTION.

C(aio) Alfid[i]o, M(arci) [fil(io)]..... Gallo Pacc[iano..... quaestori] provinc(iae) Macedoniae, [aedili plebei, praetori, curato]ri viae Tiburtin(ae) Valer(iae), leg(ato) leg(ionis).....[proco(n)s(uli)] provinc(iae) Cret[u]e et Cyrenarum, leg(ato) [Aug(usti)], pro pr(aetore) provinc(iae)] Aquitanic(ae), septemviro epulon(um), sodali H[adrianali, praesidi et patrono,] civitas Lemovic(um) [publice[3].

[1] J. Spon, *Miscell. erudit. ant.* p. 188; *Recherche des antiquités de la ville de Lyon*, p. 146 (nouv. éd. p. 194). — Ménestrier, *Prép. à l'hist. consul. de Lyon*, p. 30. — M. de Boissieu, *Recueil des inscr. antiques de Lyon*, p. 82. — Comarmond, *Description du musée lapidaire de Lyon*, p. 457, n° 25. — Belley, *loc. cit.* p. 708. — Allou, *Descript. des monum. de la Haute-Vienne*, p. 37, a divisé cette inscription et en a fait deux. — Texier, *Inscriptions limousines* (*Mém. des Antiq. de l'Ouest*, année 1850).

[2] Spon, *Recherche*, nouvelle éd. 1857, in-8°, p. 194, note 2.

[3] « Toute mutilée qu'elle est, dit M. Léon « Renier, cette inscription contient un ren-

La dignité de *sodalis Hadrianalis*, membre du collége de prêtres préposé au culte de l'empereur Hadrien, prouve que le monument dont il s'agit fut érigé après la mort de ce prince. Hadrien fut mis au rang des dieux sous le règne d'Antonin le Pieux, son successeur. C'est donc au règne de ce dernier (de 138 à 161) ou à celui de Marc-Aurèle (avec L. Vérus de 161 à 169, seul de 169 à 180) que l'on peut rapporter avec vraisemblance l'érection de ce monument. Il prouve, concurremment avec Ptolémée, que le peuple lémovique conservait, dans le cours du II⁰ siècle, le titre de *civitas*[1], qu'il avait eu dans les deux siècles antérieurs, et qu'il retint dans les périodes suivantes[2].

La Table de Peutinger (copie faite, au XIII⁰ siècle, d'une carte routière, dont l'original remonte au deuxième tiers du III⁰ siècle)

« seignement important et que nous ne « connaîtrions pas sans elle, à savoir que « la voie Tiburtine et la voie Valéria étaient « réunies dans les attributions d'un même « curateur. » (Voyez Borghesi, *Burbuleio*, p. 9.) — « Le marbre était sans doute fruste « à sa partie supérieure, et c'est probable- « ment ce que Spon a voulu indiquer par « les points qu'il a mis au commencement « de la première ligne. Il ne peut pas y avoir « eu de lacune au commencement de cette « ligne. » (*Ubi sup.* p. 194-195, note 2.)

[1] Spon dit (*Rech.* p. 195), en parlant du monument dont il s'agit, que « c'étoit « une pierre que la *Ville de Limoges, civitas* « *Lemovicum*, avoit dédiée à l'honneur de « quelque personne de qualité qui avoit eu « des emplois considérables dans les pro- « vinces de Macédoine, de Crète et de Cy- « rène, et qui avoit aussi gouverné la pro- « vince de Guyenne en qualité de lieutenant « pour l'empereur..... » *Civitas Lemovicum* ne doit pas se traduire par *Ville de Limoges*; *civitas* signifie ici, comme dans la plupart des monuments du II⁰ et du III⁰ siècle, *peuple, corps de citoyens*, et les autres érudits qui ont reproduit cette inscription ne s'y sont pas trompés.

[2] Nous mentionnerons, seulement pour mémoire, une prétendue inscription qui attesterait l'exécution et la dédicace de l'amphithéâtre de Limoges sous le premier consulat d'Adrien. (Allou, *Descript. des monum. de la Haute-Vienne*, p. 55-57. — Duroux, *Essai sur la sénatorerie de Limoges*, planche II, n° 8, d'après Beaumesnil.) Mais l'on sait que ce monument fut imaginé dans un but de mystification à l'adresse d'un magistrat de Nîmes. Il a été, d'ailleurs, rejeté comme apocryphe par les érudits qui s'en sont occupés. (Cf. l'ouvrage précité de l'abbé Texier, dans les *Mémoires de la Société des Antiquaires de l'Ouest*, année 1850, p. 96.)

nous montre le nom de la ville principale des *Lemovices* (l'*Augustoritum* de Ptolémée) sous une forme contractée (*Ausritum*) suivant la loi générale de corruption des noms, et ce vocable est inscrit auprès de deux tours accolées, qui sont, sur ce document, le signe distinctif des capitales de peuples.

Dans le dernier tiers du même siècle et au commencement du ıv^e, l'Itinéraire dit d'*Antonin* porte aussi le nom d'*Ausritum*.

L'un et l'autre monument nous font voir que cette capitale était desservie directement par de grandes voies, qui la mettaient en communication, à l'est, avec Clermont et Lyon, au nord, avec Argenton et Bourges, à l'ouest, avec Saintes, au sud-ouest, avec Périgueux et Bordeaux.

Voici la liste des stations de chacune de ces voies marquées sur la Table et l'Itinéraire précités.

1° Ligne de Lyon (*Lugdunum*) à Saintes (*Mediolanum Santonum*). — A partir de Clermont (*Augustonemetum*), elle passait par les points suivants :

Auvergne.. *Ub*,...*um*, Pontgibaud.

Fines, Montel-de-Gélat, près du ruisseau de Mérinchal.

Limousin..
Acitodunum, Ahun;
Prætorium, Puy-de-Jouer ou plutôt Pourrioux (?);
Ausritum, forme contractée d'*Augustoritum*, Limoges;
Cassinomagus, Chassenon.

Angoumois et Saintonge.
Sermanicomagus, Chermez ou Saint-Laurent-de-Céris;
Aunedonnacum ou *Avedonnacum*, Aunay;
Mediolanum Santonum, Saintes.

2° Il y avait deux lignes de Limoges (*Ausritum*) à Bourges (*Avaricum*) : l'une suivait, jusqu'à *Prætorium*, un tracé commun avec celui de la ligne de Clermont (*Augustonemetum*) à Limoges. A partir de *Prætorium*, elle s'élevait vers le nord jusqu'à *Ar-*

gentomagus, Argenton (en Berry), passait à *Alerta* (Saint-Vincent-d'Ardentes), *Ernodurum* (Saint-Ambroise-sur-Arnon?), et aboutissait à *Avaricum* (Bourges).

3° L'autre ligne (qui n'était qu'une section de la grande voie de *Burdigala*, Bordeaux, à *Argentomagus*, dont nous parlerons bientôt), au lieu de se diriger vers le nord-est, comme la précédente, à la sortie de Limoges, montait droit au nord vers Argenton (*Argentomagus*), qui n'en est séparé, sur l'Itinéraire d'Antonin, par aucune station, et elle venait s'y raccorder à la route précédemment décrite.

4° Une quatrième voie, partant d'*Augustoritum* (Limoges), se dirigeait au sud-ouest, passait à *Fines* (Thiviers ou un peu au nord de Thiviers, au sud de Chalais), à *Vesunna* (Périgueux), à *Trajectum* (Pontours), à *Aginnum* (Agen), à *Fines* (Tonneins ou Aiguillon), à *Ussubium* (Urs ou Useste), à *Sirione* (pont sur le Ciron ou Preignac), et aboutissait à *Burdigala* (Bordeaux)[1]. Cette route de Bordeaux à Limoges formait la plus grande partie de la ligne de *Burdigala* à *Argentomagus* (Argenton en Berry).

Il existait sur le territoire des *Lemovices* un bien plus grand nombre de voies que nous n'en indiquons ici. Nous nous sommes, en effet, borné à déterminer le tracé sommaire de celles qui sont marquées sur la Table de Peutinger et les Itinéraires. Nous nous proposons de donner autre part une description détaillée des voies romaines du Limousin.

---

[1] Voir : 1° la *Table de Peutinger*, édition de Mannert, 1824, et la réduction que M. Léon Renier en a donnée dans l'*Annuaire de la Société des Antiquaires de France*, année 1850; 2° L'*Itinéraire d'Antonin*, dans les éditions successivement publiées par Wesseling (*Vetera Romanorum Itineraria*, Amsterdam, 1745, in-4°); par Parthey et Pinder (*Itinerarium Antonini*, Berlin, 1848, in-8°); par M. Walckenaer (*Géogr. ancienne et comparée des Gaules*, Paris, 1839, in-8°; le tome troisième de cet ouvrage contient une analyse étendue des Itinéraires); enfin, par M. Léon Renier, dans l'*Annuaire* précité *des Antiquaires de France*.

Dans le cours du ive siècle, s'opéra cette révolution dans les noms des capitales des peuples gaulois, qui, aux appellations celtiques, romaines ou hybrides, substitua, en un si grand nombre de cas, celle de la nation même, et fit d'*Augustoritum* ou *Ausritum*, *Lemovices* ou *Lemovicas*, comme elle fit, dans son voisinage immédiat, de *Divona*, *Cadurci* (Cahors), de *Vesunna*, *Petrocoris* (Périgueux), de *Limonum*, *Pictavis* (Poitiers), d'*Avaricum*, *Bituriges* ou *Bituricas* (Bourges). C'est sans doute à la période transitoire où cette révolution était à moitié accomplie, qu'il faut rapporter cette liste de capitales de peuples, dans laquelle le nom gaulois, romain ou hybride, est joint à la nouvelle dénomination empruntée au peuple; liste longtemps attribuée au grammairien Magnon (qui florissait au commencement du ixe siècle), mais dont notre savant confrère et ami F. Bourquelot fait remonter, avec beaucoup plus de raison, l'origine au ive ou tout au moins au ve siècle de notre ère [1].

Dans ce précieux document, Limoges est désigné, comme les autres capitales, sous un double vocable, celui de *Lemofex-Augustoretum*.

Si nous passons au *Libellus provinciarum* et à la *Notitia provinciarum*, à laquelle un des esprits les plus distingués et l'un des plus profonds érudits de notre temps, M. de Pétigny, a attaché la date précise et certaine de 396, nous y trouvons la *civitas Lemovicum* inscrite parmi les cités de l'Aquitaine première, entre la *civitas Cadurcorum* (Cahors) et la *civitas Gabalorum* (Javouls en Gévaudan), et soumise à la métropole de Bourges, *metropolis civitas Bituricensium*. Bordeaux était, depuis le partage de l'Aquitaine en deux provinces, capitale de la deuxième Aquitaine [2].

[1] *Annuaire de la Société des Antiquaires de France*, pour l'année 1851.

[2] Par un singulier effet des événements, le nom d'Aquitaine, qui appartenait ex-

Or les *civitates* de la *Notitia* et du *Libellus* sont toutes des villes épiscopales, des chefs-lieux de diocèse.

A la fin du ve siècle, Sidoine Apollinaire mentionne Limoges sous le nom de *Lemovices*[1]; et, à partir de ce moment, les Vies des saints, les Œuvres de Grégoire de Tours et de Frédégaire, les Actes des conciles, et des monuments en grand nombre signalent la présence d'un évêque à Limoges ; ce qui implique, pour cette ville, le rang de ville capitale d'un diocèse[2].

clusivement, dans la période de l'autonomie gauloise, à la région située entre la Garonne et les Pyrénées, ne fut plus attribué qu'au pays limité par la Loire, au nord, par la Garonne, au sud, et dépendant originairement de la Gaule celtique.

[1] *Epistol.* lib. VII, epist. vi.

[2] Nous avons fait connaître les formes diverses par lesquelles a passé le nom de la ville de Limoges, depuis Ptolémée (an 147 du Christ) jusqu'à Sidoine Apollinaire (an 474); il n'est pas sans intérêt de suivre les transformations de ce nom jusqu'aux temps modernes : c'est *Lemovicina civitas*, dans les œuvres poétiques de l'évêque Fortunat (D. Bouquet, *Histor. de Fr.* t. II, p. 491, vers l'an 562), et dans le Testament de saint Yrieix (*Dipl. et chart.* éd. Pardessus, t. Ier, p. 136, an 573); *urbs Lemovicina*, *urbs Lemovicum*, *Lemovicas*, *Lemodia civitas*, dans Grégoire de Tours, fin du vi[e] siècle (*Hist. eccl. Francor.* VII, xiii; IX, xx; X, xxix, xxx; *De glor. confessor.* cap. xxvii, ciii; *Vit. S. Aridii abbat.* cap. ii); *Lemoviæ* ou *Lemovicus* dans les monnaies de la fin du vi[e] siècle et dans celles du viie. (Voy. notre Description des monnaies mérovingiennes du Limousin, dans la *Revue numismatique*, nouv. série, années 1857, 1858 et 1859, et notamment la planche xii de 1857, n°s 1 à 8); *Limodecus*, à la fin du viie siècle (*ibid.* année 1857, planche xii, n° 9); *Leomodicas, Lemodicas*, en 761, 763 et 766 (*Reginonis Chronicon, Annal. Laureshanenses, Annal. Alamann., Annal. Sangallens.*, dans Pertz, *Monument. Germaniæ historic.* t. III, SS. t. Ier, p. 28, 30, 74 et 557); *Limodicas*, dans le *Géographe anonyme de Ravenne*, au commencement du ixe siècle (édition de D. Porcheron, p. 130; dans les *Historiens de France*, t. Ier, p. 121, et dans l'excellente édition de M. A. Jacobs, in-8°, Paris, 1858, p. 45; on sait que ce géographe s'est servi principalement des Itinéraires romains); *Lemovigas*, dans la Chronique de Saint-Bénigne de Dijon, rédigée au xie siècle (Dacher. *Spicileg.* t. I, p. 409; *Historiens de France*, t. VII, p. 229); *Lemotgas* en 1190, et *Lemotges* en 1246 et 1377 (*Cartul. de Beaulieu*, ch. cxci, et Allou, *Descript. des monum. de la Haute-Vienne*, p. 243-244), enfin, le nom de Limoges, dans sa forme actuelle, dès l'année 1274, d'après la Chronique de Saint-Denys, dont la traduct. franç. date de cette époque. (*Histor. de France*, t. V, p. 222*.)

* Un abbé de Saint-Martial, nommé Étienne, qui occupa ce siége de 920 à 937, tenta d'imposer au château de Saint-Martial, dont il avait augmenté les fortifications, le nom de *Stephanopolis*; mais cette

— 55 —

Si nous résumons ce qui précède, nous constaterons que le peuple et le territoire des *Lemovices* eurent sans discontinuité, depuis la période de l'autonomie gauloise jusqu'à nos jours, le rang et tous les signes d'une *civitas* :

A l'époque de la septième campagne de César dans les Gaules, 53 avant J. C.

Quarante et un ans plus tard, d'après Strabon;

Vers la 74ᵉ année de l'ère chrétienne, d'après Pline le naturaliste;

Vers l'an 147, d'après Ptolémée;

De 138 à 180, d'après l'inscription de Lyon;

De l'an 222 à l'an 270, d'après la Table de Peutinger;

De l'an 284 à l'an 305, d'après l'Itinéraire d'Antonin;

Vers la fin du IVᵉ siècle, dans la liste des cités, autrefois dite de Magnon le Grammairien;

En 396, dans la Notice des provinces;

Vers 474, d'après Sidoine Apollinaire.

Les témoignages s'échelonnent, comme on voit, de siècle en siècle, pour mettre hors de doute la persistance de la cité limousine, jusqu'au moment où les chartes et les écrits, se multipliant, permettent de suivre, à travers tout le moyen âge, l'histoire du diocèse de Limoges.

Cette unité du diocèse, qui, jusqu'aux Carlovingiens, correspondit exactement au territoire de la cité romaine, et, suivant toutes les vraisemblances, à la configuration de la cité gauloise, telle que l'avait trouvée la conquête, fut modifiée, nous le montrerons bientôt, par un empiétement du diocèse

---

dénomination ne se maintint pas. Voici le passage où Adémar de Chabanais, qui écrivait vers 1030, rapporte le fait : « Hic (abbas Stephanus) turres in castello S. Martialis duas fecit, unam contra Scutarios nomine Orgoletum, alteram contra Arenas nomine Fustiviam.... et ex nomine suo ipsum castellum nomine *Stenopolim* (sic), quasi Stephani civitatem. » (*Commemoratio abbatum S. Martialis Lemovicæ* ; dans Ph. Labbe. *Nov. Bibliothec. mss.* t. II, p. 272.)

de Périgueux, sans toutefois que l'ensemble de la configuration fût très-sensiblement atteint.

Elle fut enfin morcelée au xive siècle. En 1317, un pape originaire du Quercy, Jean XXII, multipliant les évêchés dans la Gaule centrale, éleva à cette dignité de simples abbayes, telles que celles de Tulle, Sarlat, Vabres, Saint-Flour, Maillezais, Luçon et Montauban. Hâtons-nous d'ajouter que, sauf ce dernier évêché, chacune des nouvelles circonscriptions se formant du démembrement d'un seul diocèse préexistant et ne sortant pas des limites de celui-ci, il suffit, pour reconstituer la circonscription ecclésiastique primitive, de réunir les paroisses du nouveau diocèse à celles que l'ancien avait conservées.

Il en fut ainsi du petit évêché de Tulle, qui fut distrait de celui de Limoges [1].

En 1318, une deuxième bulle du pape Jean XXII, réglant l'exécution de la bulle d'érection de 1317 [2], détermina l'étendue de la nouvelle circonscription, en désignant nominativement les églises destinées à la former; et ces églises sont toutes prises dans l'évêché de Limoges.

CHAPITRE II.

DU TERRITOIRE DES *LEMOVICES.*

§ 1er. De l'origine et des noms de la *civitas* ou grand *pagus Lemovicinus.*

Le fait seul de l'existence constatée, parmi les nations gauloises, d'un peuple, *civitas*, qui a possédé ce titre dans l'orga-

---

[1] Le motif de ce démembrement est tiré de ce que le poids de l'administration d'un si vaste diocèse, qui embrassait la surface de quatre de nos départements modernes, excédait les forces d'un seul prélat. (*Ubi supra*, col. 623 et 629.)

[2] Voir ces bulles dans Baluze, *Hist. Tutel.* append. col 623 et suiv.

nisation provinciale des Romains, qui a formé, au IVe siècle, sous Constantin, un diocèse dont la ville épiscopale a pris place dans la Notice des provinces de 396, ce fait, disons-nous, suppose naturellement une région définie, que ce peuple habitait dans les périodes antérieure et postérieure à la conquête.

Les *Lemovices* constituaient, nous l'avons vu plus haut, une cité, un peuple indépendant. Dès lors, ils occupaient une de ces contrées déterminées, que César appelle le plus souvent *fines* ou *ager* [1], quelquefois, mais moins fréquemment, *regio* [2], et aussi rarement *civitas*, comme dans le passage où il nous montre la cité des Helvètes divisée en quatre *pagi* : « Omnis *civitas* « Helvetia in quatuor pagos divisa est [3]. » Et ce terme de *civitas* est presque exclusivement employé par César et par Tacite dans le sens de *peuple*, de *corps de citoyens*, agissant comme personne morale, comme individualité civile et politique. Le conquérant historien attribue même au mot *pagus*, subdivision de la *civitas*, la signification d'une collection d'hommes et d'une fraction de peuple, plutôt que d'une fraction de territoire; car, après avoir parlé du *pagus Tigurinus*, l'un des quatre *pagi* des Helvètes, il ajoute : Ce *pagus* avait fait périr le consul

[1] Voici quelques exemples pris entre tous ceux que nous offrent les Commentaires : « Rheno.... qui *agrum* Helvetium « a Germanis dividit. » (Lib. I, cap. II.) « A Sequanis impetrat, ut per *fines* suos « Helvetios ire patiantur. » (I, IX.) « Per « *agrum* Sequanorum et Æduorum iter in « Santonum *fines* facere. » (I, X.) Hirtius Pansa se sert des mêmes expressions : « In *finibus* Cadurcorum. » (VIII, XXII.) « Ex *finibus* Cadurcorum. » (VIII, XXXIV.) L'expression *ager* est la plus usitée dans Pline; nous trouvons notamment : « *in* « *agro* Cavarum, Valentia. » — « Segusiavi « liberi, in quorum *agro* colonia Lugdu- « num. » — « In Treverico Galliæ *agro*. » (Voir *Histor. natural.* lib. II, cap. CVII; III, IV, XI, XIII, XIV; IV, XVIII; XI, XLIX.) — Cet auteur s'est aussi servi de *regio*, comme dans *regio* Volcarum ou Tectosagum, — *Regio* Anatiliorum.

[2] « Principes *regionum* atque pagorum inter suos jus dicunt. » (VI, XXIII.)

[3] I, X.

— 58 —

L. Cassius; « *hic pagus* L. Cassium consulem interfecerat[1], » ce qui comporte le sens d'une agglomération d'êtres agissants.

C'est par le terme *fines* que le continuateur des Commentaires, Hirtius Pansa, désigne le territoire des *Lemovices,* où le proconsul, après la complète soumission des Gaules, plaça deux légions en quartier d'hiver, « duas reliquas (legiones) in « *Lemovicum finibus,* non longe ab Arvernis, ne qua pars Galliæ « vacua ab exercitu esset[2]. »

Telle est la seule mention que les auteurs de l'antiquité nous aient laissée du pays occupé par les *Lemovices :* il faut descendre à la fin du ive siècle, à l'an 396, pour retrouver la *civitas Lemovicum* marquée dans la Notice des provinces; seulement, comme nous l'avons annoncé plus haut, *civitas* n'a plus ici le sens de *peuple.* Longtemps avant la rédaction de la Notice, *civitas* avait cessé d'être usité avec cette signification[3]; il

---

[1] *De bell. Gallic.* I, x.
[2] *Ibid.* VIII, xlvi.
[3] Cicéron, César, Valère-Maxime, Pline, Frontin, Florus, et d'autres auteurs du Haut-Empire, dans quelques passages, mais très-rares, ont employé *civitas* avec l'acception de *ville.* Le rhéteur Eumène donne cette signification à *civitas,* notamment dans le discours adressé à Constantin, en 311, et qui est devenu le panégyrique VIIe. (*Panegyrici veteres,* édit. 1655, t. II, p. 257-267.) « Bibracte quidem huc usque « dicta est Julia, Polia, Florentia; sed *Fla-* « *via est civitas Æduorum.* » — En 314, l'évêque d'Autun, Réticius, souscrivit le concile d'Arles dans les termes suivants : *Reticius episcopus de civitate Augustodunensium.* (*Sacrosancta concilia;* coll. Ph. Labb. et Cossart. t. I, col. 1430). M. de Pétigny (*Études sur les institutions mérovingiennes,* t. III, p. 43, note) a cru que le terme de *civitas* avait conservé, sous les rois de la première race, son ancienne signification. Il a attribué le même sens à *urbs* dans les passages suivants de Grégoire de Tours : « Cuppa, irrupto urbis Turonicæ termino, « pecora reliquasque res diripere voluit. » (*Histor. eccles. Francor.* lib. X, cap. v.) « Guntramnus... usque ad terminos Seno-« nicæ urbis accedit. » (*Ibid.* X, xi.) Le savant académicien traduit les mots *terminos urbis,* par *frontières de la cité;* traduction inexacte, car *terminus,* dans les documents de cette époque, ne signifie point *frontière,* mais *territoire,* comme nous le voyons en Limousin par le *terminus Vallarensis,* pays de Vallières, et en Quercy par les mots de *termini Cadurcorum,* employés au ixe siècle pour désigner le pays des Cadurques. *Terminus urbis* veut dire *territoire de la cité,* le dernier mot exprimant la ville épiscopale. *Urbs* prit, à la vérité, sous les

désigne, dans ce précieux document, de même que le substantif moderne, la cité, la ville épiscopale des *Lemovices*. Dès la fin du iv⁰ siècle, on se servit, pour indiquer le territoire du diocèse, du mot de *pagus* ou d'un équivalent tel que *solum, patria* ou *fundus patriæ*. On observe, en effet, dans un discours prononcé par le rhéteur Eumène en l'honneur et en présence de l'empereur Constance, dans l'année 297, ces mots : *solum Tricastinum, pagus Trecassinus*, et *pagus Bitorinus*, lesquels s'appliquent aux pays des Trécasses (Troyes) et des Bituriges (Berry) [1] ; nous remarquons aussi, dans une épître d'Ausone (an 378-379), un passage qui se rapporte au pays de Bigorre, *in fundo patriæ Begerritanæ* [2].

En l'an 507, date de la conquête du centre de la Gaule par les Francs, ou peu après cette date, on désigna le pays limousin par les termes de *Lemovicina provincia* [3].

Depuis cette époque, ce pays paraît, dans de nombreux monuments historiques, avec les appellations diverses de *pagus, ager, terminus Lemovicinus*; *regio Lemovicum, ras, territorium Lemovicinum*; ou bien encore *Lemodicinum*, sans substantif, dans Grégoire de Tours (fin du vi⁰ siècle) [4]; *pagus Lemovicensis*

Carlovingiens, le même sens que *orbis* pour marquer le territoire de la cité, mais alors il est employé seul, et encore n'a-t-il plus la valeur que *civitas* avait dans la langue géographique de César, de Cicéron et de Tacite, où il désigne un corps de citoyens ; c'est le mot latin de ville arrivant à désigner, par une convention de langage, un territoire ; après avoir longtemps dit *terminus* ou *territorium urbis*, on se contenta de dire *urbs, in urbe*, de même que *in orbe Arvernico, in orbe Petrocorico*. Quant à *civitas*, l'application qui ne s'en faisait plus que rarement au v⁰ siècle, avec l'acception primitive de *peuple* ou *grand pays*, était très-exceptionnelle au vi⁰ siècle, et disparut complétement au vii⁰.

[1] Panégyrique IX⁰; dans la collection précitée. (*Panegyrici veteres*, t. II. p. 383.)
[2] *Epistol.* XI, dans ses OEuvres, édit. Elzévir, p. 148.
[3] *Vita sancti Eptadii presbyteri.* Dans Ph. Labb. *Nov. Biblioth. manuscriptor.* t. II, in appendice.
[4] *Histor. eccles. Francor.* lib. IV, cap. xx; V, xiii; VII, x; VIII, xv; *De gloria martyr.* xlii; *De glor. confessor.* ix; *Vit. S. Aridii abbat.* xxx; *De miracul. S. Martini*, II,

(en 785)[1]; *orbis* ou *urbs Lemovicinus* ou *Limovicinus*, dans les chartes du IXe et du Xe siècle[2]; *Lemovicinum clima*, dans la Chronique de Geoffroi de Vigeois (an 1180)[3]; les termes les plus usités, principalement au VIIIe et au IXe siècle, sont *pagus* et *orbis*, les autres dénominations sont même accidentelles et exceptionnelles.

Dès l'année 874, on trouve le nom de la province limousine dans une forme très-approchante de celle des temps modernes, *Lemozinum*[4], puis *Limosinium*, d'où vint, au XIIIe siècle, le vocable *Limozin*[5], qui se maintint jusqu'à la fin de l'ancienne monarchie, après laquelle paraît le nom actuel de *Limousin*.

M. Guérard a cru que le *pagus Lemovicinus* désignait une subdivision du Limousin, directement dépendante de la ville de Limoges, et formant opposition à l'*orbis Lemovicensis* ou *Lemovicinus*, qui aurait indiqué la cité tout entière[6]. Mais cette opinion n'est point exacte, et nous montrerons plus bas, au titre des *pagi*, qu'il n'y a point eu au-dessous de la cité limousine de pays particulier dépendant de Limoges, et que tel n'est point le sens de *pagus Lemovicinus* dans les chartes de cette province.

XXXIX. (Voir les variantes de ce nom dans dom Bouquet, t. III, p. 381 et passim.)

[1] *Testamentum Rotgerii*, dans Mabillon, *Annal. ord. S. Bened.* t. II, in appendice, p. 711; dans Besly, *Hist. des comtes de Poitou et ducs de Guyenne*.

[2] *Cartulaire de Tulle*, dans Baluze, *Hist. Tutel.* col. 366 et 376; *Cartulaire de Beaulieu*, ch. I, VI, XVI, XIX, XXIV, XXVIII. LIII et passim.

[3] Ph. Labb. *Nov. Biblioth. mss.* t. II, et dom Bouquet, *Histor. de France*, t. X, p. 267. On ne trouve pas le pays limousin mentionné sous les termes de *confinium*, *gleba*, *terra*, *patria*, *parochia Lemovicina*, ou *partes Lemovicum*, comme on trouve, dans les monuments du moyen âge, *gleba*, *terra* ou *patria Arvernica*, pays d'Auvergne, *terra de Caturcana*, pays de Quercy. *terra Parisiaca*, pays de Parisis, *parochia Carnotena*, pays Chartrain, *partes Cadurcorum*, pays du Quercy.

[4] *Cart. de Beaul.* ch. XVII, datée de 874.

[5] La traduction française des Chroniques de Saint-Denis, que l'on rapporte à l'année 1274, contient la mention du Limozin. (Dom Bouquet, *Histor. de Fr.* t. V, p. 222.)

[6] *Essai sur les divis. territ.* p. 47.

§ 2. De l'étendue de la *civitas* ou grand *pagus*.

La Gaule ayant été organisée par Auguste (dans l'année 27ᵉ avant l'ère chrétienne) en cités, *civitates*, dont le territoire correspondait souvent à celui des peuples de l'ancienne confédération autonome, ces cités, après la conversion de Constantin et le triomphe définitif du christianisme dans le monde romain, servirent de cadre à l'institution des diocèses ecclésiastiques. A leur tour, ces diocèses, ne pouvant, aux termes des conciles, être régulièrement modifiés que suivant des formes consacrées et par des actes solennels, conservèrent généralement leurs limites primitives, et, lorsque des changements y ont été introduits par la création de nouveaux évêchés, il est aisé ou tout au moins on a le moyen de se rendre compte de la date et de l'importance de ces changements et de reconstituer le périmètre de l'ancien diocèse.

C'est pourquoi il est généralement admis par les maîtres de la géographie historique, que l'étendue des anciennes cités de la Gaule est déterminée par celle des anciens diocèses : « Les peuples de César, dit Nicolas Sanson à propos des cités « armoricaines, respondent aux anciens diocèses de ces quar- « tiers, qui est la maxime qui se doit observer dans toute la « Gaule, là où César a fait la guerre, les anciens diocèses ayant « esté establis dans les anciens peuples [1]. » — « Le gouverne- « ment civil (des Romains), nous enseigne à son tour d'An- « ville, a beaucoup influé sur l'établissement et sur le rang « des églises, et, dans la description qui a été faite des pro- « vinces de la Gaule, on a pu observer que les provinces ecclé- « siastiques, dans leur état primitif, y ont un grand rapport.

---

[1] *Remarques sur la carte de l'ancienne Gaule*, placées en tête de la traduction des Commentaires de César, de Perrot d'Ablancourt, Paris, 1649, p. 16.

« Indépendamment de cette considération générale, le local
« fournit des indices particuliers que les limites des anciens
« diocèses répondent communément à ce qui bornait les cités
« dont les provinces étaient composées [1]. » Et autre part : « En
« général, le gouvernement ecclésiastique, en France, a été
« réglé sur le gouvernement civil, tel qu'il était lors de l'éta-
« blissement du christianisme dans les provinces de la Gaule;
« en sorte que les anciens diocèses répondent aux territoires
« des anciens peuples [2]. » — « En prenant les circonscriptions
« ecclésiastiques, dit enfin M. Guérard, telles qu'elles existaient
« avant le concordat de 1801, on obtient assez exactement
« les divisions ecclésiastiques des premiers âges, et par con-
« séquent les divisions civiles de la Gaule des Francs [3]. »

Tel est le principe, ou plutôt tel est le fait qui se produit
fréquemment [4], et quant à notre province en particulier, mais
sous les réserves que nous allons indiquer.

S'il est vrai, et cela est incontestable, que, dans le droit
canonique et d'après la loi civile, les évêques fussent tenus
de rester dans les limites de leurs circonscriptions respectives
et de s'abstenir de tout empiétement sur les diocèses limitrophes, les prohibitions répétées que nous trouvons, à ce
sujet, dans les canons des conciles et dans les capitulaires des

---

[1] *Notice de l'ancienne Gaule*, Paris, 1760, p. 27.

[2] *Éclaircissements géographiques sur l'ancienne Gaule*, Paris, 1761, p. 234.

[3] *Essai sur le système des divisions territoriales*, p. 76; le même principe est posé à la page 87. Cf. Adrien de Valois, *Notit. Galliar.* præfat. p. xii et xiii; l'abbé Belley, *Dissertation sur Limonum*, dans le tome XIX des Mémoires de l'Académie des inscriptions et belles-lettres, p. 689; et Walcke-naer, *Géographie ancienne des Gaules*, t. I", p. 239-240.

[4] Ce passage et les alinéa qui suivent, concernant les rapports des diocèses et des cités de la Gaule, et la délimitation de l'ancien pays Limousin, sont empruntés presque entièrement à notre Introduction au Cartulaire de l'abbaye de Beaulieu, qui fait partie de la Collection des documents inédits de l'histoire de France, publiée par le ministère de l'instruction publique

— 63 —

empereurs et des rois, montrent clairement que ces usurpations ne laissaient pas d'être fréquentes. Ainsi le 2ᵉ canon du premier concile, tenu à Constantinople en 381, contient ces mots: « Episcopi... ad ecclesias quæ extra terminos eorum « sunt, non accedant[1]. » Le 20ᵉ canon du troisième concile, tenu à Carthage en 397, dispose ce qui suit: « Placuit ut a nullo « episcopo usurpentur plebes alienæ, ne aliquis episcoporum « supergrediatur in diœcesi suum collegam[2]. » La législation civile a reproduit les mêmes défenses; nous lisons en effet dans un capitulaire : « Ut episcopus alterius episcopi plebes vel fines « non usurpet[3]. » Et plus bas se trouve un chapitre conçu dans des termes identiques à ceux du concile de Carthage[4]. Le chapitre CCCLXXXI développe la même pensée : « Qui sunt supra « diœcesim episcopi nequaquam ad ecclesias quæ sunt extra « præfixos sibi terminos accedant, nec eas aliqua præsump- « tione confundant. Non oportet transferri terminos a patribus « constitutos, ut alter alterius parochiam invadat, atque illic « celebrare divina mysteria, inconsulto episcopo cui commissa « est, præsumat[5]. » Enfin, un capitulaire de Charles le Chauve, de l'an 851, contient ce qui suit : « Ut nullus episcopus alium « conculcet episcopum, nec eum supergrediatur, aut aliquod « incommodum ei in sua faciat parochia[6]. »

Ces dispositions prohibitives, que l'autorité ecclésiastique et l'autorité laïque édictent tour à tour, sont, à nos yeux, la preuve la plus formelle des usurpations qu'elles ont pour but de prévenir ou de réprimer. Et de fait, par le penchant na-

---

[1] *SS. concilia;* dans Ph. Labb. et Cossart. t. II, col. 958; et dans Hardouin, t. Iʳ, col 809.

[2] *Ibid.* dans Labb. et Cossart. t. II, col. 1170; dans Hardouin, t. Iʳ, col. 963.

[3] Lib. VI, cap. CCCI; dans Baluze, *Capitularia regum Francorum*, t. I, col. 974.

[4] *Ibid.* cap. CCCVIII. Baluze, *loco citato*, col. 975.

[5] *Loc. cit.* col. 996.

[6] Baluze, *Capitular. reg. Francor.* t. I, col. 999.

turel de tout dépositaire du pouvoir à en agrandir le domaine, les évêques, et plus souvent peut-être leurs subordonnés, attiraient à eux des paroisses dépendantes des diocèses voisins, ce qui modifiait les deux circonscriptions ecclésiastiques limitrophes, tout à la fois dans leur étendue et dans leur configuration relatives.

Nous en verrons d'ailleurs bientôt un exemple frappant dans les entreprises que les ecclésiastiques du diocèse de Périgueux faisaient, à la fin du ve siècle, sur celui de Limoges, et qui provoquaient les plaintes de l'évêque saint Rurice Ier.

D'un autre côté, l'on sait que les confins des cités, dans la période romaine, étaient assez fréquemment fixés par des pierres ou des colonnes milliaires qui portaient de chaque côté le mot FIN. (*fines*) et le nom de la cité vers laquelle ce côté était tourné; d'où il résulte que chacune de ces colonnes présentait au moins la marque de deux frontières (*fines*). De là, sans doute, le nom qu'elles communiquèrent aux lieux où nous en trouvons des traces dans la géographie moderne. Dans la Table de Peutinger et dans l'Itinéraire d'Antonin, lorsqu'une station ou mansion tombe sur l'un de ces confins, et qu'il n'existe pas déjà en ce point de localité possédant un vocable particulier, elle prend, sur ces deux monuments géographiques, le nom de *Fines*; et, comme les mesures de distances sont marquées en deçà et au delà du même point, nous y trouvons l'indication la plus certaine des limites respectives des peuples à l'époque où la Table et l'Itinéraire ont été dressés, c'est-à-dire au IIIe et au IVe siècle de l'ère moderne.

Quand les pouillés des diocèses sont d'accord avec ces indications, on possède la preuve la plus complète que les limites de ces arrondissements ecclésiastiques correspondent bien à celles des anciennes nations gauloises sous l'occupation romaine.

Mais, s'il y a contradiction entre les pouillés et les itinéraires romains, ces derniers donnant avec une exactitude mathématique les bornes des peuples, il en résulte que les diocèses, à l'époque où furent rédigés les pouillés, ne représentaient plus leur territoire. Dans ce cas, on doit, ce nous semble, préférer le titre dont la date est la plus reculée, l'Itinéraire, parce qu'il conduit plus sûrement à leur but le géographe et l'historien qui cherchent à reconstituer le pays de l'ancienne peuplade.

Il en est de même lorsque, dans la période mérovingienne, les monuments écrits et les triens où se trouvent en légendes les noms des ateliers monétaires attribuent certaines localités à une cité déterminée, et lorsque, sous les princes carlovingiens et sous les premiers rois de la troisième race, des chartes et chroniques mentionnent, en termes formels et sans variation, la position de telle église, de tel bourg ou village, dans tel ou tel pays.

L'autorité de ces anciens documents nous paraît préférable à celle des pouillés, alors surtout que ces derniers datent d'une époque relativement assez récente. Nous reconnaissons, toutefois, que le principe général posé par les érudits, nos prédécesseurs et nos maîtres, touchant la conformité du diocèse et du grand *pagus*, doit être maintenu, qu'il doit continuer de servir de base à la délimitation des anciennes cités, et qu'il ne faut s'en écarter que lorsqu'on y est amené par des preuves directes, en considérant les faits qui le contredisent comme des exceptions à une règle.

Nous verrons, dans la suite de ce paragraphe, que le territoire du peuple limousin, dans la période romaine, et le *pagus Lemovicinus,* sous les Carlovingiens, s'étendaient de plusieurs côtés au delà des limites du diocèse. On est donc tenu d'admettre que cette dernière circonscription n'est pas, comme l'ont énoncé presque tous les auteurs [1], l'image fidèle du pays des *Lemovices*, et n'en détermine pas exactement l'étendue.

En résumé, la configuration de l'arrondissement ecclésiastique peut être acceptée *a priori* comme représentant dans son ensemble celle de la cité; mais elle n'exclut pas les renseignements authentiques qui peuvent la rectifier ou la compléter.

Appliquons ces règles à la description de la cité limousine.

Les deux diocèses de Limoges et de Tulle réunis représentent, comme on l'a dit plus haut, l'ancien diocèse de Limoges avant que celui de Tulle en eût été distrait (an 1317)[2], et leurs pouillés[3], ainsi que le journal de la tournée que l'archevêque Simon y fit en 1285 et 1290[4], nous donnent bien la forme générale du pays limousin; d'après eux, ce pays aurait compris : les départements de la Haute-Vienne, de la Corrèze et de la Creuse, en leur entier; dans le département de la Dordogne, Nontron et son territoire; dans le département de la Charente, Confolens avec certaines parties attenantes[5]. Mais, tout en adop-

---

[1] Adrien de Valois, *Notitia Galliarum*, et d'Anville, *Notice de l'ancienne Gaule*, voc. Lemovices; Walckenaer, *Géograph. anc. des Gaules*, t. I", p. 371; Guérard, *Essai*, etc. p. 109; Maldamnat, *Remarques sur les faussetez de la table historique et cronologique du Limousin*, de Collin, édit. 1668. p. 98, 99.

[2] Le pape Jean XXII institua, par une bulle du 13 août 1317, le diocèse de Tulle, qui n'avait auparavant qu'un monastère célèbre sous l'invocation de saint Martin. (Voir dans Baluze, *Histor. Tutel.* append. actor. veter. col. 623-626.) Une bulle du même pontife, datée du 5 février 1318, contient l'énumération des églises qui, de l'évêché de Limoges passèrent dans celui de Tulle. (*Ibid.* col. 629-632.)

[3] Mss. Biblioth. impér. Fonds Saint-Germain français, n° 878, t. II. Les pouillés publiés par Aillot, dans le livre intitulé *Pouillé de l'archevêché de Bourges*, sont de 1648, in-4°. Le pouillé ms. de Limoges, classé dans les archives du séminaire parmi les papiers du curé Nadaud, est du XVIII" siècle. Nous avons en notre possession un pouillé du diocèse de Limoges, publié à part, et formant une petite brochure in-12. Cette publication n'a pas de date; mais, d'après l'orthographe des noms de lieux, nous pensons qu'elle remonte à la fin du XVI° siècle ou tout au moins au commencement du XVII°.

[4] Baluz. *Miscellan.* édit. de Mansi, t. I".

[5] L'abbé Texier (*Manuel d'épigraphie*, p. 8; *Histoire de la Peinture sur verre en Li-*

tant le cadre formé par cette circonscription diocésaine, nous devons signaler les points sur lesquels d'autres documents obligent de s'en écarter, et reporter les véritables frontières de l'ancien Limousin au delà des limites qu'elle nous a tracées.

Nous placerons le point de départ de notre description en un lieu qui, d'après les titres ecclésiastiques comme d'après les autres monuments, bornait à la fois le diocèse de Limoges et la cité lémovique : c'est Liourdres (*S. Stephanus de Lusido* ou *Lusde*), sur la rive droite de la Dordogne, en aval de Beaulieu[1]. Les limites, en se dirigeant de l'est à l'ouest, suivaient le cours du fleuve jusqu'à un petit affluent qui se rencontre en amont de Puybrun; à ce point, elles se détournaient vers le nord-ouest, passaient au sud de Billac, *Beliacus*, de la Combe et de Plaignes[2], laissant ainsi en dehors du Limousin et dans le Quercy les belles plaines de Puybrun, de Tauriac et de Bétaille, *Betallia*, et, à plus forte raison, Carennac, *Carentenacus*, et son territoire[3]; elles tendaient ensuite vers le Moumon qu'elles

mousin, dans le Bulletin de la Société archéologique et histor. du Limousin, t. Ier, p. 85) et Allou (*Description des monuments de la Haute-Vienne*, p. 1) se sont donc trompés, même en s'en tenant aux pouillés, quand ils ont dit, le premier, que l'ancien Limousin était formé des trois départements de la Haute-Vienne, de la Creuse et de la Corrèze; le second, qu'il suffisait d'y ajouter quelques parties de l'Angoumois et du Poitou.

[1] Nous savons que, sur la rive opposée, étaient situées la vicairie de Pauliac et des localités dépendantes du Quercy.

[2] « In pago Lemovicino, in vicaria Asnacense, villa Beliacus. » (*Cartul. de Beaulieu*, ch. XIX, XX, LX, etc. ann. 841, 859, 916.) *Ad illa Cumba* (CLIV); *Ad illos Planos* (ibid.). Ces deux dernières localités, sur les feuilles de Cassini, sont placées dans la province moderne du Quercy.

[3] Cependant nous devons signaler un diplôme de l'an 817, par lequel l'empereur Louis le Pieux confirme la donation faite à cette église, par un diacre appelé Mathusalem, de biens situés en pays limousin, dans un lieu appelé Carennac : « Res quæ « sunt in pago Lemovicino, in loco nuncu- « pante Carantenago, id est cellam quam « ipse construxerat. » (*Nov. Gall. christ.* t. II, instrum. p. 164'; D. Bouquet, *Histor. de Fr.* t. VI, p. 501, 502.) Mais nous voyons par une

* Les auteurs du nouveau *Gallia christiana* (ubi supra) ont pensé que le nom de Carantenagus désignait une localité appelée de nos jours *Razes* et située au nord de Limoges, canton de Bessines. Mais cette attribu-

traversaient, remontaient sa rive droite jusqu'à Loulier, passaient à l'ouest de Surdoire, Bonneval et Traversac, *Travaciacum*[1], au nord de Colombier, *Columbarius* (Quercy)[2], au sud de Tersac, *Terciacum*, d'Estivals, *Stivalis*[3]; puis, remontant au nord-ouest de Cousages[4], atteignaient les bords de la Vézère, *Visera*, à l'Arche, petite ville située au sud-ouest de Brive[5].

charte du Cartulaire de Beaulieu, rédigée dans le pays même, où l'on connaissait mieux les limites des deux territoires limousin et cahorsin, que le bourg de Carennac était dans le Quercy. « Vicus Carendenacus, y est-il dit, ubi ecclesia in S. Saturnini honore, in Caturcino pago. » (Chart. XLVIII, ann. 932.) Cette désignation est confirmée : 1° par la donation que Bernard, évêque de Cahors, fit, en 1060, à l'abbaye de Cluny : « Quandam ecclesiam in pago Cadurcensi, in villa Carenniaco sitam et in veneratione S. Saturnini ab antiquis consecratam ; » (Baluz. *Miscellan.* édit. de Mansi, t. III, p. 42.) 2° par le journal de la visite pastorale faite, en 1285, par Simon, archevêque de Bourges, dans les diocèses de son ressort ; le prieuré de Carennac y est désigné comme étant situé dans le diocèse de Cahors : « Finavit de suo prior de Carennac ordinis Cluniacensis ; » (Baluz. *loc. cit.* t. l". p. 589.) 3° par la position de la *vicaria Bealliacensis* (pour *Betalliacensis*), vicairie de Bétaille, mentionnée comme dépendante du Quercy (*Cartul. de Beaulieu*, ch. XXVIII, an. 943-948) et située au nord de Carennac, entre la rive droite de la Dordogne et les limites méridionales du Limousin; 4° en-

fin par les pouillés des deux diocèses, et par cette circonstance, que, sauf un détail peu important, les nombreux documents que nous possédons sur la topographie de cette contrée ne placent en Limousin aucune des localités situées au delà des limites du diocèse. Il faut, d'ailleurs, remarquer, quant au diplôme de l'an 817, qu'il a été sollicité, ainsi que l'indique le préambule, par *Regimpertus* (Raimbert), évêque de Limoges, qui avait intérêt à étendre le *pagus Lemovicinus* jusqu'à Carennac, afin d'étendre par ce même moyen sa juridiction.

[1] *Cartul. de Beaulieu*, ch. CXLII, LXVI. *Cartul. de Talle*, ch. ann. 940. Baluz. *Hist. Tutel.* col. 354.

[2] *Cartul. de Beaulieu*, ch. CXL. Sur les feuilles de Cassini, ce lieu est placé en Limousin.

[3] *Cartul. de Beaulieu*, ch. l.

[4] *Ibid.* XXV.

[5] Les auteurs qui ont écrit sur le bas Limousin ont commis une grave erreur en disant qu'autrefois Brive appartenait au Périgord et ne fut réunie au Limousin que dans le cours du xv° siècle, sous le règne de Charles VI. (Marvaud, *Hist. du Bas-Limousin*, t. I, p. 45, note 4 ; Bonnélye, *Essai*

tion, que les savants Bénédictins n'ont appuyée d'aucune preuve, est inadmissible par plusieurs raisons : 1° parce qu'elle suppose la suppression de la syllabe initiale, formée d'une consonne suivie d'une voyelle, ce qui serait une exception ; 2° parce que *Razès* s'appelle, dans une charte du xii° siècle, *Reses*, et, dans un acte du milieu du xi° siècle, *castrum de Rezesse*, expression qui s'éloigne encore plus de *Carantenacus*; 3° parce que le *Carendenacus* de la charte XLVIII° du Cartulaire de Beaulieu se présente avec une forme presque identique à celle du diplôme de Louis le Pieux, le *d* n'étant ici que l'adoucissement du *t* de *Carantenacus*.

A partir de l'Arche, en allant vers l'ouest, la Vézère séparait le Limousin du Périgord, jusqu'à la hauteur ou à peu de distance du pont de Terrasson[1], à l'endroit nommé *Vala* sur les feuilles de Cassini.

De ce point, les limites de notre cité, en se conformant à celles du diocèse, passaient à l'ouest de Cublac, traversaient l'Isle, *Ella*, devant Borda, puis le Gourgeon, et se dirigeaient à l'ouest de Conzours, *Consors*, Teilhols, *Talilum*, Dalon, *Dalonum*, Genis et Saint-Trie.

Si, à partir de cet endroit, nous continuons de suivre les limites de l'ancien diocèse, nous voyons qu'elles s'orientaient au nord, passaient près et à l'ouest de Juillac, *Juliacum*, Glandon et Saint-Yrieix, *Sanctus Aredius*, auparavant *Attanum*; puis, tendant vers l'ouest, plaçaient dans le Limousin la Rochette,

sur l'histoire de la ville de Tulle, in-12, p. 33.) Les preuves du contraire sont nombreuses et concluantes. Au vi^e siècle, Grégoire de Tours s'exprime ainsi : « Gon-« dovaldus...*Lemovicinum accedens, Brivam* « *Curretiam vicum... advenit.* » (*Histor. eccles. Francor.* VII, x.) » Au ixe et au xe siècle, les chartes de Beaulieu, de Tulle et d'Uzerche, sont d'accord pour placer Brive en Limousin, où elle est chef-lieu de vicairie. Au xiiie siècle, Brive est désignée, dans le journal de tournée de l'archevêque de Bourges, comme étant dans le diocèse de Limoges (Baluz. *Miscell.* t. Ier, ubi sup.); enfin les divers pouillés de ce diocèse l'y comprennent invariablement. Est-il possible de trouver un ensemble de témoignages plus décisif? Ajoutons que l'assertion que nous combattons ici n'est appuyée d'aucune preuve, d'aucun document; et que, suivant toutes les vraisemblances, les écrivains que nous avons cités plus haut ont été trompés par cette circonstance que Brive et son territoire avaient dépendu de la sénéchaussée du Périgord et du Quercy. Ils auraient dû ne pas perdre de vue que les circonscriptions des sénéchaussées, qui datent des derniers siècles du moyen âge, étaient généralement loin de correspondre aux anciens pays, et contribuèrent même avec les châtellenies à briser les divisions géographiques de l'ancienne Gaule.

[1] Nous en trouvons la preuve dans la Chronique de Geoffroi de Vigeois, qui écrivait dans la deuxième moité du xiie siècle : « Repente igitur occupaverunt Lemovici-« num turbæ plurimæ crudelium populo-« rum, qui, PER PONTEM DE TERRASSONO » EXANDONENSEM intrantes, etc. » (Gaufrid. prior. Vosiensis. *Chronic.* apud Ph. Labbe. *Nov. Biblioth. mss.* t. II p. 333.) Or le pays d'Yssandon, *Exandonensis,* faisait tout entier partie du Limousin.

le Chalard, Saint-Nicolas, Courbefy, passaient à l'ouest de Dournazac, de Montbrun, au nord de la Chapelle (Périgord), de Boulbon et de Millaguet, descendaient ensuite vers le sud, enfermant en Limousin Saint-Barthélemy, Abjac, Savignac-de-Nontron, *Saviniacum*, et laissant en Périgord Saint-Romain, Saint-Pardoux et Saint-Front-la-Rivière, sur la Dronne, dont elles longeaient la rive droite jusqu'à Château-Gaillard; à cet endroit, les limites retournaient vers l'ouest, passaient au sud de Saint-Angel, Nontron, *Castrum Nontronum* ou *Nantronium*, Saint-Martial, Lussas ou mieux Lussac, *Luciacum*, etc.

La configuration de cette partie du Limousin, telle qu'elle résulte de la délimitation ci-dessus, frappe tout d'abord par son étrangeté. Elle présente, de Dalon à Courbefy et à Saint-Barthélemy, puis de Saint-Barthélemy à Saint-Angel, la forme d'un fer à cheval, dans lequel s'avançait l'ancien diocèse de Périgueux.

Or une portion considérable du territoire enfermé dans ce grand arc nous paraît avoir appartenu au peuple des *Lemovices*, du moins sous l'occupation romaine et sous les rois mérovingiens.

L'Itinéraire d'Antonin et la Table de Peutinger marquent, entre *Vesunna* (Périgueux) et *Ausritum*, forme corrompue d'*Augustoritum* (Limoges), un point appelé *Fines*, c'est-à-dire la limite commune des *Lemovices* et des *Petrocorii*.

Les manuscrits de l'Itinéraire offrent des dissidences quant aux distances indiquées entre *Vesunna* et *Fines*, d'une part, et de *Fines* à *Augustoritum*, d'autre part. L'un d'eux porte entre *Vesunna* et *Fines* xxi lieues gauloises ou xxxi milles romains, et la même distance de *Fines* à *Augustoritum*[1], ce qui place-

---

[1] *Itinéraire d'Antonin*, variante d'après le ms. de Paris. Walckenaer, *Géogr. anc. des Gaules*, t. III, p. 95. L'abbé Belley, pour préférer cette variante, s'est autorisé

rait *Fines*, suivant l'abbé Belley[1], à Firbeix, aux confins des deux diocèses, sur la route de Limoges à Périgueux, et, d'après M. Walckenaer, entre Vaux et Chante, sur la même route[2]. Mais les autres manuscrits, et ils sont nombreux[3], marquent xiv lieues gauloises ou xxi milles romains entre *Vesunna* et *Fines*, et xxviii lieues gauloises ou xlii milles romains entre *Fines* et *Augustoritum*. Aussi cette dernière leçon a-t-elle été adoptée sans hésitation par les éditeurs de l'Itinéraire, Wesseling[4], Parthey et Pinder[5], et, en dernier lieu, par le savant M. Léon Renier[6]. Elle doit, d'ailleurs, être d'autant mieux considérée comme exacte, que la Table de Peutinger indique également, de *Vesunna* à *Fines*, xiv lieues gauloises.

Or le mesurage de cette distance en ligne droite place *Fines* près et un peu au nord de Thiviers, *Tiverium*, petite ville de l'arrondissement de Nontron (Dordogne)[7], la seule localité qui ait de l'importance sur la route de Limoges à Périgueux.

En tout cas, il est à remarquer que, même dans l'hypothèse de l'adoption de la première des leçons indiquées ci-dessus, la limite sortirait du diocèse de Limoges et pénétrerait dans celui de Périgueux au moins jusqu'au sud de Chalais (*Calesium*).

Une autre raison, tirée de triens mérovingiens du Limousin, dont les légendes s'appliquent à certains lieux compris entre Thiviers et la frontière du diocèse de Limoges, vient encore à

---

de deux manuscrits, dont l'un était, au xvi° siècle, à Naples, et l'autre, dès 1746, dans la Bibliothèque du roi, à Paris. *Mémoires de l'Acad. des inscr. et belles-lettres*, t. XIX, p. 711. Le ms. de Naples, qui porte M. P. XXI, avait été consulté par Surita. (Voir *Emendat. in Itiner.* p. 608.)

[1] *Ubi supra*.
[2] *Ubi supra*.
[3] Parthey et Pinder ont collationné le texte de l'Itinéraire sur vingt manuscrits.
[4] *Vetera Romanorum itineraria*, Amsterdam, 1745, in-4°, p. 461, 462.
[5] *Itinerarium Antonini*. Berlin, 1848, in-8°.
[6] *Annuaire de la Société des antiquaires de France*, ann. 1850, p. 219.
[7] Walckenaer, loc. cit. p. 95, 96.

— 72 —

l'appui de l'Itinéraire pour nous déterminer à penser que cette partie du Périgord moderne appartenait aux *Lemovices* sous les Romains et sous les rois de la première race. Parmi ces monnaies, qui présentent d'ailleurs, d'une manière très-accentuée, le style de la fabrique limousine [1], nous citerons celle de GEMILIACVM (monétaire Urso), qui a été trouvée à Jumillac-le-Grand, et dont la légende circulaire désigne, sans aucun doute, cette localité [2]. La pièce porte, au revers, dans le champ, la croix cantonnée des lettres LENO, corrompues de LEMO*vicas*, preuve directe que l'atelier dépendait alors du Limousin, et que les centres d'habitation existant dans cette région, entre Thiviers et les frontières modernes du diocèse, appartenaient à l'ancienne cité lémovique.

Nous possédons enfin une dernière preuve, et celle-là paraîtra péremptoire, dans une lettre écrite entre l'an 480 et l'an 500 de notre ère par saint Rurice Ier, évêque de Limoges, à Cronope, évêque de Périgueux. Celui-ci ou plutôt ses prêtres, commettaient des empiétements sur le territoire du diocèse de Limoges, où était située l'église baptismale de Jumillac, *diœcesis Gemiliacensis*; saint Rurice adjure son frère, son collègue, de faire cesser les abus exercés au préjudice de son Église. Voici le passage de cette épître qui se rapporte à notre sujet, et que nous traduisons littéralement :

À CRONOPE, ÉVÊQUE, SON CHER SEIGNEUR ET PATRON
DANS LE CHRIST, RURICE, ÉVÊQUE.

« . . . . C'est pourquoi, par esprit de charité et non de convoitise, j'ai adressé à Votre Sainteté le prêtre porteur de

---

[1] Voir le dessin de ces pièces dans notre Description des monnaies mérovingiennes du Limousin (*Rev. numism.* nouv. sér. 1857, pl. XIII, n°ˢ 14 à 16, et XIV, n°ˢ 39 à 41).

[2] *Ubi sup.* pl. XIII, n° 15. Cf. an. 1858, pl. XVIII, n°ˢ 90, 99, et 1859, p. 177-181.

— 73 —

« cette missive, afin qu'il vous entretienne *de la paroisse de Ju-*
« *millac,* au sujet de laquelle je vous avais déjà écrit il y a un
« assez long temps....., et que, si vous reconnaissez l'exacti-
« tude de mes énonciations et la justice de mes plaintes, vous
« mettiez fin à une situation préjudiciable pour moi, et fâ-
« cheuse pour vous-même[1]. »

Les termes de cette missive attestent que des tentatives d'empiétement avaient eu lieu, à une époque antérieure, de la part des prêtres périgourdins; et que, malgré les réclamations que le prélat de Limoges annonce avoir précédemment élevées pour la même cause, et qu'il reproduit, ces tentatives, qui devaient aboutir plus tard à l'agrandissement du diocèse de Périgueux, se renouvelaient fréquemment.

Ajoutons que le pays des *Petrocorii*, qui, dans les derniers siècles du moyen âge, avait une surface assez considérable et approchante de celle du Limousin, était bien loin d'être aussi étendu au temps de la conquête romaine; car, dans le dénombrement des guerriers que fournirent respectivement les divers peuples de la Gaule à l'armée de secours envoyée devant *Alesia,* nous voyons que les *Petrocorii* ne furent imposés qu'à 5,000 hommes, tandis que le contingent des *Lemovices* s'éleva à 10,000 hommes, c'est-à-dire au double[2]. Ce changement s'explique, du moins en partie, par l'annexion au Périgord du canton limousin dont il vient d'être parlé.

En résumé, les Itinéraires, la numismatique, les monuments écrits, l'appréciation de la force respective des deux peuplades

---

[1] « ..... Quamobrem, studio caritatis non « cupiditatis, has (*sic*) ad Sanctitatem Vestram presbyterum meum pro *diœcesi Gemiliacensi,* unde jampridem vobis scripseram, destinavi..., ut, si agnoscitis vera esse quæ dico aut justa quæ repeto, nec me injuriam diutius, nec vos inquietudinem diutius,. sustinere patiamini. » (H. Canisii *Thesaurus monumentorum ecclesiasticorum et historicorum,* édit. de Basnage, in-folio, t. I, p. 384.)

[2] Cæsar, *De bello Gallico,* VII, LXXV.

Géogr. hist. de la Gaule.

à des époques diverses, tout concourt à démontrer que, dans les temps anciens, le diocèse de Limoges comprenait des terres que nous trouvons, dans les âges modernes et déjà même au xie et au xiie siècle, dépendantes du diocèse de Périgueux.

Quant à la date de cette modification de la circonscription territoriale qui nous occupe, nous n'avons pas le moyen de la déterminer; nous pouvons dire seulement que, d'après le témoignage des monnaies, elle s'accomplit postérieurement aux règnes des princes de la race mérovingienne.

Si l'on admet ce point comme établi, les limites de l'ancien *pagus Lemovicinus* allaient de Dalon vers Thiviers, qui était près et un peu au sud de la frontière, et de Thiviers à Saint-Angel, *castrum Sancti Angeli*, qui, d'après le testament du comte Roger, de 785 [1], et une bulle du pape Urbain II (1103-1108) [2], appartenait positivement, comme Nontron, *castrum Nontronum*, au pays limousin [3] et à l'évêché de Limoges, quoiqu'il ne s'y trouve plus compris au xviie et au xviiie siècle.

A Saint-Angel, nous reprenons pour guides les pouillés et le journal de la visite pastorale de l'archevêque Simon, et nous suivons les limites qu'ils assignent au diocèse.

Elles longeaient la route de Brantôme à Nontron, passaient au sud de Saint-Martial-de-Valette, de Lussac (le *Luciacum* du testament de Saint-Yrieix, an 573), de Beaussac; s'abaissaient

---

[1] « Rursus dono, in pago Lemovicensi, castrum Sancti Angeli cum monasterio. » (*Testamentum Rotgerii comitis et Euphrasiæ uxoris ejus*, apud Mabill. *Annal. Benedict.* t. II, append. p. 711. Besly, *Hist. des comtes de Poitou et ducs de Guyenne*, preuves.)

[2] Mss. Biblioth. impér. Collect. Baluz. arm. 3, p. 1, n° 2.

[3] Nous avons eu soin de marquer, par une double ligne ponctuée, sur la carte qui accompagne notre travail, les limites de l'ancien diocèse de Limoges, représenté, en 1789, par les deux évêchés réunis de Limoges et de Tulle; le lecteur voit ainsi d'un coup d'œil la différence qui existe entre la circonscription diocésaine (telle que nous la font connaître les actes du xiie siècle et des temps postérieurs), et le territoire lémovique sous les Romains et les rois de la première race.

jusqu'à Nizon; puis, traversant les bois de Beaussac, s'élevaient presque en ligne droite vers Hautefaye, qu'elles enfermaient en Limousin; passaient à l'ouest de la Chapelle-Saint-Robert, et franchissaient le Bandiat.

Jusqu'ici, nous avons indiqué la ligne séparative de la cité limousine et de l'ancien Périgord. Au delà du Bandiat, c'est l'Angoumois qui est limitrophe du Limousin. La ligne frontière passait à l'ouest de Varaigne, de Bussière-Badil; gravissait les hautes collines situées à l'ouest de Lindois, Massignac, Mauzon, Suris, Romazière, Loubert, et traversait la Charente immédiatement au-dessous de la Tour-de-Loubert; puis rejoignait la Vienne [1], qu'elle franchissait en aval de Manot, et dont elle suivait la rive droite, en passant à Confolens, *Confluentum*, et à Saint-Germain, jusqu'à un affluent de droite situé tout auprès d'Availle-Limousine, *Avalia*, chef-lieu d'une vicairie du Poitou au Xe siècle [2]; remontait cet affluent, traversait un petit plateau; allait tomber dans la vallée du Grand-Abelou (*Grande-Blourds* dans Cassini), et passait au sud de l'étang de Luchat, au nord d'Asnières, à *Entrefins* (*Inter fines*), lieu situé dans la commune d'Adrier, sur l'ancienne voie de Limoges à

---

[1] La carte du diocèse, par Nolin (1742), place dans le diocèse de Limoges Saint-Barthélemy, qui est sur la rive gauche, mais c'est à tort. Du reste, cette carte et celle du docteur Fayan de Limoges, datée de 1591 et dédiée au sire de Levy, duc de Ventadour, de même que celles des gouvernements du Limousin et de la Marche, et de la généralité de Limoges, dressées par N. de Fer (1711), Robert de Vaugondy (1753), Jaillot et Denis (1783), Dézauche (1788), sont fautives en beaucoup d'endroits. Elles ne nous ont été d'aucun secours pour la délimitation de l'ancienne *civitas* ou territoire des *Lemovices*.

[2] Availle-Limousine, malgré son nom, était en dehors du pays des Limousins de l'intérieur que nous étudions ici, et qu'il faut distinguer des Limousins de l'Armorique (*Lemovices Armoricani*). Elle faisait, je crois, partie des *Leuci*, l'une des quatre peuplades qui composaient cette seconde branche des *Lemovices*, mentionnée par César (*De bello Gallico*, VII, LXXV), et qui furent absorbées par la cité des *Pictones*, à l'époque de l'organisation des Gaules par Auguste. (Voir plus bas notre travail sur ce sujet, IIe partie, chap. 1er.)

Poitiers, et dont le nom indique de la manière la plus expressive sa situation sur les anciennes limites des Limousins et des Poitevins. Elle laissait au sud, en Limousin, Saint-Martial, Chatain, *Castaneum*, Bussière-Poitevine, *Buxeria;* traversait la Gartempe, *Wartimpa,* au lieu dit les *Quatre-Vents;* passait au nord d'Azac-le-Ris, Moutier, Brigueil-le-Chantre, *Brigolium* [1], Coulonges, *Coloniæ* [2], Thilly, Beaulieu [3]; puis, s'abaissant vers le sud-est, enfermait en Limousin Chezeaux, *Casales,* Vareilles, Saint-Germain-Beaupré; remontait au nord-ouest de la forêt de Saint-Germain; passait au nord-ouest de la Fa, de Maison-Fayne, *Domus Fagina* [4]; traversait la Creuse, *Crosa,* près de Crosant, en aval de Fresselines (Limousin), et, s'orientant généralement à l'est, plaçait aussi dans le diocèse de Limoges : Nouzerolles, l'Ourdoir-Saint-Michel, *Oratorium S. Michaelis* [5], Aubepierre [6], Dun-le-Palleteau (*Idunum* dans la Vie de saint Eptadius, écrite au commencement du vi[e] siècle), l'Ourdoir ou l'Ourdoué-Saint-Pierre, *Oratorium S. Petri* [7], la Forêt-du-Temple, Monteroux, *Monterolium,* le Moutier-Malcarre, la Cellette, Tercillat, *Tercillacum,* Bussière, Saint-Marien, Boussac, *Bociacum,* et parvenait au lieu dit *La Ville-Brulant.*

De La Ville-Brulant, nos limites, qui sont, dans cette partie, celles du diocèse, se dirigeant généralement vers le sud-sud-est,

[1] A partir de cet endroit, le Limousin cesse d'être limitrophe du Poitou et devient limitrophe du Berry.

[2] *Prioratus de Colongiis,* auparavant *Coloniæ.* (Pouillé, mss. Biblioth. imp. Fonds Saint-Germain français, n° 878, t. II.)

[3] *Cura de Belloloco.* (Ibid.) C'est la deuxième localité ainsi appelée. Ne pas confondre avec Saint-Pierre de Beaulieu, dont nous avons publié le Cartulaire.

[4] *Prioratus de Domo Fagina.* (Loc. cit.) Quelques personnes ont vu, dans les mots *Maison-Fayne,* l'indice d'une ancienne limite, *finis;* mais c'est une erreur. Le mot *Fagina* vient ou de *fagus,* hêtre, de *fagina,* faine, fruit du hêtre, ou de *faga,* qui veut dire fée; si l'on admettait cette dernière étymologie, *Domus Fagina* signifierait *maison de la fée.*

[5] *Cura de Oratorio S. Michaelis.* (Loc. cit.)

[6] *Conventus de Alba Petra* ou *Albis Petris.* (Loc. cit.)

[7] *Cura de Oratorio S. Petri.* (Loc. cit.)

passaient à l'est de Leyrat, Lavaufranche, Soumans, Bellefaye, Nouhant (*Novoantrum*, plus tard *Nohentum*) et Viersat; franchissaient la Tarde, puis le Cher, *Carus*, dont elles longeaient la rive droite jusqu'à Chambonchard; revenaient en cet endroit sur la rive gauche, enfermant en Limousin Chambonchard, *Cambocaris*, et Évaux (*Evaunum*, plus tard *Evahonium*); puis, laissant en Auvergne un lieu nommé *la Petite-Marche* (ce nom désigne clairement une limite), Fontanières (Limousin, tout près et à l'ouest d'un endroit appelé *Champ d'Auvergne*), elles rencontraient un affluent du Cher qu'elles remontaient; passaient à l'est de Charron (Limousin), à l'ouest de Vergheas (Auvergne), descendaient jusqu'à un petit hameau appelé *Vallette,* de là remontaient vers le Cher, qu'elles franchissaient en face d'Auzance (Limousin), et suivaient sa rive gauche, en passant tout près et à l'est de la *Marche*, dont le nom significatif indique bien une frontière. Entre Montel-de-Gélat (Auvergne) et les étangs de Mérinchal (Limousin), elles traversaient le ruisseau du même nom, et passaient au nord, puis à l'ouest de la Celle-d'Auvergne[1], à l'est de Crocq (Limousin), de Montel-Guillaume, Salesse et Saint-Merd-la-Breuille[2].

[1] Ainsi appelée sans doute, comme *Champ-d'Auvergne*, cité plus haut, parce qu'elle était sur la frontière des deux pays, et pour la distinguer de *Celle Barmontoise* en Limousin, qui est dans le voisinage.

[2] Nous avons, dans l'origine, conçu des doutes sur ces limites, doutes fondés sur ce que le pays de Combraille, qui est, en très-grande partie, *pagus minor* du Limousin, s'étendait, d'après les indications de Baraillon, qui a longtemps étudié ce qui se rapporte à cette contrée, bien au delà des limites du diocèse que nous venons de tracer. (*Recherches sur les Cambiovicenses,* in-8°, p. 79.) Mais ces doutes ont été levés par un renseignement plus authentique que tous les autres : la Table de Peutinger, qui marque par le mot *Fines* le point frontière entre *Acitodunum* (Ahun) et *Ubi...um* (Pontgibaud), c'est-à-dire entre les *Lemovices* et les *Arverni*, à trente milles romains ou vingt lieues gauloises d'Ahun, et à quinze milles romains ou dix lieues gauloises de Pontgibaud. (Walckenaer, *Géogr. anc. des Gaules,* t. III, p. 98.) Suivant Pasumot, la position de ce *Fines* tombe à Voingt. (*Dissertations sur plusieurs sujets d'antiquités,* etc. mises en ordre et

A partir de ce dernier point, les limites de notre cité côtoyaient la rive droite du Chavanoux jusqu'à son confluent avec la Dordogne (*Dornonia, Duranius*, sous les Romains), puis la rive droite de la Dordogne, jusqu'au lieu dit *les Granges*, un peu en amont de Bort, *Baort*, où elles franchissaient le fleuve, et passaient à l'est de Nadaux, la Bastide et Vergnières; rejoignaient les rives de la Dordogne à Saint-Thomas, un peu au-dessous de Bort, et les suivaient jusqu'à Ferrières, *Ferrarias*, où le fleuve forme un coude et pénètre en Limousin. Depuis Ferrières, elles tournaient au sud, passaient à l'est de Rilhac, *Rialiacum*, et de Vizis (Limousin), à l'ouest de Pleaux (Auvergne); longeaient un petit affluent de la Maronne jusqu'à Reix, et passaient près et à l'ouest d'un lieu dont le nom de *Frontière* est significatif [1].

publiées par Grivaud, 1810-1813, in-8°.) M. Grellet-Dumazeau, dans une notice publiée par la Société des sciences naturelles et archéologiques de la Creuse (voir sa collection de mémoires, t. II, 4° bulletin, année 1856, p. 387-388), considérant le nom de la mutation d'*Ubi...um* comme étant connu en son entier, en a fixé la position à Olby (Puy-de-Dôme), et celle de *Fines* au lieu dit *la Pause*, qui serait à la distance de dix milles romains, ou bien dans le voisinage de Voingt, dont le nom indiquerait la présence de la 20° pierre milliaire. Mais cet antiquaire a été conduit à placer à Aubusson (*ibid.* p. 393-397) la station d'*Acitodunum*, qui est cependant bien l'*Agidunum* du moyen âge, l'Ahun moderne; d'ailleurs, le nom d'Aubusson (au IX° et au X° siècle, *Albucium, Albuco* et *Albuzzo*) et le mesurage des distances s'opposent à ces diverses attributions. Il faut donc, pour se rapprocher de la vérité dans cette question, mesurer la section comprise entre *Ubi...um* (Pontgibaud) et *Fines*, dans la direction d'Ahun. Suivant l'abbé Belley (*Mém. de l'Acad. des inscript. et belles-lettres*, t. XIX, p. 716), *Fines* serait au delà de Crocq, auprès de Faydet, sur le territoire d'Auvergne, et près des limites des diocèses de Clermont et de Limoges. D'Anville (*Notice de l'ancienne Gaule*, p. 387, voc. *Fines*) s'est contenté de dire que le mesurage des distances marquées sur les Itinéraires faisait tomber la frontière à l'entrée du pays d'Auvergne; mais il ne désigne nommément aucune position. M. Walckenaer (*loc. cit.*) a constaté que le mesurage des distances la plaçait à la hauteur de Croisacoigne, sur le ruisseau de Mérinchal près de Montel-de-Gélat. Or c'est précisément entre ces deux endroits que passent les limites du diocèse, que nous venons de tracer, et dont plusieurs autres indices viennent attester la conformité avec l'ancienne cité.

[1] Ces limites sont confirmées par le

Au delà, les pouillés ne s'accordent plus avec les anciens documents. Indiquons d'abord, suivant la méthode que nous avons précédemment appliquée, les limites du diocèse d'après les monuments ecclésiastiques.

De l'endroit précité, elles descendaient presque perpendiculairement au cours de la Maronne, qu'elles rencontraient à Saint-Pierre, et côtoyaient ses bords jusqu'à Grancau, où elles rencontraient un petit affluent, qu'elles remontaient en laissant Rouffiac dans le diocèse de Clermont; passaient à Teulet, atteignaient la rive droite de la Cère, *Cera*, qu'elles longeaient jusqu'à la hauteur de Cahus; remontaient vers le nord-est; puis, s'abaissant de nouveau au sud, aboutissaient à la Dordogne, qu'elles traversaient au-dessous d'Altillac, *Altiliacum*, près de Granger.

Telles étaient, dans cette partie, les limites du diocèse. Nous allons voir que les anciens documents étendent plus loin le territoire de la cité limousine.

Deux chartes du Cartulaire de Beaulieu, datées des années 895 et 917, nous font connaître, d'une part, que Rouffiac, *Rufiacum*, plus tard *Rufiagucium* et depuis *Rofiacum*, était, à ces époques, chef-lieu de l'une des vicairies du Limousin, à laquelle

célèbre diplôme de fondation du monastère de Saint-Pierre-le-Vif à Sens, daté environ de l'an 499, et attribué à Clovis Ier. (*Diplom. et chart.* édit. Pardessus, t. Ier, p. 34-37 et 38-40.) Ce document, que la plupart des critiques ont déclaré interpolé, mais très-ancien[1], contient donation de lieux situés en divers pays, et notamment, dans le *pagus Lemovicinus*, de *Rialiaco*

(Rilhac), *Vizis* (Visis), *Saumairac* (Chaumeirat), *Papolprat* (Palprat), *S. Privato* (Saint-Privat), *Durazat* (Darazac), *Glanna* (la Glane), *Villa Valzors* (Viale Haure?). qui sont en effet dans le diocèse de Limoges; mais il y ajoute *Salegols* (Saligoux) et *Vaissec* (Vaissière), qui, d'après les cartes que nous possédons, seraient dans celui de Clermont.

[1] M. Guérard (*Polyptique d'Irminon*, p. 179) regarde cet acte comme largement interpolé. «Ce n'est, «dit M. Quantin, qu'une pièce écrite au IXe siècle, dans le but d'assurer au monastère la possession de tous «ses biens.» (*Cartulaire général de l'Yonne*, Auxerre, 1854, t. Ier, p. 2, note.)

il donnait son nom : *in pago Lemovicino, in vicaria Rofiacense*[1] ; d'autre part, que cette vicairie comprenait : *Septem Arbores* (Septaubre), *Perous* (le Peirou), *Genestidum* (Geneste)[2], auxquels, d'après une troisième charte datée de 971, il faut ajouter : *Cros* (Cros), *Illo Cherio* (le Caire), *Aumonium* (Mania?)[3]. Ajoutons que, d'après une charte faussement attribuée à Theudechilde, fille de Clovis, mais très-ancienne, *Calma* (la Cam) et *Vapra* (Vabre), qui est encore au delà de Geneste cité plus haut, dépendaient du Limousin[4].

Ce n'est pas tout : la vicairie de Le Vert, *Vertedensis*, qui, d'après des chartes de Beaulieu, du IXe et du Xe siècle, appartenait incontestablement au grand *pagus Lemovicinus*, contenait plusieurs localités que les monuments ecclésiastiques laissent dans les diocèses de Clermont et de Cahors : c'est *Rocola* (Roucoule), *Glanna* (Glane) et *Biarcis* (Biars), qui sont, d'ailleurs, mentionnés dans les mêmes titres comme étant en Limousin[5].

De ce qui précède résulte la preuve évidente que notre cité, au IXe et au Xe siècle, possédait, au delà des bornes du diocèse : 1° du côté de l'Auvergne, Rouffiac et sa vicairie; 2° du côté de l'Auvergne et du Quercy, des dépendances assez étendues de la vicairie de Le Vert.

Par suite, les limites doivent être fixées de la manière suivante :

---

[1] *Cartul. de Beaulieu*, ch. LII, CLX.
[2] *Ibid.* ch. CLX.
[3] *Ibid.* ch. CLXIV.
[4] *Diplomat. et chart.* édit. Pardessus, t. II, p. 131-134. On y trouve encore la mention d'autres lieux comme étant situés en Limousin : *Montemajorinas* (Puy-de-Mariou), *Luce* (Luc), *Transmonte* (Traimont) et *Nubriaco* (la Nobre); mais ces localités étant en dehors des deux vicairies de Rouffiac et de Le Vert, et n'étant désignées par aucun monument sincère, qui corrobore la prétendue charte de Theudechilde, cette dernière ne peut suffire pour nous déterminer à étendre plus loin, dans la même direction, le territoire de l'ancien Limousin.

[5] *Cartulaire de Beaulieu*, chartes LXIII, LXXI, LXXXVII, CL, CLX, CLXII et CLXIII.

Du lieu dit *la Frontière*, elles allaient vers l'est, contournaient Mania, inclinaient ensuite au sud, passaient à l'est de Vabre et de Rouffiac, touchaient, à Dillac, les limites du diocèse, et descendaient jusqu'à Roucoule, *Rocula* ou *Rocola*, qu'elles enfermaient dans le Limousin; puis, remontant vers le nord-ouest, elles suivaient les rives de l'Escaumels, passaient au sud de Glane, *Glanna*, de Gaignac, *Gaignac*, et de Biars, *Biarcis*, qu'elles contournaient; rejoignaient la Dordogne à Granger, où elles la franchissaient de même que les limites du diocèse, et, comme elles, suivant la rive droite, aboutissaient à Liourdres, *Lusidus*, point de départ de cette description.

En résumé, nous voyons que plusieurs des pays environnant l'ancien Limousin ont usurpé certaines portions de son territoire.

Les empiétements du Périgord sont, nous l'avons dit, postérieurs à la période mérovingienne; ceux du Quercy, d'après les documents qui nous sont connus, s'accomplirent après le premier tiers du xe siècle; et ceux de l'Auvergne, dans le dernier tiers du même siècle.

La cité des Lémoviques, ou grand *pagus Lemovicinus*, telle que nous venons de la définir, et dont l'étendue était fort considérable, puisqu'elle représente la surface de près de quatre départements, était bornée, au sud, par le *pagus Caturcinus*, le Quercy; à l'ouest, par le *pagus Petrocoricus*, le Périgord; au nord-ouest, par l'Angoumois et le Poitou, *pagus Encolismensis* et *pagus Pictavus* ou *Pictavensis;* au nord, par le Berry, *pagus Bituricus* ou *Bituricensis;* et à l'est, par l'Auvergne, *pagus Arvernicus.*

Mesuré du nord au sud, dans sa plus grande longueur, c'està-dire de Lourdoué-Saint-Pierre (*Oratorium Sancti Petri*) à Liourdres ou à Biars (*Lusidus* ou *Biarcis*), le pays limousin présentait une étendue de 166 kilomètres. De l'est à l'ouest, dans le sens de la plus grande largeur, c'est-à-dire de la limite passant à l'est de la Dordogne, à la hauteur de la petite ville de Bort (*Bortum* ou *Baort*), à Fontenille (*Fontanilla*), qui est au sud-ouest de Nontron, il mesurait 157 kilomètres.

CHAPITRE III.

SUBDIVISIONS RÉGIONALES DE LA CITÉ OU GRAND *PAGUS*.

Les subdivisions de cette espèce que présente la cité des Lémoviques sont les suivantes :

1° Les *pagi*, pays de l'ordre inférieur;
2° L'*aïcis, aïzum, arum*, aïce ou aïze;
3° Le *suburbium* ou *suburbanum*, territoire suburbain, et les *suburbia*, faubourgs de Limoges.

On trouve dans d'autres provinces certains districts parallèles ou inférieurs à ceux que nous mentionnons ici : tels sont le *finis*, la *condita*, l'*arcis*, le *gaïcis*, et le *castrum*. Mais le Limousin n'a connu aucune de ces espèces de divisions, pas même le *finis*, que l'on a cru être d'un emploi universel dans la Gaule [1].

SECTION PREMIÈRE.

PAGI, PAYS DE L'ORDRE INFÉRIEUR.

§ 1er. Considérations générales sur les *pagi*. — Leurs origines.

Les opinions sont partagées sur l'origine des *pagi* de l'ordre inférieur.

M. Guérard, dans deux de ses ouvrages, a exprimé la pensée que ces arrondissements n'étaient autres, généralement, que

---
[1] Guérard, *Essai sur es divisions territoriales*, p. 50.

les régions occupées par les anciennes peuplades gauloises dont les cités ou grands peuples se composaient avant la conquête et sous l'occupation romaine.

« Le *pagus* représente, dit-il, tantôt le territoire d'une cité, « tantôt une partie seulement de ce territoire, tantôt un dis- « trict plus ou moins étendu appartenant à différentes cités. En « général, on doit le considérer comme d'origine gauloise, « comme ayant été, dans le commencement, le pays habité par « chaque petit peuple gaulois[1]. » Et autre part : « On ne peut « douter que plusieurs *pays* de la France, qui sont nommés « pour la première fois par des écrivains du moyen âge, n'aient « existé dès les temps les plus anciens. Un assez grand nombre « de *pays* primitifs de la Gaule se sont conservés non-seulement « sous la domination des Romains et sous la domination des « barbares, mais encore sous le régime dissolvant de la féoda- « lité, et sont parvenus jusqu'à nous, avec très-peu de chan- « gements dans les mots et même dans leurs limites[2]. »

M. Auguste Le Prevost pense que ces arrondissements territoriaux ont pris naissance sous les rois de la première race. « C'est, dit-il, à l'époque de l'établissement de l'organisation « militaire et judiciaire mérovingienne qu'on doit rapporter le « morcellement de la division romaine des diocèses en *pagi* « gouvernés par des officiers qui prirent le titre de comtes. « Quoique ce morcellement ait eu lieu quelquefois sans aucune « considération pour les limites de l'organisation ecclésiastique, « il s'y renferme le plus souvent[3]. »

---

[1] *Polyptique de l'abbé Irminon*, prolég. § 21, p. 14.
[2] *Provinces et pays de France*, dans l'Annuaire de la Société de l'Histoire de France, ann. 1837, p. 58.
[3] *Divisions territoriales de la Normandie*, dans l'Annuaire de la Société de l'hist. de France, ann. 1838, p. 233. C'est sans doute d'après cet érudit que l'un des membres de la Société archéologique du Limousin, M. Grellet-Dumazeau, a dit au congrès de la Société française pour la conservation

L'un et l'autre admettent d'ailleurs qu'en dehors de l'origine et de la cause qu'ils assignent aux *pagi* inférieurs, il y eut des circonstances purement topographiques, telles qu'une forêt, une chaîne de montagnes, un cours d'eau, une vallée, un marais, qui durent en créer. C'est ce que M. Le Prevost appelle des *contrées naturelles* [1], et M. Guérard de *simples régions*, formant une deuxième espèce de *pagi* et n'appartenant à aucun ordre divisionnaire de la cité [2].

Nous sommes porté à croire que l'opinion de M. Le Prevost n'est exacte qu'exceptionnellement et dans un petit nombre de cas. On trouve, il est vrai, assez fréquemment, des officiers décorés du titre de comte dans des chefs-lieux de *pagi* inférieurs; mais l'existence de ces divisions territoriales précéda presque toujours l'institution des comtés, dont elles formèrent les circonscriptions; en sorte que les *pagi* avaient ici le caractère de causes au lieu de celui d'effets, que leur attribue le savant académicien.

Nous ne saurions non plus admettre, dans les termes généraux où il a été exprimé, l'avis de M. Guérard. Si, comme il l'a pensé, les souvenirs et la position de peuplades gauloises se sont perpétués dans certains *pagi*, nommés sous les Romains et au moyen âge, il faut ajouter à ceux qui ont cette signification : 1° les *pagi* qui ont pu se former, pendant l'occupation romaine, autour de bourgades dotées d'institutions municipales, et auxquels on avait préposé, dans la même période, des magistrats spéciaux, qualifiés *præfecti, præpositi* ou *magistri pagorum;* 2° les *pagi* provenant de circonscriptions administratives

des monuments, tenu à Limoges, au mois de septembre 1847, que, dans son opinion, le *pagus* était, sous la première et la deuxième race, une circonscription militaire et administrative. (*Bulletin de la Société archéol. du Limousin*, t. II, p. 179.)

[1] Annuaire précité de 1838, p. 242.
[2] *Polyptiq. d'Irminon*, loc. cit. p. 42.

inférieures, telles qu'une vicairie ou une centaine, ou bien d'un fisc ou domaine royal, et qui, dans l'usage, avaient pris place parmi les petits pays[1]; 3° enfin les *pagi* provenant de l'existence, sur un point du territoire, d'une résidence royale ou d'une église célèbre. A la vérité, ces dernières circonstances ont pu, dans certains cas, n'être que la cause occasionnelle qui a fait surgir, dans la géographie du moyen âge, la mention de pays d'une origine plus reculée et momentanément disparus. Mais ce n'est là qu'une conjecture, une réserve générale, sous le bénéfice de laquelle nous allons examiner les sources diverses des *pagi*.

1° *Pagi gaulois.*

Nous savons avec certitude que le territoire de chaque peuple ou *civitas* de la Gaule et de la Germanie se subdivisait en un certain nombre de cantons ou *pagi*. César nous en fournit le témoignage dans plusieurs passages de ses Commentaires : dans le premier, qui a été rapporté plus haut, il fait connaître que la cité des Helvètes était partagée en quatre *pagi*, dont l'un, le *pagus Tigurinus*, avait fait périr le consul L. Cassius et fait passer son armée sous le joug[2]; autre part, l'historien conqué-

---

[1] Aux *pagi* de cette origine il faut ajouter, suivant l'observation faite par M. Alfred Jacobs, dans sa thèse précitée sur la Géographie de Grégoire de Tours, p. 56, ceux qui tirent leur source d'une colonie de lètes ou d'étrangers transportés en masse sur un point déterminé de la cité, lequel prenait le nom de ce nouveau groupe de population : tels étaient les *Taifali*, qui furent installés, sous l'Empire, au centre du Poitou (*Notit. dignit. utriusque imperii*, édit. de Pancirol, fol. 179 v°), et y formèrent le *pagus Taifalicus* ou *Teifalicus*, pays de Tiffauges, sur la Sèvre, départe-

ment de la Vendée. Nous n'avons point d'exemple, en Limousin, de *pagi* d'une origine semblable; le nombre en est, d'ailleurs, fort restreint, et l'on peut considérer le fait comme exceptionnel.

[2] « Is pagus appellabatur Tigurinus; nam « *omnis civitas Helvetia in quatuor pagos di-« visa est.* Hic pagus unus, quum domo « exisset, patrum nostrorum memoria, L. « Cassium consulem interfecerat, et ejus « exercitum sub jugum miserat. » (*De bello Gallico*, I, xii.) Ce *pagus* figure, en outre, dans l'inscription suivante trouvée à Villars-le-Moine, près d'Avenches : GENIO

rant nous apprend que les factions politiques divisaient tous les peuples de la Gaule, leurs *pagi*, leurs villages, et presque chaque demeure [1]. Dans un troisième passage, il dit que, pendant la paix, il n'y avait point, en Gaule, de magistrature souveraine ou gouvernement central, et que les chefs de chaque région (*regio*) et de chaque *pagus* rendaient la justice à leurs habitants [2]. Le IVe livre des Commentaires contient une phrase où le proconsul mentionne, sans en faire connaître les noms, les *pagi* de la cité des *Morini* (de Térouanne) [3], parmi lesquels se trouvaient sans doute : 1° Le *pagus Gessoriacus* (le Boulonnais), désigné plus tard par Pline [4], et dont le chef-lieu (Boulogne) était, d'après Pline lui-même et Ptolémée, un port des *Morini* [5]; 2° les *Oromarsaci*, qui étaient limitrophes du Boulonnais [6], et occupaient vraisemblablement, aux environs de Calais et de Gravelines, un petit pays appelé *Terre de Marck* ou *de Merck*, lequel reproduit la deuxième partie de l'ethnique *Oro-marsaci*. Dans le livre VIIe des Commentaires, nous voyons que Vercingétorix dirigea contre les *Helvii* (Vivarais) les guerriers du Gévaudan et des *pagi* des Arvernes les plus rapprochés [7]. Enfin,

PAGI TIGOR. (Schmidt, *Antiq. de la ville d'Avenches*, p. 8. Orelli, *Inscr. ant. select. coll.* n° 366.)

[1] « In Gallia, non solum in omnibus « civitatibus, atque in omnibus *pagis* parti- « busque, sed pæne etiam singulis domibus « factiones sunt. » (*De bello Gallico*, VI, 1.)

[2] « Principes regionum atque *pagorum* « inter suos jus dicunt controversiasque « minuunt. » (*Ibid.* VI, xxiii.)

[3] « Reliquum exercitum Quinto Titurio « Sabino et Lucio Aurunculeio Cottæ lega- « tis, in Menapios atque *eos pagos Morino- « rum*, a quibus ad eum (Cæsarem) legati « non venerant, ducendum dedit. » (VI, xxii.)

[4] « Oromarsaci juncti *pago Gessoriaco*. » (*Hist. natural.* lib. IV, cap. xvii.)

[5] Ptolémée : « Γησορρίακον ἐπίνειον Μο- « ρίνων. » (*Geograph.* lib. II, cap. viii, § 3.) — Pline : « Hæc (Britannia) abest a Ges- « soriaco Morinorum gentis littore, proximo « trajectu L millia minimum. » En présence de ces affirmations, on ne s'explique guère que M. Jacobs ait donné seulement comme probable que, du temps de Pline, le *pagus Gessoriacus* n'était qu'un canton des *Morini*. (Article publié dans la Revue des Sociétés savantes, 1859, tirage à part, p. 9.)

[6] Pline, *loc. cit.* IV, xvii.

[7] « Gabalos proximosque pagos Arverno- « rum, in Helvios, item Rutenos, Cadur-

César enseigne que la nation germanique des Suèves (Souabe) comprenait un très-grand nombre de *pagi*[1].

Tacite confirme ce dernier fait, en énonçant que la Germanie était divisée en *pagi*, dont chacun était tenu de fournir au chef cent guerriers choisis[2], et que les magistrats parcouraient les *pagi* et les bourgades pour y rendre la justice[3]. Quant aux Suèves en particulier, il signale ce fait curieux qu'une seule fraction de ce peuple, la tribu des *Semnones*, contenait cent *pagi*[4].

A l'égard de la Gaule, il parle aussi, sans les nommer, des *pagi* des Séquanes (Franche-Comté), limitrophes des Éduens[5].

On voit, par les énonciations des deux historiens, que le *pagus* était une division territoriale usitée chez les Gaulois et chez les Germains, et qu'en outre, de même que la *civitas*, dans la langue des Romains, désignait proprement un peuple, l'ensemble des habitants qui le composaient, le *pagus* correspondait *à une fraction de ce peuple*, aussi bien qu'au sol qu'il occupait.

Existait-il dans la Gaule, avant la conquête, une règle uniforme, ou du moins généralement appliquée, suivant laquelle les cités se subdivisaient en un même nombre de *pagi*? M. A. de Courson répond affirmativement à cette question, dans le passage suivant de son Histoire des peuples bretons : « Nous ne « possédons, sur les divisions territoriales de ces petits États (les « sept peuples de la presqu'île armoricaine), que les notions les

---

« cosque, ad fines Volcarum Arecomico-« rum depopulandos, mittit. » (*De bello Gallico*, VII, LXIV.)

[1] *De bello Gallico*, IV, I.

[2] « Centeni (velites) *ex singulis pagis* sunt. » (*De moribus Germanorum*, c. VI.)

[3] « Eliguntur in iisdem conciliis et prin-« cipes qui jura *per pagos* vicosque reddant » (*Loc. cit.* cap. XII.)

[4] « Adjicit auctoritatem fortuna Semno-« num : *centum pagis* habitantur, magno-« que corpore efficitur ut se Suevorum ca-« put credant. » (*Loc. cit.* cap. XXXIX.)

[5] « Interim Silius, cum legionibus dua-« bus incedens, vastat *Sequanorum pagos*, « qui finium extremi sociique in armis « erant. » (*Annal.* lib. III, cap. XLIV.

« plus incomplètes. Il est seulement permis de conjecturer que
« la plupart des cités de la péninsule *étaient partagées en quatre*
« *pagi*, *suivant l'usage que nous retrouvons chez toutes les nations de*
« *race gauloise ou bretonne* [1]. » L'opinion exprimée dans le membre
de phrase imprimé en caractères italiques ne nous paraît pas
admissible. Les peuples de la Gaule étaient inégaux en population et en force, et leurs territoires étaient d'étendue très-variable. Tandis que les plus puissants occupaient la surface
de trois ou quatre de nos départements actuels, les plus faibles
possédaient un territoire équivalant à un ou deux arrondissements; et entre ces deux grandeurs extrêmes s'échelonnaient
les disparités plus ou moins considérables qui existaient entre
eux. Or le nombre des subdivisions dépendait naturellement,
nécessairement même, de la superficie à subdiviser, et variait conséquemment d'un peuple à l'autre. On ne pourrait
donc croire, sans preuve positive, que les grandes cités,
telles que celles des Éduens, des Arvernes, des Séquanes,
des Rémois, des Carnutes, des Lémovices, des *Bituriges Cubi*
(Berry), et les petites cités du littoral ou des vallées alpines et
pyrénéennes, fussent partagées en une même quantité de *pagi*.
Si cette quantité (et ce point de géographie historique n'est
pas même démontré) se bornait généralement à quatre *pagi*
chez les petites peuplades de la presqu'île de Bretagne, c'est
qu'elles avaient une importance et une étendue à peu près
semblables. Mais il n'y aurait, suivant nous, aucun principe
général à en tirer, aucun système à en induire, quant à l'ensemble des cités de la Gaule.

Le nombre des *pagi* gaulois devait être assurément très-considérable, et pourtant leurs noms se rencontrent fort ra-

---

[1] T. I, p. 191. Cf. *Histoire des origines et des institutions des peuples de la Gaule armoricaine.*

rement dans l'histoire antérieure à la venue de César ou même contemporaine de la conquête; et cela s'explique par cette raison que le rôle actif dans les événements appartenait au peuple entier, à ses assemblées et à ses chefs, et que les fractions de la cité ne devaient y paraître qu'exceptionnellement.

On croit connaître les quatre *pagi* des Helvètes.

César a nommé :

1° le *pagus Tigurinus*[1], qui, selon les uns, avait pour chef-lieu Zurich, selon les autres Uri, et, d'après une troisième opinion, se placerait aux environs du lac Morat. La première de ces attributions, proposée par Valois, est d'autant moins admissible, que le véritable nom de Zurich et de son territoire nous est révélé par une inscription romaine découverte dans cette ville, et qui porte STA[TIO] TVRICEN[SIS][2];

2° Le *pagus Verbigenus*[3], dont le lieu principal était à Orbe, selon Cluvier et les savants qui, après lui, lisaient *Urbigenus* dans le texte, mais que d'autres ont mis, soit à Arau, canton d'Argovie, soit aux environs de Waaberen, près Berne, qui représente bien, suivant nous, le vocable de *Verbigenus*, contracté conformément à la loi générale de corruption des noms; soit enfin à Bade, canton d'Argovie, position très-probable d'*Aquæ Verbigenæ*.

---

[1] *De bello Gallico*, 1, xii. Voir ci-dessus, p 350, note 1, l'inscription romaine : GENIO PAGI TIGOR.

[2] Cf. Bochat, *Mémoire sur l'histoire ancienne de la Suisse*, t. I, p. 18 et 120; t. II, p. 436; D'Anville, *Notice*, p. 643. On a cru trouver dans ce monument le nom de *Tugeni*, dont il est parlé plus bas (Walckenaer, *Géogr. ancienne des Gaules*, t. I, p. 312), mais on voit tout de suite que *Turicen[sis]* a aussi peu de rapports avec *Tugeni* qu'il en a de frappants avec Zurich.

[3] « Helvetii..... legatos de deditione ad « eum miserunt..... Dum ea conquiruntur « et conferuntur, nocte intermissa, circiter « hominum millia vi *ejus pagi qui Verbi-« genus appellatur*........ e castris Hel- « vetiorum egressi, ad Rhenum finesque « Germanorum contenderunt. » (*Loc. cit.* 1, xxvii.)

[4] On a cru retrouver, dans une inscrip-

On peut concilier aisément les opinions diverses qui se sont produites sur ce dernier point, en faisant observer que le canton d'Argovie n'est qu'un démembrement de l'ancien canton de Berne, et que rien n'empêche d'admettre qu'il fût le territoire primitif de Berne, lequel ne serait autre, dès lors, que le *pagus Verbigenus* des Commentaires.

Il est vraisemblable que nous avons les noms des deux autres cantons helvétiques[1] dans les *Tugeni*, Τωυγενοί, et les *Ambrones*, Ἄμβρωνες, mentionnés par Strabon[2], Eutrope[3] et Orose[4], conjointement avec les *Tigurini* dont nous venons de parler.

Certains érudits ont placé les *Tugeni* aux environs de Tugen, à l'extrémité orientale du lac de Zurich; d'autres, en plus grand nombre et avec beaucoup plus de raison, ont fixé cette position à Zug, sur les bords du lac qui porte son nom.

Le site des *Ambrones* est plus incertain : Cluvier qui, le premier parmi les géographes, a vu dans les *Tugeni* et les *Ambrones* deux des quatre *pagi* du peuple helvétique, a mis les *Ambrones* sur les bords de la rivière d'*Emme*, en latin *Amma*, dont il croyait que ce *pagus* avait pris le nom[5]; mais cette

---

tion découverte à Soleure en 1769, le nom de *Verbigenus* suivant les uns (Schœpflin, Haller et Oberlin sur César), *Urbigenus* suivant d'autres (Orelli, *Inscript. latin. select.* n° 403). Mais, d'après la reproduction que l'on doit à M. Mommsen, qui a copié l'inscription sur place, il faut lire dans la première ligne : GENIO PVBLICO, ce dernier mot commençant, dans l'inscription, par deux lettres liées ainsi : ᚡ. (*Inscr. confœder. Helvetic. latin.* n° 220.)

[1] C'est Cluvier qui le premier a signalé ces mentions simultanées des trois tribus gauloises des *Tigurini*, des *Ambrones* et des *Tugeni*, dans les historiens et les géographes. (*Germania antiqua* et *Introductio ad Geographiam*, lib. II, cap. xii, édit. Elzévir, p. 70.)

[2] *Geogr.* l. IV, c. ii, § 8, et VI, ii, § 2.

[3] « Dum bellum in Numidia contra Jugurtham geritur, Romani consules, M. Manlius et Q. Cœpio a Cimbris et Teutonibus, et *Tigurinis*, et *Ambronibus*, quæ erant Germanorum et Gallorum gentes, victi sunt juxta flumen Rhodanum. » (*Breviar. hist. Roman.* V, 1, p. 199.)

[4] « Teutones, Cimbri et *Tigurini* et *Ambrones*...Hæc de *Tigurinis* et *Ambronibus* gesta sunt. » (*Hist. misc.* lib. IV, c. xvi.)

[5] Cluverius, ubi supra.

attribution n'est guère admissible. Quelques-uns ont désigné Lucerne, mais sans motif plausible. D'autres ont proposé Embrun; et cette proposition, fondée uniquement sur une ressemblance de noms [1], semble, *a priori*, inacceptable, à raison de la distance qui sépare Embrun du territoire qu'on peut historiquement attribuer aux Helvètes. Enfin plusieurs archéologues ont remarqué, après Adrien de Valois, qu'Ambournay, dans le département de l'Ain, appelé au moyen âge *Ambroniacum*, provenait visiblement de l'ethnique *Ambrones*[2], et que, dès lors, ce lieu était une dépendance de l'antique pays des Ambrons. Mais, d'un autre côté, le nom d'Ambérieux, qui est dans le même département de l'Ain, et non loin d'Ambournay, annonçant la place en cet endroit de la peuplade celtique des *Ambarri*, et cette position étant d'ailleurs démontrée à d'autres égards, on a cru qu'*Ambrones* et *Ambarri* étaient les deux noms ou plutôt les variantes du nom d'un même peuple[3].

---

[1] Cette ressemblance n'existe qu'avec la forme moderne du vocable d'Embrun; car cette ville est nommée, dans la Notice des provinces et des cités de la Gaule de l'an 396, *Civitas Ebredunensium*. Elle possédait, au moyen âge, un siége métropolitain, avec le titre de principauté.

[2] *Notit. Galliar.* p. 16.

[3] Bochat, *Mémoire sur l'histoire ancienne de la Suisse*, t. I, p. 268. M. Auguste Bernard (*Description du pays des Ségusiaves*, p. 47 et note) va plus loin encore: il considère les *Ambri* et les *Umbri* des anciens comme étant la même peuplade qui est appelée *Insubres* par Tite-Live, et les *Ambarri* comme un débris de cette même peuplade; il dit, en outre, que les *Ambivareti*, nommés au VII⁰ livre des Commentaires (chap. LXXV), ne sont autres que les *Ambarri* mentionnés au livre I⁰ʳ (*Cartul. de Savigny*, I⁰ partie, p. XXXIX). Mais, d'une part, il semble difficile d'admettre que César ait désigné le même peuple par deux noms différents. D'autre part, il y a une grande distance entre *Ambarri* et le nom du peuple qui s'appelle, non pas *Ambivareti*, comme on l'a écrit d'après de mauvaises éditions, mais *Ambluareti*, comme ce vocable se lit dans tous les manuscrits (voir l'éd. de Nipperdey). Enfin la distance est encore plus considérable entre les mots *Ambluareti* ou même *Ambarri*, et *Insubres*. Quant à l'identité des *Insubres* et des *Umbri*, elle nous paraît d'autant moins acceptable, que Tite-Live nomme l'un et l'autre successivement dans son Histoire romaine, savoir, les *Umbri* ou l'*Umbria*, lib. IX, cap. XXXVI; lib. X, cap. X, XXI, XXVII, XXXI *et passim*, et les *Insubres*, lib. V, c. XXXIV; l. XXXI, c. X; l. XXXII, c. XXX,

— 92 —

Cette opinion nous paraît peu fondée, ou, tout au moins, elle soulèverait des doutes et des objections très-graves.

Les *Ambarri* sont bien, quoi qu'en aient dit quelques auteurs[1], sur le territoire d'Ambérieux ; mais le canton helvétique des *Ambrones*, associé, dans plusieurs mentions historiques, aux *Tugeni*, devait être limitrophe de ces derniers, ce qui exclut la position d'Ambérieux et d'Ambournay : nous croyons qu'il était dans la partie de la cité helvétique la plus reculée vers le sud-est.

Le nom d'*Ambroniacum* et sa parenté avec celui des *Ambrones*, qui est d'ailleurs frappante, ne sauraient, à eux seuls, prouver que le *pagus* des Helvètes fût situé en cet endroit. Ce sont là des circonstances qui peuvent s'expliquer naturellement, soit par l'arrivée et l'implantation sur ce point d'un groupe peu nombreux peut-être de la peuplade des Ambrons, lequel aurait communiqué son nom d'origine au village d'*Ambroniacum*, soit, d'après une conjecture plus probable, par le séjour, dans cette partie du département de l'Ain, d'un reste des *Ambrones*, dont la population aurait, à une époque quel-

et l. XXXIII, c. xxxvi. On ne s'expliquerait guère qu'après avoir employé, au début de son Histoire, le terme d'*Insubres*, Tite-Live y eût substitué, dans quelques livres suivants, le mot *Umbri*, pour revenir, dans des passages subséquents, au nom d'*Insubres*[*]. Comment, d'ailleurs, la forme la plus corrompue, qui serait la plus courte (*Umbri*), se trouverait-elle dans les premiers livres, et la forme la mieux conservée, qui est toujours la plus longue, se verrait-elle dans les passages les plus récents ? Il y a d'autres raisons encore de regarder, *a priori*, comme peu probable l'identité de ces peuples de noms si divers. Mais nous n'insisterons pas davantage sur ce sujet, et nous attendrons, pour apprécier définitivement l'opinion avancée par M. Aug. Bernard, qu'il lui ait donné les développements que nous annonce la note précitée.

[1] Notamment le P. Philibert. Monetus, qui met les *Ambarri* dans le Mâconnais et le Charollais. (*Galliæ geographia veteris*, 1683, in-12, table des peuples, à la fin du volume.)

[*] Polybe (lib. II, cap. xxxii) appelle constamment les *Insubres*, *Isombri* ; et peut-être cette leçon vicieuse de l'historien grec a-t-elle suggéré l'idée d'une affinité avec les *Umbri* de Tite-Live.

conque, émigré en masse vers l'extrémité orientale de la Gaule, et aurait ensuite envahi les contrées subalpines. Et ce fait, dont on aurait une trace dans la dénomination d'*Ambroniacum*, ne serait pas isolé; car, tandis que les *Nantuates* sont placés à l'est et au sud-est du lac Léman, la ville de Nantua (département de l'Ain) retient encore le vocable de ce peuple tout à fait intact. C'est ainsi, d'ailleurs, qu'après le premier établissement des Gaulois en Italie, sur le territoire des Tyrrhéniens, au nord du Pô, l'on y trouve des colonies sorties de peuples du centre de la Gaule transalpine, et qui en portaient les noms. Entre le Tessin et l'Adda, s'étaient fixés des Bituriges, des Arvernes, des Éduens, dont une tribu, celle des Insubres, est particulièrement signalée, et des Ambarres (*Ambarri*), dont il se conserve, comme il a été déjà dit, des traces à Ambérieux. Entre l'Adda et la Chièse et peut-être jusqu'au Mincio, c'étaient des Sénones, des Carnutes et principalement des Cénomans, car c'est le dernier de ces noms qui domine dans ce groupe. Plus tard, après les trois expéditions qui suivirent le premier établissement des Gaulois transalpins, et qui se continuent de l'an 600 à la fin du ve siècle avant l'ère chrétienne, nous voyons que les Cénomans s'étaient avancés sur la rive droite de l'Adige, et que les Sénonais étaient arrivés jusqu'à l'Adriatique.

En avant des Insubres, entre le Tessin et la Sésia, étaient les *Vertacomicori*, de Novare (Piémont), sortis sans doute de la même souche que ceux de Vercors, dont le *pagus* faisait partie de la cité transalpine des Voconces, au temps de Pline[1].

Citons encore les *Boii*, peuple gaulois voisin des Bituriges, des Arvernes et des Lingons, et qui paraît avoir eu son foyer dans l'Auxerrois. Longtemps avant l'ère chrétienne, ils se ré-

---

[1] «Novaria ex Vertacomicoris, *Vocontiorum hodieque pago.*» (*Hist. natur.* lib. III, cap. XVII.)

pandirent : 1° dans l'Italie centrale, où ils firent invasion et fondèrent des colonies au sud des bouches du Pô, sur le territoire de Bologne, vers l'an 394 avant J. C. 2° dans l'Asie, où ils s'avancèrent, sous la conduite de Brennus, jusqu'à Byzance, l'an 278 avant J. C. et contribuèrent à la formation du royaume de Galatie ; 3° au delà du Rhin, dans la Germanie, où César et Tacite signalent leur établissement, et où ils donnèrent leur nom au territoire de la Bohême; 4° sur les bords de l'Allier, dans le Bourbonnais, où ils paraissent avoir été fixés par César, sur la demande des Éduens, après la défaite des Helvètes, auxquels les *Boii* s'étaient associés dans leur désastreuse expédition ; 5° enfin, aux frontières sud-ouest de la Gaule, sur le littoral océanique, entre l'Adour et la Garonne, dans une contrée qui porte le nom de pays de Buch.

On voit, par ces dernières indications, que les traces du peuple nommé *Boii* par les écrivains de l'antiquité peuvent se rencontrer au moins dans cinq contrées différentes.

Il ne faut donc pas conclure, de l'analogie ni même de l'identité des appellations de peuplades que l'on observe dans des quartiers assez éloignés les uns des autres, en faveur de telle position à l'exclusion de toute autre. Il faut reconnaître, au contraire, que des populations provenant de races gauloises et portant un même nom se sont trouvées simultanément dans des régions séparées par de grandes distances. Il est donc vraisemblable qu'à une époque que l'on ne peut préciser, les montagnes et les vallées de l'Helvétie avaient envoyé des émigrants dans diverses parties de la Gaule, principalement dans le voisinage des Alpes, ou, au contraire, en avaient reçu elles-mêmes des colonies.

Tite-Live (vers l'an 4 de l'ère chrétienne) mentionne, comme un fait antérieur à l'invasion de Bellovèse, l'existence d'un *ager*

Insubrium, pays des Insubres, *pagus* des Éduens[1], qui, suivant les uns, se place entre Arnay-le-Duc et Dijon, à Malain, localité dont le nom paraît avoir été, au moyen âge, le même que celui de la ville des Insubres gaulois (*Mediolanum*); suivant d'autres, sur les rives de la Saône; enfin, d'après une conjecture émise par notre confrère M. Aug. Bernard[2], dans le canton de Matour, à Meulin, bourgade qui, elle aussi, a porté le nom de *Mediolanum*, si commun dans les deux Gaules transalpine et cisalpine, et a été le chef-lieu d'un *ager Mediolanensis*[3].

Nous ne citerons pas d'autre *pagus* dont l'existence et le nom soient incontestablement démontrés antérieurs à la domination romaine. Il est fortement à présumer que beaucoup des *pagi* qui figurent plus tard dans les historiens et dans les géographes ne sont autres que des *pagi* de la période de l'autonomie gauloise, et il y a lieu d'espérer, en ce qui concerne plusieurs d'entre eux, qu'à l'aide de quelques indications recueillies patiemment dans les écrivains, on parviendra à démontrer leur antériorité à la conquête. Mais, comme il s'est formé de nouveaux *pagi* sous les Romains, dans des circonstances et pour des causes que nous exposerons tout à l'heure, nous devons, malgré la présomption qui existe à cet égard, rejeter à la période romaine ceux dont nous rencontrons la mention après l'organisation des Gaules par Auguste, laquelle eut lieu l'an 27 avant l'ère chrétienne.

---

[1] « Quum in quo consederant *agrum Insubrium* appellari audissent, cognomine Insubribus, pago *Æduorum*, ibi omen sequentes loci, condidere urbem: Mediolanum appellarunt. » (*Hist. Roman.* lib. V, cap. XXXIV.) Tite-Live nomme autre part les Insubres parmi les peuples gaulois qui s'emparèrent de Plaisance : « Insubres. Cenomanni et Boii..... Placentiam invaserunt. » (Lib. XXXI, cap. XLIX.)

[2] *Cartul. de Savigny*, introd. p. XXXVIII.

[3] *Ibid.* IIᵉ partie, page 1099.

2° *Pagi mentionnés pendant l'occupation romaine.*

Ces divisions proviennent de trois sources :

La première est dans les *pagi* ou fractions de la cité antérieurs à la conquête; nous en avons parlé plus haut.

La deuxième est dans les peuples de faible étendue qui furent, à la suite de l'organisation de la Gaule en cités, *civitates*, réunis à un ou plusieurs autres, pour former, dans l'ordre administratif, une seule cité, à laquelle on donna le nom de l'un d'entre eux; les autres, devenus, dès cet instant et par ce fait, subdivisions d'une cité, se désignaient, dans les monuments et chez les auteurs, par un titre qui annonçait leur rôle et leur situation désormais subalternes : par le mot *pagus* sous le Haut-Empire, et par ce mot ou par un équivalent, tel que *ager, patria, solum*, dans les âges postérieurs.

César nous donne un exemple d'une annexion de ce genre, lorsqu'il dit qu'en récompense des services qu'il avait reçus des Atrébates et de leur chef Commius il avait accordé l'immunité et rendu ses lois à ce peuple, et avait soumis à sa puissance les *Morini* (territoire de Térouanne)[1].

Il en fut sans doute de même des *Suessiones* (nation du Soissonnais) qui, d'après Hirtius Pansa, avaient été, à la suite de l'une des sept premières campagnes, soumis aux Rémois, comme le montre le passage suivant : « *In fines Suessionum qui Remis erant adtributi*[2]..... » Cette mesure était, dans ce cas comme dans le

---

[1] « Hujus opera Commii, ut antea demonstravimus, fideli atque utili, superioribus annis erat usus in Britannia Cæsar : « quibus ille pro meritis, civitatem ejus (Atrebates) immunem esse jusserat; jura legesque reddiderat, atque *ipsi Morinos attribuerat*. » (*De bello Gallico*, lib. VII, cap. LXXVI.) Les *Morini*, dans l'organisation de la Gaule en cités, qui fut décrétée par Auguste, recouvrèrent l'indépendance de leur gouvernement, car ils sont mentionnés par Ptolémée, qui ne nomme que les peuples en possession du titre de *civitas*. (*Geogr.* lib. II, cap. VIII, § 8.)

[2] *De bello Gallico*, VIII, VI. De même que les *Morini*, les *Suessiones* furent,

précédent, le prix des bons offices que la cité rémoise avait constamment rendus aux armes et à la politique romaines.

On peut tenir pour vraisemblable, quoique le conquérant n'en parle pas, que les *Mandubii*, après la reddition d'*Alesia*, leur *oppidum*, et les *Eburones* (pays de Liége), après la dévastation de leur territoire et le massacre de leur population, subirent le sort des *Morini*. A partir de ce désastre, les *Eburones*, qui étaient bien une cité avant les guerres de l'indépendance, puisqu'ils sont ainsi désignés par César[1], cessent de figurer dans la hiérarchie gouvernementale[2]; la volonté du proconsul, qui avait résolu la destruction de leur race et du nom de leur cité, était accomplie[3].

Avant César, des faits de la même nature s'étaient réalisés : il nous suffira d'en indiquer un, celui qui concerne le partage des *Ruteni*. A la suite d'une guerre soutenue par ce peuple et par les Allobroges contre Fabius Maximus, les *Ruteni* furent divisés en deux parties. L'une, appelée par César *Ruteni provinciales*[4], avait été précédemment annexée à la Province romaine; la seconde continua d'être comprise dans la Gaule indépendante, et forma par la suite le diocèse de Rodez, duquel le petit évêché de Vabres fut distrait au xive siècle, et dont le département de l'Aveyron représente à peu près complétement le territoire. Grâce à l'étendue que les Rutènes occupaient encore après ce démembrement, ils conservèrent le titre de cité.

---

dans l'organisation d'Auguste, remis au rang de *cité*, puisque nous les trouvons mentionnés dans Ptolémée sous le nom corrompu de Οὐεσσόυες. (*Geogr.* lib. II, cap. VIII, § 11.)

[1] « *Civitatem* ignobilem atque humilem « Eburonum sua sponte populo Romano « bellum facere ausam vix erat creden- « dum. » (*De bello Gallico*, V, xxviii.)

[2] Ptolémée ne les a pas compris dans sa nomenclature des cités.

[3] « Cæsar..... omnes ad se vocat, « spe prædæ, ad diripiendos Eburones... « ut, magna multitudine circumfusa, pro « tali facinore, stirps ac nomen *civitatis* tol- « latur. » (*De bello Gallico*, VII, xxxiv.)

[4] *Ib. ibid.* VII, vii.

Mais un peuple moins puissant aurait perdu, à la suite d'un tel morcellement, toute importance, peut-être même son nom.

Les annexions ou absorptions de ce genre furent bien autrement nombreuses sous Auguste, lorsque ce prince, pendant une tournée qu'il fit dans la Gaule (an 27 avant Jésus-Christ), organisa ce pays en cités. Il apporta à ce travail l'esprit d'ordre et de symétrie qui le caractérisait, et, de même que, pour égaliser les forces et l'étendue des deux provinces de l'Aquitaine et de la Celtique, il enleva à cette dernière quatorze peuples pour les joindre à l'Aquitaine, sans égard pour les liens qui, de temps immémorial, les unissaient à leurs frères de la Celtique; de même, sur divers points de la Gaule, il réunit en une seule cité plusieurs peuples, dont chacun lui semblait de trop faible étendue pour former une unité administrative distincte dans la province.

Nous trouvons l'application de ce système de distribution symétrique et de groupement des peuples dans la réunion aux *Pictones* (Poitevins), des *Lemovices* armoricains, qui, du temps de César, formaient une cité particulière. Il arriva, dans cette circonstance, et il dut arriver assez fréquemment, dans des cas analogues, que le nom de la cité absorbée disparut, et qu'on ne vit plus figurer dans la géographie que ses anciens *pagi*.

Ainsi, tandis qu'après César on ne trouve aucune mention historique de la petite cité des *Lemovices* de l'Armorique, on rencontre dans les historiens et dans les géographes les vocables des tribus qui la subdivisaient, telles que les *Agesinates* dans Pline, les *Leuci* dans une Vie de saint Waast, écrite au VIIe siècle, le *pagus* ou *terminus Ratiatensis*, et le *pagus Arbatilicus* dans Grégoire de Tours. Nous renvoyons le lecteur aux développements que contient à ce sujet le chapitre premier de la deuxième partie de notre travail.

En d'autres endroits, on attribua, en tout ou en partie, le sol de diverses peuplades à telle ou telle colonie romaine. Il en fut ainsi notamment de Nîmes et de Lyon, et ces colonies imposèrent leurs noms aux nouvelles agglomérations, de manière que les nationalités gauloises dont elles contenaient le territoire ou des fractions de territoire perdirent leur place dans la liste des cités, c'est-à-dire dans la hiérarchie gouvernementale, et conservèrent tout au plus quelques traces de leur individualité. C'est là, suivant nous, une des causes de la différence si considérable qui s'observe entre le nombre des peuples gaulois que les historiens de l'antiquité disent avoir été vaincus et subjugués par César, et celui des cités que nous voyons mentionnées par les écrivains postérieurement à l'organisation de la Gaule par Auguste.

Flavius Josèphe parle de trois cent cinq nations [1]; Plutarque, de trois cents [2], et Appien, de quatre cents [3]; tandis que Strabon, qui écrivait dix à treize ans après l'organisation d'Auguste, nous enseigne que l'autel élevé à Lyon, au confluent du Rhône et de la Saône, en l'honneur de ce prince, était orné de soixante statues représentant les soixante peuples ou cités de la Gaule qui avaient voté l'érection et fait les frais de ce monument [4]. Tacite (an 97 de J. C.) fait monter à soixante-

---

[1] « Γαλάται.... πέντε καὶ τριακοσίοις « πληθύοντες ἔθνεσι. » (De bello Judaico, II, xvi, 4.)

[2] « Ἔτη γὰρ οὐδὲ δέκα πολεμήσας περὶ « Γαλατίαν, πόλεις μὲν ὑπὲρ ὀκτακοσίας « κατὰ κράτος εἷλεν, ἔθνη δ' ἐχειρώσατο « τριακόσια. » (Vita Cæsaris, cap. xv.) — « Χιλίας ἥρηκει πόλεις κατὰ κράτος, ἔθνη « δὲ πλείονα τριακοσίων ὑπῆκτο. » (Vita Pompeii, cap. lxvii.)

[3] « Καὶ τριακοντάκις αὐτὸς ἐν Κελτοῖς « μόνοις παρετάξατο, μέχρι τετρακόσια αὐ- « τῶν ἐχειρώσατο ἔθνη. » (Histor. Roman. De bellis civil. lib. II, cap. cl.) — « Ἔθνη « δὲ τετρακόσια, καὶ πόλεις ὑπὲρ ὀκτακο- « σίας, τὰ μὲν ἀφιστάμενα σφῶν, τὰ δὲ « προσεπιλαμβάνοντες, ἐκρατύναντο. » (Id. De reb. Gallicis, IV, ii.)

[4] « Ἔστι δὲ βωμὸς ἀξιόλογος ἐπιγραφὴν « ἔχων τῶν ἐθνῶν ἑξήκοντα τὸν ἀριθμὸν « καὶ εἰκόνες τούτων ἑκάστου μία. » (Geographica, lib. IV, cap. iii, § 2.)

quatre le nombre des cités gauloises[1]; Ptolémée (an 147), qui ne s'occupe que des peuples ayant le titre de *civitates*, en compte soixante et quatorze; enfin la Notice des cités (an 396) n'en désigne elle-même que cent quinze, chiffre encore fort inférieur à celui de Josèphe, de Plutarque et d'Appien.

N. Sanson explique que les soixante, soixante-quatre ou soixante et quatorze peuples de Strabon, de Tacite, de Ptolémée et de Vopiscus, sont proprement ceux que César, Tite-Live, Pline, etc. appellent *civitates;* et quant aux trois cents ou quatre cents peuples de Plutarque, de Josèphe et d'Appien, « ceux-ci, dit-il, ne sont plus que *pagi*, pays ou portions et « quartiers de cités; nous pourrions appeler ces pays *les petits « peuples*, et les cités *grands peuples*[2]...... » et plus bas, parlant des Éduens, il ajoute : « César montre la grandeur et l'autorité « de ce peuple en plusieurs passages; entre autres, livre VII : « Imperant Æduis atque eorum *clientibus*, Segusianis (lisez Se- « *gusiavis*), Ambluaretis (Sanson a écrit à tort *Ambuaretis*), « *Aulercis Brannovicibus, Brannoviis, etc.;* et livre I : *Ambarri ne- « cessarii et consanguinei Æduorum.* JE FAIS ESTAT QUE TOUS CES « PETITS PEUPLES ESTOIENT SEULEMENT *PAGI ÆDUORUM*[3]. » Plus loin, à propos des *Ambluareti* : « Ces peuples *Ambarri, Amblua- « reti* et *Segusiavi* (Sanson dit à tort *Ambivareti*), ESTANS *inter « Æduorum civitatis clientes*, ET TRÈS-CERTAINEMENT AUTREFOIS « *ÆDUORUM CIVITATIS PAGI*, PAYS ET PARTIES DES PEUPLES *ÆDUI*, « il est souvent arrivé que leurs villes ont esté estimées *in*

---

[1] « At Romæ non Treveros modo et « Æduos, sed *quatuor et sexaginta Gal- « liarum civitates* descivisse ; adsumptos « in societatem Germanos, dubias Hispa- « nias : cuncta (ut mos famæ) in majus « credita. » (*Annal.* lib. III, cap. XLIV.)

[2] *Remarques sur la carte de l'ancienne Gaule*, en tête de la traduction des Commentaires de César, par Perrot d'Ablancourt, p. 11. M. Guérard (*Essai sur les divisions territoriales*, p. 4.) a reproduit cette pensée de Sanson, qu'il ne cite pourtant pas.

[3] Sanson, *loc. cit.*

« *Æduis*[1]. » Enfin, à l'occasion des *Segusiavi*, notre érudit rappelle que César les dit « *clientes Æduorum*, PAR CE QU'ILS ONT « ESTÉ *PAGUS ÆDUORUM*, PAYS OU PORTIONS DE CEUX D'AUTUN[2]. »

On voit, par les citations qui précèdent, que le célèbre géographe d'Abbeville regardait les nations unies à d'autres par le lien de la clientèle comme étant proprement des *pagi* ou portions de ces dernières au même titre que les *pagi* que César et Tite-Live mentionnent comme divisions de la *civitas*.

M. Walckenaer et M. Guérard semblent avoir adopté ce sentiment.

En effet, le premier énonce, en s'appuyant sur le chap. LXXV du livre VII des Commentaires, où sont énumérés les peuples clients des Arvernes, que ceux-ci « RENFERMAIENT DANS LEUR TERRITOIRE les *Cadurci*, les *Gabali* et les *Vellavii*, qui, DEPUIS, FORMÈRENT DES PEUPLES DISTINCTS ET INDÉPENDANTS[3]. » M. Guérard, après avoir parlé des peuples gaulois, qui « étaient devenus « les clients ou les sujets de peuples plus puissants, » ajoute : « Nous pourrons donc considérer les territoires des premiers « comme formant des districts dans les États ou les cités des « seconds. Ainsi, par exemple, nous pouvons considérer les « territoires des *Segusiavi*, des *Insubres*, des *Ambarri*, des *Aulerci* « *Brannovices*, et des *Mandubii*, COMME FORMANT AUTANT DE DIS- « TRICTS DANS LA CITÉ DES ÉDUENS, DONT TOUS CES PEUPLES « ÉTAIENT LES CLIENTS[4]. »

---

[1] Sanson, p. 15 et 16.
[2] *Ibid.* p. 71.
[3] *Géogr. anc. des Gaules*, t. I", p. 339.
[4] *Système des divis. territ.* p. 8. Mandajors a avancé une théorie assez bizarre sur les peuples clients (*Nouvelles découvertes sur l'état de l'ancienne Gaule du temps de César*, 1696, in-12, p. 184-186); il a émis l'avis que les *peuples patrons* envoyaient des colonies dans le territoire des clients, et que ces colonies étaient désignées chez les Gaulois par le mot *partes* (parties) dans un passage très-connu des Commentaires (VI, 1). Mais c'est là une de ces opinions paradoxales que l'on rencontre souvent dans les écrits de Mandajors; et, comme

C'est là, à notre sens, un aperçu erroné.

D'une part, entre les peuples mentionnés par M. Guérard, dans le passage rapporté ci-dessus, nous ne reconnaissons pour être *pagus* des Éduens que celui des *Insubres*, parce que ces derniers sont ainsi qualifiés dans Tite-Live; mais les *Mandubii* et les autres ne sont nulle part désignés comme tels[1]. César nous apprend seulement que les *Segusiavi*, les *Ambarri*, les *Brannovices*, etc. étaient *clients* de la cité éduenne.

Quant aux peuples que M. Walckenaer a considérés comme faisant partie intégrante des Arvernes, César, ni aucun auteur de la période antérieure à la conquête, n'a énoncé que l'un d'eux fût *pagus* de cette cité. C'est donc arbitrairement et sans preuve qu'on a avancé qu'ils étaient compris dans le territoire arverne. Ils étaient, à la vérité, attachés en qualité de clients à cette puissante nation; mais c'est là une tout autre chose.

Lorsque Sanson, Valois, d'Anville, dom Martin, dom Brézillac et M. Guérard, signalent dans la Gaule de grands peuples et de petits peuples, ils font une remarque incontestablement juste. Nous reproduirons même ici une observation que nous avons énoncée sommairement plus haut, et qui ne manque pas d'importance, à savoir, qu'il y avait un grand nombre de cités gauloises de peu d'étendue, aux extrémités du territoire

---

elle n'est appuyée d'aucune autorité, ni d'aucune raison plausible, il serait superflu de s'arrêter à la réfuter.

[1] M. Jomard, comme plusieurs des érudits qui ont traité la question d'emplacement de l'antique *Alesia*, affirme que les *Mandubii* étaient *une fraction des Ædui*. (*Fragments sur divers sujets de géographie*, in-8°, 1857, p. 41.) Mais le savant académicien, dont l'autorité est grande dans le domaine de la géographie, et dont les conclusions sont, d'ordinaire, si bien justifiées, ne produit ici aucune preuve directe à l'appui de son opinion. L'énonciation de Strabon, que les *Mandubii* étaient limitrophes des *Arverni*, sert, il est vrai, à combattre les auteurs qui ont placé *Alesia* en Franche-Comté; mais elle n'en détermine pas la position en Bourgogne.

de la confédération autonome, principalement sur le littoral maritime, où presque chaque port avait sa peuplade, et dans les régions montagneuses, où presque chaque vallée contenait une petite nation. Ainsi les cités armoricaines et celles qui habitaient les Pyrénées et les Alpes représentaient à peine quelquefois l'étendue d'un arrondissement moderne. Dans le centre même, où ce fait est beaucoup moins prononcé, nous voyons des *civitates* dont la surface n'est pas même celle d'un de nos départements; nous citerons les *Petrocorii* (Périgord), qui tenaient la superficie du département de la Dordogne, diminué de l'arrondissement de Nontron, lequel appartenait aux Lémovices de l'intérieur; les *Nitiobriges* (Agénais), qui occupaient l'espace du département de Lot-et-Garonne, diminué de parcelles dépendantes des *Cadurci* (Quercy); la cité des *Ruteni* (Rouergue), qui, au moment de la conquête, n'allait guère au delà du département actuel de l'Aveyron[1].

Cette inégalité de forces entre les nations gauloises devait produire et produisit en effet assez fréquemment des rapports de patronage et de clientèle entre les puissants et les faibles. Mais on aperçoit tout aussitôt combien un peuple *client*, qui a recherché ou accepté, ou même subi le patronage de tel autre peuple, mais qui vit de sa vie propre, diffère d'un *pagus*, c'est-à-dire d'une partie intégrante, et, pour me servir de l'expression de Sanson, d'un *quartier* de telle cité. Tandis que ce dernier obéit directement et sans cesse aux lois, au gouvernement et aux magistrats de la cité à laquelle il appartient, le *peuple client* n'est, lui, attaché au *peuple patron*, si nous pouvons ainsi

---

[1] Il ne serait conséquemment pas exact de dire, avec notre docte confrère, Jules Quicherat, que, parmi les cités mentionnées par César, « il n'en est pas une qui ne réponde à deux de nos départements. » (*Conclusion pour Alaise, dans la question d'Alesia*, in-8°, 1858, p. 24.)

parler, que par un lien politique et militaire[1]. En un mot, il y a, entre les deux situations que nous comparons, la différence qui sépare une *civitas* d'un *pagus*, c'est-à-dire un *entier* d'une *fraction*.

Prenons des exemples.

Les *Cadurci* (Quercy) étaient, ainsi que nous l'avons dit plus haut, clients des Arvernes, le fait est attesté par César[2]; et pourtant les *Cadurci*, qui, dans Strabon, dans Pline, dans Ptolémée, et, au déclin de l'Empire, dans la Notice des provinces, figurent comme *cité*, avaient déjà ce titre et cette importance au moment de la conquête : les deux passages suivants des Commentaires le prouvent nettement. Dans l'un, écrit par César lui-même, il est dit: « Celeriter (Vercingetorix) « sibi Senones, Parisios, Pictones, *Cadurcos*, Turonos(*sic*), Au- « lercos, Lemovices.....adjungit..... Qua oblata potestate, « *omnibus iis civitatibus* obsides imperat[3]. » L'autre passage est écrit par Hirtius Pansa, d'après les notes de César; l'annaliste dit l'intérêt pressant qui poussait le proconsul à frapper d'un châtiment terrible l'opiniâtre résistance des *Cadurci* révoltés dans *Uxellodunum;* il craignait que les autres cités ne fussent entraînées par l'exemple : « neve hoc exemplo *ceteræ civitates*, « locorum opportunitate fretæ, se vindicarent in libertatem[4]. » Les Cadurques, tout *clients* qu'ils étaient des Arvernes, constituaient donc aussi une *civitas*.

---

[1] « Ces relations entre les tribus gau-« loises devaient avoir quelque analogie « avec le lien qui unit entre elles plusieurs « tribus de l'Algérie, et que les Arabes ap-« pellent énergiquement LA FRATERNITÉ DU « FUSIL. » (*Alésia, étude sur la septième campagne de César en Gaule*, in-8°, Paris, p. 75, note.) Le monde érudit a aisément deviné le nom illustre que la modestie de l'auteur avait voulu lui cacher.

[2] « Imperant Æduis atque eorum clien-« tibus, Segusiavis, Ambluaretis, Aulercis « Brannovicibus, Brannoviis, millia xxxv; « parem numerum Arvernis, adjunctis « Eleutheris *Cadurcis*, Gabalis, Vellaviis, « qui sub imperio Arvernorum esse consue-« runt. » (Cæsar, *De bello Gallico*, lib. VII, cap. LXXV.)

[3] *De bello Gallico*, VII, IV.

[4] *Ibid.* VII, XXXIX.

— 105 —

Les Éburons (pays de Liége) étaient clients des Trévires (peuple des environs de Trèves), comme le prouve ce passage des Commentaires : «... In fines Eburonum et Condrusorum, « qui sunt Treverorum *clientes*[1]; » et ils n'en avaient pas moins le rang de *civitas* : « *Civitatem* ignobilem atque humilem Ebu- « ronum sua sponte populo Romano bellum facere ausam vix « erat credendum[2]. »

Les Carnutes (pays chartrain) étaient clients des Rémois (Reims et la Champagne), ainsi que l'affirme César : « Eodem « (Cæsari) Carnutes legatos obsidesque mittunt, usi deprecato- « ribus Remis, *quorum erant in clientela*[3]; » ils n'en étaient pas moins une *civitas,* comme cela est également énoncé dans plusieurs endroits des Commentaires, et notamment dans les suivants : « Erat in Carnutibus summo loco natus Tasgetius, cujus « majores *in sua civitate* regnum obtinuerant... Ille (Cæsar) « veritus... ne *civitas,* eorum impulsu, deficeret, Lucium « Plancum cum legione ex Belgio celeriter in Carnutes profi- « cisci jubet[4]. »

Or, puisque ces peuples étaient des *civitates*, on n'est pas autorisé à prétendre que chacun d'eux formât un simple *pagus*, une fraction de la cité ou peuple *patron,* auquel il était lié à titre de *client*.

Il est vrai qu'au moment où Auguste organisa la Gaule en cités, les rapports de patronage et de clientèle durent influer, dans certains cas, sur son travail d'institution gouvernementale, et faire comprendre quelquefois dans telle cité un ou plusieurs peuples inférieurs en territoire et en population, en sorte que ces derniers devinrent, sous l'empire, des *pagi* dépendants de

---

[1] *De bello Gallico,* IV, vi.
[2] *Ibid.* V, xxviii. Cf. aussi VI, xxxiv.
[3] *Ibid.* VI, iv.
[4] *Ibid.* V, xxv. Cf. I, xxxv, VII, lxxv et *passim*.

cette cité, et prirent même ce titre dans les monuments de la période romaine et des périodes subséquentes. Rien de plus naturel à penser, rien de plus rationnel, et nous trouvons là tout à la fois, ainsi qu'il est dit plus haut, l'une des sources des *pagi* inférieurs de la période romaine, et l'explication, au moins partielle, des différences frappantes qu'on a observées entre les chiffres des peuples gaulois fournis par divers écrivains. Mais ce qui est vrai dans l'époque romaine ne l'est point de l'époque qui l'a précédée, ou ne s'y appliquerait qu'arbitrairement et le plus souvent sans motif plausible. Concluons donc que l'identité des peuples *clients* et des *pagi*, posée comme règle dans la géographie césarienne, doit être définitivement rejetée[1].

Aux deux sources que nous venons d'indiquer des *pagi* mentionnés sous les Romains, il faut en joindre une autre : l'institution de centres municipaux et de circonscriptions nouvelles, qui prirent, comme les anciennes, le titre de *pagi*, et figurent, dans beaucoup de cas, sur les monuments, sans que nous ayons le moyen de les distinguer de celles qui étaient antérieures à l'occupation romaine.

En Limousin, nous connaissons, d'une part, les *Andecamulenses*, habitants du pays de Rançon, dont le nom est gravé sur un autel votif, en beaux caractères du Haut-Empire; d'autre part, les *Cambiovicenses*, habitants du territoire de Chambon et du Combraille, dont le nom est inscrit sur la Table de Peutinger (an 222-270).

Ces deux vocables peuvent être aussi bien deux ethniques

---

[1] Tout récemment, M. Alfred Jacobs, dans un article déjà cité de la Revue des Sociétés savantes (année 1859), a reproduit l'idée de Sanson, que les peuples clients constituaient des *pagi* dans les cités gauloises; mais ce qu'il dit, à ce sujet, laisse subsister complétement notre argumentation.

que deux adjectifs dérivés de noms de villes, châteaux ou bourgades, qui auraient été établis ou se seraient développés sous les Romains, et auraient été appelés, dans le premier exemple, *Andecamulum*, et, dans le second, *Cambiovicus* ou plutôt *Cambio vicus*. C'est d'après ce dernier mode, sans aucun doute, que se sont formés les noms : 1° des *vicani Neriomagenses*, qui figurent dans une inscription et désignent les habitants du bourg de Néris[1]; 2° des *vicani Portenses*, habitants du port des Namnètes, où est Nantes aujourd'hui[2]; 3° *vicani Minnodunenses*, habitants de la bourgade de Moudon (canton de Vaud)[3]; 4° *vicani Genavenses*, habitants de Genève[4]; 5° *vicani Augustani*, habitants d'Aoste[5], etc.

On voit par là que l'explication du caractère et de l'origine d'un nom de cette sorte est chose délicate, et qu'il est difficile de juger s'il nous révèle la présence, sur tel ou tel point du territoire, d'un ancien peuple gaulois, ou seulement des habitants d'un centre municipal de création romaine.

C'est sous la réserve de ces observations que nous allons énumérer un certain nombre de *pagi*, mentionnés dans la période qui nous occupe :

Pline l'Ancien (an 74 de J. C.) signale deux *pagi* subordonnés à des cités : l'un, celui de Vercors, *Vertacomicorum*, dans la cité

---

[1] Cette inscription a été successivement publiée par M. l'abbé Greppo, dans ses Études archéologiques sur les eaux thermales ou minérales de la Gaule, p. 47; par M. Raynal, dans son Histoire du Berry, t. Ier, introd. p. xxiv; et par M. L. Renier, *Annuaire de la Société des Antiquaires de France*, année 1850, p. 240.

[2] Inscription rapportée par M. L. Renier, loc. cit. p. 290.

[3] Orell. *Inscr. lat. sel. ampl. coll.* n° 324.

[4] Id. ibid. n°s 254, 344 et 345.

[5] Inscription publiée dans le Bulletin de statistique du département de l'Isère, t. III, p. 140; article de M. Pilot, cité par M. Renier, *ubi supra*, p. 253. Cf. la curieuse inscription de Sens : AEDIL. VICAN. AGIED. Cette inscription, gravée sur une plaque de bronze qui est au musée du Louvre, a été publiée par un savant académicien, M. Adrien de Longpérier (*Revue de philologie*, t. I, p. 356).

des Voconces[1] (représentée par les évêchés de Die et de Vaison réunis), était situé près et au nord de Die; l'autre, le *pagus Gessoriacus*[2], avait emprunté son appellation au port de Boulogne, *Gessoriacus* (Γησορρίακον), lequel, d'après le témoignage formel de Ptolémée (an 147), appartenait aux *Morini*[3] (pays de Térouanne).

Tacite (an 97) mentionne les *pagi* des *Gugerni*, peuple germain d'origine, transporté par Auguste, vers l'an 8 de l'ère chrétienne, sur la rive occidentale du Rhin, entre le Rhin et la Meuse, dans le territoire représenté actuellement par celui de Trèves (grand duché du Bas-Rhin)[4].

Nous avons noté plus haut, d'après Tite-Live, le nom d'un *pagus* des Éduens (les Insubres). Le rhéteur Eumène, dans le discours qu'il adressa à Constantin en 311, et qui forme son VIIe panégyrique, désigne, dans le territoire du même peuple, un second *pagus*, qu'il nomme le *pagus Arebrignus*[5], et qui était vraisemblablement placé dans la partie septentrionale du territoire éduen, aux environs de Beaune et de Nuits[6].

---

[1] « Novaria ex *Vertacomicoris*, Vocon- « *tiorum* hodieque *pago*, non (ut Cato exis- « timat) Ligurum. » (*Histor. natur.* lib. III, cap. XVII.)

[2] « Menapii, Morini, Oromarsaci juncti « *pago qui Gessoriacus vocatur*. » (*Ibid.* IV, XVII.) Dans un autre passage, concernant la Scandinavie (Norwége), Pline parle de la nation des *Hilleviones*, qui se divisait en un grand nombre de *pagi*. (*Loc. cit.* lib. IV, cap. XIII.)

[3] « Γησορρίακον ἐπίνειον Μορίνων. » (*Geograph.* lib. II, cap. VIII, § 3.)

[4] « Utque præda ad virtutem accende- « retur, *in proximos Gugernorum pagos*, qui « societatem Civilis acceperant, ductus a « Vocula exercitus. » (Tacit. *Histor.* lib. IV, cap. XXVI, ad ann. chr. 70. Cf. Sueton. *Vit. Octav. Cæsar. August.* cap. XXI. *Vit. Tiberii,* cap. IX. Plin. *Histor. natural.* lib. IV, cap. XXIII.)

[5] L'orateur expose à l'empereur l'état du territoire des Éduens : « Quidquid olim « fuerat tolerabilis soli, aut corruptum est « paludibus, aut sentibus et silvis impedi- « tum. Ipse ille *pagus Arebrignus* inani fer- « tur invidia, quum uno loco vitium cultura « perspicua est. » (Dans la collection intitulée *Panegyrici veteres*, édit. de 1655, t. II, p. 272; et dans Bouquet, *Histor. de France,* t. Ier, p. 718.)

[6] Pasumot, *Mémoires géographiques sur quelques antiquités de la Gaule*, 1765, in-12, p. 181-182.

Au IV⁰ siècle (an 379-380) le poëte Ausone parle de la petite peuplade des *Meduli*[1], qui occupait le pays du Médoc, enfermé dans le territoire de la cité des Bordelais, précédemment *Bituriges Vivisci*[2].

L'Itinéraire d'Antonin, la Table de Peutinger et l'Itinéraire d'Éthicus font mention d'une station romaine, située chez les *Mediomatrici* (pays messin), et appelée *Decem pagi*, qui est Dieuze, dans le département de la Meurthe[3]. Cette ville, entourée de salines qui font la richesse de la contrée, était à la fois le centre et le chef-lieu de dix cantons, qui avaient motivé la dénomination de *Decem pagi*[4].

Les monuments épigraphiques, cette source de notre histoire si incomplétement connue, et qui, grâce au recueil que notre savant ami M. Léon Renier, de l'Institut, prépare en ce moment, jettera, sur beaucoup de points de l'organisation administative et de la géographie de la Gaule sous les Romains, des lumières abondantes et nouvelles, ces monuments, disons-

---

[1] Cette position des *Meduli* dans le Médoc ne peut, d'après les passages cités d'Ausone, faire l'objet d'un doute. Le Médoc a été appelé *Medulicinum* ou *Medulcinum*. (Cf. Adrien de Valois, *Notit. Galliar.* p. 328-329, et d'Anville, *Notice de l'ancienne Gaule*, p. 449.)

[2]   AUSONIUS THEONI SUO S.
           Epistola IV.
Ausonius, cujus ferulam nunc sceptra verentur,
Pagauum *Medulis* jubeo salvere Theonem.
Quid geris, extremis positus telluris in oris,
Cultor harenarum vates? Cui littus arandum
Oceani finem juxta, solemque cadentem.
....
Quam tamen exerces *Medulorum* in littore vitam?
           FIDEM THEONI.
           Epist. VII.
Ostrea Baianis certantia quæ *Medulorum*
Dulcibus in stagnis, refluí maris æstus opimat,

Accepi, dilecte Theon, numerabile munus.
           AUSONIUS PAULO.
           Epist. IX.
Sed mihi præ cunctis ditissima, quæ *Medulorum*
Educat Oceanus, quæ Burdigalensia nomen
Usque ad Cæsareas tulit admiratio mensas.
       (D. *Magni Ausonii opera*, édit. Elzévir, p. 140, 143 et 145.)

[3] *Annuaire de la Société des Antiquaires de France*, année 1850, p. 190. Adrien de Valois, *Notit. Galliar.* p. 170. D'Anville, *Notice de l'ancienne Gaule*, p. 263-264. Cf. Walckenaer, *Analyse des itinéraires*, dans le tome III de sa *Géographie ancienne des Gaules*.

[4] C'est une circonstance analogue qui avait donné naissance au nom de la ville italienne de *Novem pagi*. (Plin. *Hist. nat.* III, v.)

nous, fournissent des renseignements précieux sur les *pagi* qui subdivisaient les *civitates*.

C'est une inscription découverte près de Laon, qui a révélé l'existence d'un *pagus Vennectes*[1], lequel, suivant M. Renier, représente la portion du territoire des *Remi* qui en fut distraite pour former le diocèse de Laon, dès les premiers temps de la période mérovingienne. C'est le nom de ce *pagus* que le savant M. de Saulcy croit pouvoir lire sur des médailles gauloises portant en légende VENEXTOC[2].

Nous pouvons citer aussi les inscriptions qui contiennent les noms :

Du *pagus Ligirrus*, lequel appartenait à la cité des *Cemenelenses* (de Cimiez), située dans la province des Alpes maritimes[3] ;

Du *pagus Condatensis*, pays de Condate[4], subdivision de la cité des *Segusiavi* (départements du Rhône et de la Loire) ;

Du *pagus secundus municipii Autessioduri*, pays d'Auxerre, subdivision du territoire primitif des *Senones*[5], laquelle fut

---

[1] NVM. AVG. DEO APO
LLINI. PAGO VENNECTI
PROSCAENIVM. L. MA
GIVS SECVNDVS. DO
NO. DE SVO. DEDIT.
(*Bulletin archéologique français*, année 1855, p. 190, article de M. Léon Renier.)

[2] *Revue numismatique*, nouvelle série, année 1858, p. 438 et 439.

[3] Dans D. Bouquet, *Histor. de France*, t. Ier, p. 145. col. 2. Cette inscription est du règne de l'empereur Hadrien.

[4] Cette inscription a été successivement publiée par MM. de Boissieu, *Inscriptions antiques de Lyon*, p. 19, Comarmond, *Description du musée lapidaire de Lyon*, p. 270, et Aug. Bernard, *Description du pays des Ségusiaves*, p. 73.

[5] DEO APOLLINI. R. P. PAG. II.
M. AVTESSIODVRI.
Cette inscription est gravée au pointillé sur deux patères d'argent trouvées près des ruines d'un temple, sur l'emplacement de l'ancien Auxerre ; M. Léon Renier la traduit ainsi :

Deo Apollini respublica pagi secundi municipii Autessioduri.

Cf. le Bulletin de la Société de Géographie, de 1857, p. 422. G. Henzen (3e vol. du recueil d'Orelli, n° 5215) a écrit à tort ANTESSIODVRI.

— 111 —

élevée elle-même au rang de cité, et figure dans la Notice des provinces de la Gaule de 396;

Du *pagus Lucretius*, subdivision de la cité d'Arles, située dans la commune de Géménos, canton d'Aubagne (Bouches-du-Rhône), et contenant le village de Saint-Jean-de-Garguies, où le monument a été trouvé, et qui n'est autre que le *locus Gargarium* de l'inscription [1];

Du *pagus Vordensis* ou des *Vordenses*, subdivision de la cité ou colonie d'Apt, et qui paraît être le pays de Gordes, localité située entre Apt et Carpentras [2];

Du *pagus Dibionensis* ou des *Dibionenses*, subdivision de la cité des Éduens, dont le chef-lieu était Dijon, le *Castrum Divio* de la Notice des provinces de la Gaule [3].

Grâce à une très-obligeante communication de l'éminent épigraphiste dont l'autorité est si souvent invoquée dans cet ouvrage, et à qui nous exprimons ici notre affectueuse gratitude, nous pouvons ajouter à notre nomenclature un certain nombre de *pagi*, dont voici la liste dressée d'après des inscriptions antiques :

---

[1] PAGANI PAGI LVCRETI QVI SVNT
FINIBVS ARELATENSIVM
LOCO GARGARIO, etc.
(Orelli, *loc. cit.* n° 202.)

[2] Inscription trouvée à Apt, sur un monument élevé par les *pagani Vordenses*, en l'honneur d'un magistrat de la cité d'Apt, qui était leur patron. (Orelli, n° 197.)

[3] Inscription sur un monument élevé par les ouvriers travaillant sur le fer (*fabri ferrarii*) de Dijon, en l'honneur de leur patron, avec cette mention que l'emplacement a été fourni par les *pagani*; ce qui fait naturellement supposer que le *pagus* portait aussi le nom de Dijon, *Dibionensis*. Nous devons seulement exprimer nos doutes sur le texte de cette inscription aujourd'hui perdue, et qui est reproduite de différentes manières par Spon (*Miscellan. erudit. antiq.* p. 223), Gruter (p. 8, n° 2) et Orelli (*loc. cit.* n° 4083). La leçon publiée par Gruter, qui la tenait de Jean Richard, lequel l'avait vue et copiée lui-même, ne contient pas la formule terminale où nous avons cru reconnaître la désignation des *pagani Dibionenses*. Nous ne mentionnons dès lors ce *pagus* que sous toutes réserves.

Le *pagus Aletanus*, qui était une subdivision de la cité des Voconces, dont on sait que Die et Vaison (Drôme) étaient, du temps de Pline, les deux localités principales [1];

Le *pagus Epotius*, subdivision de la même cité des Voconces, et dont le chef-lieu était peut-être Upaix (Drôme) [2];

Le *pagus Bag[ensis]*, subdivision de la même cité, et dont le lieu principal était peut-être Buis, dans le canton duquel l'inscription a été découverte [3];

Le *pagus* des *Julienses*, dont l'inscription a été trouvée à Vaison, ce qui fait présumer qu'elle signale une autre subdivision de la cité des Voconces [4].

On connaît, dans la même cité, *le pagus Vertacomicorum*, que nous avons mentionné plus haut, d'après un passage de Pline, ce qui porte à cinq le nombre des *pagi* des Voconces dont les noms sont à peu près acquis à la géographie historique.

Le *pagus Matavonicus*, dont l'inscription a été trouvée à Cabasse, département du Var [5], et que M. L. Renier présume être chez les *Reïi Apollinares*, cité de Riez;

Le *pagus Toutactus*, subdivision de la cité des *Senones* [6]. Nous avons déjà mentionné, comme étant dans le territoire primitif de la même cité, un *pagus* du municipe d'Auxerre;

Un *pagus* dont le nom n'est pas désigné, et au génie

---

[1] Inscription trouvée à Taulignan, dép. de la Drôme. (Voy. collection d'Orelli, n° 3984.)

[2] Inscription découverte au Monestier d'Alemont, entre Gap et Sisteron. (Ladoucette, *Topographie et Antiquités des Hautes-Alpes*; Orelli, *ubi supra*, n° 4025.)

[3] Cette inscription, trouvée à Sainte-Galle (Drôme), a été publiée par M. Long, *Acad. des inscr. et bell. lettr. Mém. des sav. étrangers*, 1re série, t. II, p. 453.

[4] Cette inscription, déposée au musée Calvet, à Avignon, a été publiée par Gruter, *Novus Thesaur. veter. inscr.* p. 1100, n° 21.

[5] Noyon, *Statistique du Var*, p. 229; et moins exactement dans Papon, *Hist. de Provence*.

[6] D'après l'inscription citée plus haut, p. 107, note 5, et publiée par le savant M. Adrien de Longpérier, dans la Revue philologique, t. 1er, ann. 1847, p. 356.

duquel un autel avait été consacré à Hasparren, près de Bayonne[1];

Un autre *pagus* qui n'est pas nommé, et dont les *pagani* avaient consacré au dieu Larrason un monument existant au château de Saint-Pierre, près de Carcassonne[2]. M. Renier pense que ce *pagus* faisait partie du territoire de la cité de Narbonne.

Plusieurs des inscriptions lapidaires où les *pagi* sont marqués portent une dédicace au génie du pays, *genio pagi*[3], que l'on invoquait aussi bien que le génie de la province, circonscription administrative qui renfermait plusieurs cités, *genio provinciæ*[4]; le génie de la cité, du peuple, envisagé dans son ensemble, *genio civitatis*[5], *genio municipii*[6], *genio coloniæ*[7]; le génie de la ville, *genio urbis*[8]; le génie du lieu, *genio loci*[9], etc.

---

[1] *Journ. de Trévoux*, oct. 1703, p. 1825.

[2] Inscription publiée par M. Dumège, *Mémoires de la Soc. archéol. du Midi de la France*, IIIe sér. t. VII (ann. 1853), p. 35.

[3]   GENIO
   PAGI TIGOR, etc.
(Gruter, *Nov. Thes. veter. inscr.* p. 111, n° 4; Orelli, n° 366. Cf. n° 1689.)

[4] Orelli, n° 1687. Il y avait en Espagne des monuments consacrés au génie du *conventus*, grande division territoriale usitée dans ce pays sous les Romains. Orelli reproduit une inscription portant GENIO CONVENT. ASTVRICENSIS, n° 1688. On pourra trouver des exemples semblables dans le territoire helvétique, qui formait aussi un *conventus*. (Orelli, n°s 310, 324.)

[5]   AVGVSTO SACRVM
   ET GENIO CIVITATIS
        BIT. VIV.
(Gruter, *loc. cit.* p. 227, n° 7. et Orelli, *loc. cit.* n° 196.)

[6] Gruter, *ibid.* p. 111, n° 1.

[7] NVMINIB. AVG.
   ET GENIO COL. HEL, etc.
(Orelli, n° 367.) GENIO COLONIAE NEMAVS, dans une inscription publiée par Mesnard, *Histoire de Nîmes*, t. VII, p. 230, et par M. Léon Renier, *Annuaire de la Société des antiquaires de France*, année 1850, p. 284. Cf. Orelli, n° 1693, 1694.

[8] « *Salve urbis genius.* » Ausonius, *Ordo nobilium urbium* ou *Claræ urbes*, XIII, *Burdigala*, carmen 31, édit. Elzévir, p. 77, et dans Bouquet, *Histor. de France*, t. Ier, p. 738.
   GENIO SPLENDIDAE VR
   BIS CATINAE, etc.
(Orelli, n° 3778.)

[9]   DEO. TVTEL.
      GENIO LOCI.
(Orelli, n° 1698. Cf. n°s 186, 343, 1697, 1699, 1701 et 1706.)

— 114 —

La persistance du *pagus* dans la cité, sous l'administration romaine, était d'autant plus naturelle, qu'elle avait, ainsi que la *civitas* [1], sa place marquée dans l'ordre gouvernemental des conquérants. Nous en avons des preuves directes :

En premier lieu, dans une loi du Digeste, aux termes de laquelle les biens ruraux devaient être désignés sur le registre du cens par leurs noms, par la cité (*civitas*) et le pays (*pagus*) où ils étaient situés [2] ;

En second lieu, dans les auteurs latins, ainsi que dans les lois et monuments épigraphiques, où sont mentionnés les *magistri pagorum* [3], les *præpositi pagorum* [4] ou *præfecti pago-*

---

[1] Au-dessous du gouverneur de la province résidant dans la ville métropolitaine, et exerçant le pouvoir administratif et judiciaire sur les cités que la province contenait, chaque cité était régie par une grande administration municipale, dont la gestion était surveillée, spécialement au point de vue financier, par un *curator reipublicæ* ou simplement *curator civitatis*. Tel est le nom d'un magistrat extraordinaire nommé par l'empereur, et sans l'autorisation duquel la cité ne pouvait ni aliéner aucune partie de son domaine, ni entreprendre aucune construction considérable. (L. Renier, *Mélanges d'épigraphie*, in-8°, p. 37 à 45. Cf. Gruter, 392, 7; 446, 2; et Orelli, n°ˢ 126, 3898 à 3905.)

[2] « Forma censuali caveatur ut agri sic « in censum referantur : nomen fundi cu-« jusque, et in qua civitate *et quo pago sit*, « et quos duos vicinos proximos habeat. » (Cf. loi 4, au Digeste, *De censibus*, lib. L, tit. xv.) Les indications prescrites par cette loi se trouvent exactement reproduites dans une inscription de Parme, connue sous le nom de *Table alimentaire de Velleia*, et qui date du règne de Trajan. On peut consulter la série des trente-sept *pagi* inscrits sur cette table, et les savantes recherches de M. Ernest Desjardins sur leur position, dans l'ouvrage de cet archéologue, intitulé *De tabulis alimentariis* (Paris, 1854.) Voyez aussi le rapport présenté par le même à M. le Ministre de l'instruction publique et des cultes, sur l'objet de la mission qu'il en avait reçue. (*Revue des Sociétés savantes*, t. III, année 1857, p. 603-607.)

[3] Le livre *De conditionibus agrorum* de Siculus Flaccus, cité par Jacques Godefroi dans ses Annotations sur le Code Théodosien, contient l'indication de certaines attributions des *magistri pagorum* : « Vicinales « viæ de publicis quæ divertuntur in agros, « et sæpe ad alteras publicas perveniunt, « aliter [quam publicæ] muniuntur *per pa-« gos*, id est *per magistros pagorum*, qui ope-« ras a possessoribus ad eas tuendas exigere « soliti sunt. » Plus loin encore le même auteur parle des *magistri pagorum*. (Cf. *Cod. Theodos.* édit. de J. Godefroi, 1665, t. II, p. 300. Orelli, *Inscript. latin. select. ampliss. collect.* n° 121.)

[4] « Annonam... in horreis derelinquere

— 115 —

rum¹, et les *patroni vicorum*². Ces magistrats, préposés à l'administration des petits pays ou cantons, participaient aux opérations des percepteurs de l'impôt, *susceptores*, et étaient chargés de surveiller l'entretien, peut-être même l'établissement et l'empierrement des chemins vicinaux effectués aux frais des propriétaires, enfin l'acquittement des fournitures requises pour les troupes et fonctionnaires de passage³. Ces magistratures subalternes étaient appelées *præpositurœ pagorum*⁴ et *patrocinia vicorum*⁵, prévôtés et patronages des cantons ou petits pays. Celle des inscriptions citées plus haut qui contient la mention du pays de Condate, dans la cité des Ségusiaves, nous montre en outre ce *pagus*, au temps de l'occupation romaine, régi par son *magister*, décidant et agissant dans le cercle de ses attributions municipales. On y voit que l'emplacement de l'autel consacré à Diane, divinité d'Auguste, en l'honneur du *pagus* de Condate, avait été concédé par un décret des *pagani*, représentants officiels de ce même *pagus*. C'est pourquoi la dernière ligne de l'inscription doit être interprétée de la manière suivante : « L[ocus] D[atus] D[ecreto] P[aganorum] COND[atensium]⁶. »

¹ « non oportet, ut procuratores seu susceptores vel *præpositi pagorum* et horreorum eam comparent. » (*Cod. Theod. De erogatione militaris annonæ*, lib. VII, tit. IV, tom. II, p. 298. Voir aussi loi 49, *De decurionibus*, lib. XII, tit. I, tom. IV, p. 387; et loi 1, *De iis quæ administrantibus*, lib. VIII, tit. xv, tom. II, p. 634.)

¹ *Cod. Theod.* loi 1, *De pignoribus*, lib. II, tit. xxx; t. I, p. 224, note sur le *præfectus pacis* (sic pro *pagi*).

² *Cod. Theod.* loi 3, *De patrociniis vicorum*, lib. XI, tit. xxiv, t. IV, p. 174. D'après le jurisconsulte Paul (*Sentent*. lib. IV, tit. vi), les *vici* sont presque entièrement assimilés aux *pagi*, dans la législation romaine; pour parler plus exactement, les *vici* étaient, d'après l'opinion de notre savant ami M. Renier, des chefs-lieux de *pagi* : toutefois il existait des *pagi* qui ne renfermaient point de *vicus*.

³ Cf. les notes de Jacques Godefroi sur la loi précitée, *De erogatione militaris annonæ*, tom. II, p. 300.

⁴ « Juxta inveteratas leges, nominatores susceptorum et eorum qui ad *præpositu- ram* horreorum et *pagorum* creantur, etc. » (*Ibid.* loi 8, *De susceptoribus præpositis*, etc. lib. XII, tit. vi, tom. IV, p. 543.)

⁵ *Cod. Theod. De patrociniis vicorum*, t. IV, p. 172 et suiv.

⁶ Et non *Locus Datus Decreto Pagi* CON-

15.

Dans d'autres circonstances, c'était le *magister pagi* qui décidait, assisté du conseil des *pagani*.

3° *Pagi mentionnés depuis la chute de l'empire d'Occident.*

Nous pouvons supposer, avec vraisemblance, que la plupart de ces cantons correspondent à d'anciennes divisions gauloises ou romaines de la cité, sur lesquelles seulement les auteurs ont gardé le silence. Cette présomption est presque une certitude, quand le nom du *pagus* n'est point celui d'une localité, mais un nom de contrée, qui, sans doute, avait une signification très-nette dans le langage celtique, et dont le sens nous est aujourd'hui inconnu. Tel est, en Limousin, le nom de *Santria*, la Xaintrie, région située à l'extrémité sud-est du Limousin, du côté de la haute Auvergne. Quant à *Combralia*, le Combraille, c'est probablement le pays des *Cambiovicenses* nommés sous l'occupation romaine; nous nous sommes expliqué déjà à ce sujet, et nous nous référons à ce qui en a été dit plus haut, ainsi qu'aux développements qui seront fournis plus bas sur ce canton limousin [1].

Indépendamment de l'origine ancienne que l'on est, dans certains cas, autorisé à présumer, on peut assigner aux *pagi*, mentionnés après la fin de l'empire romain en Gaule, diverses causes d'établissement ou de formation.

PREMIÈRE CAUSE. — L'une de ces causes serait, suivant notre savant et très-regrettable ami M. Auguste Le Prevost, l'institution d'un comté sur tel ou tel point de la cité[2]. Il est en effet in-

---

Datensis, comme l'ont pensé MM. Comarmond et Aug. Bernard, dans les ouvrages cités. On disait et on inscrivait sur la pierre : *Decreto paganorum*, de même que l'on disait et que l'on inscrivait : *Decreto decurionum*. (Voyez, touchant les *pagani*, Orelli, *Inscr. lat. etc.* n°ˢ 106, 202, 2177.)

[1] Voir ci-dessous, § 5, num. I.

[2] *Divisions territoriales de la Normandie*, dans l'Annuaire de la Société de l'Histoire de France, année 1838, p. 233. Depuis que la publication du présent travail a été

contestable que, outre les comtes des cités, chargés de gouverner l'intégralité du diocèse, les rois francs installèrent dans certains cantons des officiers que l'on appela *comites pagorum, pagieni, pagisi* ou *rurales*. Leurs circonscriptions, qui étaient des *comitatus* de second ordre, purent bien, comme l'a pensé l'honorable académicien, former dans la suite des *pagi*; mais il n'en existe point d'exemple dans notre province. Nous pensons d'ailleurs que le fait a dû se produire rarement, et que presque toujours les *pagi* précédèrent ces *comitatus* et leur servirent même assez fréquemment de cadre.

Les districts soumis à la juridiction d'officiers directement subordonnés au comte, tels que les vicaires et les centeniers, donnèrent aussi quelquefois naissance à des *pays*. Ainsi l'on voit des vicairies ou centaines, qui, après avoir figuré pendant un certain temps à ce titre dans la géographie, s'élèvent au rang de *pagus*. On peut dire de ces arrondissements, que de l'ordre administratif ils ont passé dans l'ordre géographique.

C'est assez vraisemblablement ce qui est arrivé dans notre province pour la vicairie de Chamboulive (*Cambolivensis*), qui, d'après sa position, avait dû dépendre, au IXe et au Xe siècle, du pays d'Uzerche (*Usercensis*), avant qu'elle n'acquît le titre de *pagus,* qu'elle reçoit seulement au XIe siècle.

De même, des *fiscs,* ou domaines impériaux et royaux, formèrent à la longue, dans la géographie d'une cité, des

---

entreprise, une mort inopinée est venue frapper le docte académicien. Cet excellent esprit nous a été ravi dans le moment où il se préparait à livrer au public le résultat de curieuses recherches sur les étymologies et les origines des noms de lieux, qui avaient occupé les dernières années de sa vie. Au regret qu'excite, chez tous ceux qui ont connu M. Le Prevost et ont lu ses œuvres, la perte du savant et de l'homme au commerce si doux et si aimable, se joint, chez nous, un regret plus amer causé par la perte d'un ami vénéré, dont les conseils et les encouragements ont guidé et soutenu nos premiers pas dans la carrière de l'érudition.

cantons ou petits pays, qui prirent le caractère de divisions régionales. Il en fut ainsi de l'*ager Solemniacum* ou *Solemniacensis*, qui, au moment où Dagobert le concéda à saint Éloi, était un fisc royal.

DEUXIÈME CAUSE. — L'existence, sur tel point de la cité, d'un palais qui y attirait les souverains, un nombreux et brillant cortége, quelquefois même des armées, ou bien encore la position d'une église rendue célèbre par un martyr ou un saint ermite, ont déterminé aussi l'importance du lieu où ils étaient placés, importance qui s'accrut avec le temps, et qui, se communiquant au territoire environnant, le fit désigner par les populations, et plus tard par les rédacteurs de chartes, sous le titre de *pagus*, lui attribuant dès lors la valeur d'un arrondissement géographique.

Il en fut très-probablement ainsi du *pagus Juconciacus*, dont la résidence royale de Juconciac (aujourd'hui appelé *le Palais*, près Limoges) fut le chef-lieu; et, pour noter les cantons de date plus récente, le Guérétois tirait son nom comme son origine du bourg mérovingien de *Waractus* (Guéret), illustré par le monastère que saint Pardoux (*Pardulfus*) y construisit au VIIIe siècle, et par le martyre de ce saint.

TROISIÈME CAUSE. — Cette cause, purement topographique, produisit ce que l'on appelle, en géographie, les *contrées naturelles*, dont le périmètre est déterminé, soit par la configuration du sol : vallée, plateau étendu, région montagneuse, soit par certains traits distinctifs, tels que la position près de la mer ou d'un cours d'eau qui lui a donné son nom, un mode de culture en usage depuis un temps immémorial, ou même un genre particulier, quelquefois même exclusif, de productions.

Les exemples en sont nombreux dans la Gaule. L'Armorique, *Armorica*, ainsi appelée du voisinage de l'Océan (en langue celtique, *ar* veut dire auprès, *mor,* mer); le *saltus Perticus* et *pagus Pertensis,* forêt et pays du Perche, dans la cité ou grand *pagus Carnotenus* (le Chartrain); *silva Ardinna, Ardenna* ou *Arduenna,* forêt des Ardennes; le *saltus* et *pagus Vosagus,* forêt et pays des Vosges, communiquant leurs noms à un *pagus;* le *Bragum,* vallée de Brai, en Normandie; la *Limania,* vallée ou plaine de la Limagne, en Auvergne, et tant d'autres qu'il est inutile de citer.

On pourrait ranger, parmi les *pagi* de cette dernière espèce en Limousin, le pays de Nigremont, *pagus Nigermontensis,* dont les noirs pitons se dressent à l'horizon vers l'est-nord-est de Limoges, et le pays de la Montagne, *Montana,* région fortement accidentée, au nord de Limoges.

§ 2. Des *pagi* dans leurs rapports avec les circonscriptions ecclésiastiques.

Walafrid Strabon, qui écrivait au IXe siècle, indique, dans les termes suivants, l'analogie qu'il a observée entre les offices laïques et les offices ecclésiastiques des degrés correspondants : nous nous bornons à traduire ici ce qui se rapporte aux administrateurs du grand *pagus* et de ses subdivisions : « De « même que certains comtes confient à leurs lieutenants (*missos* « *suos*) l'administration des choses concernant les gens de con- « dition inférieure, et le soin de juger les causes de mince in- « térêt, se réservant la connaissance des affaires importantes, « de même les évêques ont des coévêques (*coepiscopos*) qui sont « chargés de fonctions en rapport avec leur ministère. Les cen- « teniers ou centurions et les vicaires, qui sont établis dans les « cantons (*per pagos*) peuvent être comparés aux prêtres de pa- « roisse (*plebium*), qui tiennent des églises baptismales, et aux- « quels sont soumis les prêtres de l'ordre inférieur. Les décu- « rions ou dizainiers (*decani*), qui remplissent certains offices

« subalternes sous les vicaires, peuvent être, à leur tour, com-
« parés aux prêtres inférieurs [1]. »

De ce parallèle entre les offices, on a conclu naturellement à la correspondance des circonscriptions : entre les comtés et cités d'une part, et les diocèses d'autre part; entre les centaines et vicairies d'un côté, et, de l'autre, les cures d'églises baptismales, qui étaient les églises de première fondation et devinrent chefs-lieux de doyennés, d'archiprêtrés, ou même d'archidiaconés; enfin entre les décanies et les cures inférieures [2].

Nous avons admis le principe général de la conformité du diocèse et de la *civitas* ou grand *pagus,* et ce principe doit, sans aucun doute, continuer de servir de base à l'étude de la géographie du moyen âge : nous avons, en même temps, signalé les exceptions dont il était susceptible; et quant au Limousin, nous avons démontré plus haut la dérogation qui y est faite.

Mais quant aux circonscriptions inférieures, nous allons faire voir que le principe de la conformité des deux ordres divisionnaires, en admettant même par hypothèse son exactitude, devrait non-seulement subir, dans notre province, de

---

[1] « Porro sicut comites quidam missos « suos præponunt popularibus, qui minores « causas determinent, ipsis majora reser- « vent; ita quidem episcopi coepiscopos ha- « bent, qui in rebus congruentibus quæ « injunguntur efficient. Centenarii qui et « centenariones, vel vicarii, qui per pagos « statuti sunt, presbyteris plebium, qui bap- « tismales ecclesias tenent et minoribus « presbyteris præsunt, conferri queunt. De- « curiones vel decani qui sub ipsis vicariis « quædam minora exercent, minoribus pres- « byteris titulorum possunt comparari... » (Walafrid. Strab. *De rebus ecclesiasticis,* c. XXXI; apud *Maxim. Bibliothec. Patrum,* t. XV, p. 198.)

[2] Voir la première partie du beau travail que M. J. Desnoyers a entrepris sur la Topographie ecclésiastique de la Gaule (*Annuaire de la Société de l'hist. de France,* année 1853). Cf. *Hist. ecclésiast.* t. X, p. 508; Sanson, *Remarques sur la carte de l'ancienne Gaule,* p. 10; Adrien de Valois, *Not. Galliar.* præfat. p. XII; Guérard, *Polyptique de l'abbé Irminon,* prolégom. p. 42 ; auparavant l'illustre auteur avait émis des doutes sur la conformité des deux ordres divisionnaires. (*Essai sur le système des divis. territ.* p. 88.)

nombreuses restrictions, mais qu'il n'y serait applicable que très-exceptionnellement et par une coïncidence, à nos yeux, toute fortuite.

En premier lieu, sur le rapprochement que l'on voudrait faire entre les *pagi* et les archidiaconés, il est à remarquer que l'organisation de ces derniers arrondissements ecclésiastiques, telle qu'elle nous est connue, paraît remonter, dans le diocèse de Limoges, vers le premier tiers du XIIe siècle, et se trouve conséquemment postérieure à l'état de nos *pagi*, dont la date remonte au delà de ce même siècle.

M. Guérard a démontré jusqu'à l'évidence, notamment par des passages de la Vie de saint Léger, écrite vers la fin du VIIe siècle, que, primitivement et jusqu'au VIIIe siècle, *il n'y avait dans chaque diocèse qu'un seul archidiacre*[1]. Dès lors, les *pagi* qui subdivisaient la cité ne purent jusque-là correspondre aux *districts d'archidiacres* qui auraient subdivisé le diocèse. On peut, il est vrai, répondre que, plus tard, au IXe siècle, époque de l'organisation des premiers archidiaconés entre lesquels se répartirent les diocèses, il fut peut-être tenu compte de la division de ces derniers en *pagi* : mais ce n'est là qu'une conjecture, et dans tous les cas, même en admettant l'hypothèse proposée, les archidiaconés n'étant pas contemporains des *pagi* comme les diocèses l'étaient des cités, ils n'offriraient, suivant l'expression de M. Guérard, « qu'une lumière réfléchie, au lieu « d'une lumière directe que les diocèses fournissent aux cités[2]. »

Il y a des raisons de penser qu'il en fut ainsi dans certaines contrées de la Gaule. Mais nous croyons pouvoir affirmer que,

---

[1] *Essai sur le système des divisions territoriales*, p. 88 à 93. Voir, dans les notes mises au bas des pages, les autorités invoquées par cet érudit. M. Alfred Jacobs, dans la Revue des sociétés savantes (ann. Géogr. hist. de la Gaule.

1859, p. 28 du tirage à part), reconnaît, comme M. Guérard, qu'il n'y eut, jusqu'au IXe siècle, qu'un seul archidiacre dans chaque diocèse.

[2] Guérard, *Essai*, p. 95.

dans un très-grand nombre de cas, sinon dans la plupart, les archidiaconés ne fournissent pas même une *lumière réfléchie*.

Telle est, en particulier, la conclusion qu'il faut admettre en ce qui touche le diocèse de Limoges et la cité Lémovique. D'une part, en effet, nous n'y trouvons, comme il est dit plus haut, de mention d'*archidiaconés* que dans le premier tiers du XIIe siècle; d'autre part, nous observons parmi eux : l'archidiaconé de la Marche, qui dut venir après l'institution de la circonscription militaire de ce nom, laquelle remonte aux dernières années du IXe siècle, et l'archidiaconé de Bénévent, dont le collége de chanoines ne fut créé qu'en 1028, et qui portait auparavant le nom de *Seconsolas* [1].

Enfin, si nous comparons la nomenclature des archidiaconés à celle des *pagi* antérieurs au XIIe siècle, nous voyons que le nombre de ces derniers, qui est de dix-huit, est le triple de celui des archidiaconés, qui n'est que de six. Il faut donc reconnaître que plusieurs *pagi* auraient été enfermés dans un archidiaconé. Cela seul prouve avec évidence l'absence de conformité entre les deux divisions.

Il y a mieux; les chefs-lieux des archidiaconés ne furent même pas fixés aux chefs-lieux des *pagi* les plus authentiques et les plus considérables. Ainsi il n'y a point d'archidiaconé de Turenne, d'Yssandon, d'Uzerche, de Brive, de Beynat, de Solignac, de Nigremont, de Vallières, de la Xaintrie, de Rouffiac ou de Rançon. Les seuls centres d'archidiaconés qui cor-

---

[1] « In villa domini nostri, quæ vulgariter « nominatur *Seconsolas*. » (Charte de l'an 1028; dans l'ancien *Gallia christiana*, t. IV, p. 161. Les auteurs du nouveau *Gallia christiana* ont à tort écrit *Secondelas*, t. II, col. 619, et *Consolas*, ibid. instrum. col. 198.) Le nouveau nom de Bénévent, *Beneventum*, lui fut imposé parce que l'église du collége des chanoines reçut des reliques de saint Barthélemy, son patron, lesquelles lui furent envoyées de Bénévent, où le corps du saint était conservé.

respondent à d'anciennes divisions régionales sont ceux de Combraille (qui est en effet un ancien *pagus*) et de la Marche; encore celle-ci n'est-elle point un *pagus*, mais bien une circonscription d'un ordre particulier.

Il résulte de ce qui précède que la division du diocèse en archidiaconés ne répondait point à la division de la cité en *pagi* du second ordre.

§ 3. Des *pagi* dans leurs rapports avec la cité ou grand *pagus*.

On peut poser en fait, quant au Limousin, que les *pagi* de l'ordre inférieur se découpaient exactement dans la cité, et ne s'étendaient que par exception sur la cité limitrophe. Il semblerait même résulter des anciennes formules d'Auvergne que cela était de principe, quand elles désignaient la situation d'un lieu, *in orbe Arvernis* ou *Arvernico*, *in pago illo*, *in villa illa*, etc.[1]

Nous connaissons pourtant, sur divers points de la Gaule, des exemples de dérogation à ce principe. Ceux que les monuments nous signalent en Limousin n'ont qu'une très-faible importance :

L'un s'applique au pays de Turenne, qui sortait du Limousin, et prenait une parcelle d'ailleurs peu étendue, presque insignifiante, dans le Quercy, *Caturcinus* (*orbis*)[2];

L'autre concerne le pays de Combraille, qui, *au XIIIᵉ siècle*, occupait en Auvergne une surface assez considérable aux environs de Montaigu, et Montaigu lui-même qui dépendait de cette province[3]. Il faut même observer, à l'égard de ce dernier

---

[1] Apud Baluz. *Miscellan.* édit. de Mansi de Lucques, t. IV, p. 20.

[2] *Cartulaire de Beaulieu*, charte LXV, année 918, page 114. (Voyez ci-dessous notre notice descript. du *pagus Torinensis*.)

[3] Voir plus bas la notice descriptive du pays des *Cambiovicenses* ou de Combraille.

pays, qu'il s'est agrandi sous l'influence du régime féodal, et n'est sorti de ses anciennes limites que postérieurement au xie siècle.

§ 4. Les *pagi* du Limousin ne formèrent point, en général, de comtés.

M. Guérard a énoncé, comme un fait général, que les comtés se sont confondus avec les différents ordres de *pagi*, et qu'*il y a peu de* pagi *qui n'aient porté le titre de comté*[1].

Cela est exact pour les grands *pagi*, c'est-à-dire pour les cités, et nous le montrerons plus bas; mais il n'en est pas de même des cantons inférieurs, du moins en Limousin, car, sauf la Marche (cette dernière était d'ailleurs une circonscription particulière et non un *pagus*), les *pagi* ne portèrent point le titre de comté; ce titre paraît avoir été réservé à la cité. Pourtant nous croyons que souvent les *pagi* servirent d'assises à des circonscriptions administratives régies par des officiers qu'on appela *comites pagieni*, *pagorum* ou *rurales*, par opposition au *comes civitatis*. Nous renvoyons au titre suivant ce que nous avons à dire sur ce sujet [2].

Le nom sous lequel paraissent les pays de l'ordre inférieur varie beaucoup : le plus commun est celui de *pagus*. Quand les rédacteurs de chartes l'emploient, ils désignent la cité ou grand *pagus* par l'un de ses synonymes, et principalement par les termes *orbis* ou *urbs*, qui sont spécialement et même à peu près exclusivement affectés à l'indication de la cité. Ces termes se trouvent fréquemment dans les actes limousins, auvergnats, quercinois et poitevins, où ils sont ainsi placés : in orbe ou *urbe Lemovicino*, in pago *Exandonensi* ou *Torinensi*, ce qui veut dire : dans la cité du Limousin, dans le pays d'Yssandon ou de Turenne. — In orbe Arvernico, in pago Brivatensi, dans la cité d'Auvergne, au pays de Brioude. — In orbe Pictavensi, in pago

[1] *Essai*, etc. p. 54. — [2] Titre II, chap. 1er, section 2.

Metulensi, dans la cité du Poitou, dans le pays de Melle, etc. Les autres qualificatifs usités en Limousin sont : *territorium*, *ager*, *rus*, *fundus*, *terra*, *terminus*, et alors la cité reprend sa qualification la plus habituelle, qui est celle de *pagus*.

Parfois encore le pays est désigné soit par son nom seul, soit par son nom dans la forme adjective et sans substantif qualificatif, comme *in Excandonensi* (l'Yssandonnais), *in Rofiacensi* (territoire de Rouffiac), *in Brivisio* (le Brivois, pays de Brive), *in Santria* (la Xaintrie), *in Combralia* (le Combraille).

Les rédacteurs des chartes ne paraissent avoir employé, dans notre province, aucune des expressions spécialement affectées, dans d'autres contrées de la Gaule, à la désignation des petits pays, telles que *propagi*, *paguli*, *pagelli*, *agelli* ou *pagæ*[1].

Il nous reste maintenant à décrire nos *pagi*.

§ 5. Description des *pagi* du Limousin.

Nous diviserons, pour cette description, nos *pagi* en trois classes.

Nous comprendrons :

Dans la première classe, les *pagi* mentionnés antérieurement au XIIe siècle, et qui ont presque tous leur place marquée d'une manière certaine dans la cité; nous les appellerions volontiers les *pagi* authentiques;

Dans la seconde, les *pays* dont la mention est postérieure au XIe siècle, mais dont le territoire n'est occupé par aucun des *pagi* de la première classe, et qui, admis simplement à titre de conjecture, complètent avec ces derniers la géographie régionale du Limousin;

Dans la troisième, les petits *pays* mentionnés, soit avant, soit

---

[1] Cf. ce qui a été dit plus haut, dans l'Introduction, touchant les diverses dénominations données aux *pagi*.

après la fin du xie siècle, mais dont le territoire appartenait à l'un des *pagi* de la première classe. Dans cette troisième classe sont rangées les contrées qui ont emprunté leur appellation à une rivière, à une montagne, ou dont le nom n'a eu pour but que de rappeler le voisinage d'un lieu de quelque importance, ou bien de distinguer, comme par un surnom, deux localités portant le même vocable et situées à peu de distance l'une de l'autre.

Ce paragraphe se terminera par l'énumération des *pagi* que divers auteurs ont admis dans la topographie du Limousin, et que nous avons cru devoir en écarter : nous ferons connaître en même temps les motifs de ce rejet.

Tel est le plan que nous suivrons dans notre description. Mais, avant d'entreprendre ce travail, nous devons prévenir le lecteur que, sauf pour un petit nombre de *pagi* et quelques parties du périmètre des autres, où les preuves abondent et sont par nous invoquées, nous n'avons pas entendu fournir une délimitation rigoureuse et précise. En général, cette délimitation, à la différence de celle de la cité, a dû être faite à grands traits. Si nous marquons parfois, avec quelque détail, les lignes séparatives des *pagi*, c'est moins une affirmation de chaque point de passage de ces lignes, qu'un moyen donné au lecteur de se faire une idée quelque peu approximative de l'étendue de ces arrondissements territoriaux.

I. Description des *pagi* antérieurs au xiie siècle.

Ils sont au nombre de dix-huit[1], et nous allons les faire connaître successivement, dans l'ordre où ils sont marqués sur la carte que nous joignons au présent travail[2].

---

[1] M. Guérard n'en a connu que cinq. (*Essai*, p. 152-153.)

[2] Cette carte est celle que nous avons composée pour être annexée à l'Introduc-

1° *Andecamulenses,* peuplade et pays de Rançon;

2° *Juconciacus* ou *Jocondiacus* (*pagus*), pays de Juconciac ou Jocondiac, aujourd'hui le Palais, près Limoges;

3° *Solemniacensis, Sollemniacensis* ou *Solempniacensis* (*ager*), ou *rus Solemniacum,* pays de Solignac;

4° *Leuci, Legora,* pays de Châlus et de Ligoure;

5° *Usercensis* (*pagus*), pays d'Uzerche;

6° *Exandonensis* (*pagus*), pays d'Yssandon;

7° *Brivensis* (*pagus*), pays de Brive;

8° *Torinensis* ou *Tornensis* (*pagus*), pays de Turenne;

9° *Asnacensis* (*pagus*), pays de Puy-d'Arnac;

10° *Santria,* pays de la Xaintrie;

11° *Rofiacense* (*territorium*), pays de Rouffiac;

12° *Biaenas* (*pagus*), pays de Beynat;

13° *Cambolivensis* (*pagus*), pays de Chamboulive;

14° *Nigermontensis* (*pagus*), pays de Nigremont;

15° *Vallarensis* ou *Vallariensis* (*terminus*), pays de Vallières;

16° *Montana,* pays de la Montagne;

17° *Cambiovicenses, Combralia,* pays de Chambon ou de Combraille, dont Chambon était le chef-lieu;

18° *Betrivus* (?) (*pagus*), pays de Bort, dans le département de la Creuse (?).

1° *Andecamulenses,* peuplade et pays de Rançon[1] (n° I sur la carte).

Des peuplades inférieures qui habitaient le Limousin, celle des *Andecamulenses* est celle qui se présente la première dans l'ordre des dates. Elle est mentionnée dans une inscription dé-

tion au Cartulaire de l'abbaye de Beaulieu, publié par nos soins dans la collection des Documents inédits de l'histoire de France.

[1] Chef-lieu de commune dans le canton de Châteauponsat, arrondissement de Bellac (Haute-Vienne).

couverte à la fin du xvi⁰ siècle[1], dans le bourg de Rançon, et qui remonte au temps du Haut-Empire, c'est-à-dire à une époque antérieure à l'an 330 de l'ère vulgaire. Cette inscription, qui est en beaux caractères, nous fait connaître que les *Andecamulenses* consacrèrent aux divinités Augustes[2] un ancien temple de Pluton.

En voici le texte, que nous reproduisons d'après Gruter[3] et d'après l'abbé Texier, qui l'a copiée sur place[4] :

```
    N V M I N I B V S
    A V G · F A N V M
    P L V T O N I S
    A N D E C A M V L E
    N S E S D E S V O P O S V E[5].
```

Le fait seul de la présence de ce monument épigraphique à Rançon donne à présumer que là était le chef-lieu d'une

---

[1] Et non au xviii⁰, comme l'a écrit M. Allou (*Description des monuments de la Haute-Vienne*, p. 313), d'après l'abbé Legros. Elle fut transmise par un habitant du pays, nommé Maillard, à Joseph Scaliger, qui la communiqua à Gruter. Joseph Scaliger est mort en 1609. Voir la note qui est dans Gruter.

[2] Suivant l'opinion exprimée par notre savant ami M. Léon Renier, dans une séance de la Société des Antiquaires, l'épithète d'*Augustes*, ajoutée au nom de certaines divinités, indique qu'elles étaient considérées comme les protectrices du pays et honorées, en conséquence, d'un culte local; M. L. Renier pense que ces divinités étaient celles dont les autels étaient desservis par les colléges des sévirs augustaux.

[3] *Thesaur. veter. inscript.* p. 112, num. 6. Cette inscription a été publiée, en outre, par D. Bouquet, *Historiens de France*, t. I, p. 130; Orelli, *Inscript. latinar. selectar. amplissim. collect.* t. I, p. 331, n° 1804; Allou, *loc. cit.*

[4] *Recueil des inscriptions limousines*, dans les Mémoires de la Société des antiquaires de l'Ouest, année 1850, p. 90. L'inscription dont il s'agit est gravée sur une pierre de 14 pouces de haut sur 26 de large, qui se voyait encore en 1810, suivant Duroux (*Essai sur la Sénatorerie de Limoges*, p. 265), sur le portail d'une cour appartenant à M. Jourdanneau, notaire, et, suivant Allou, qui écrivait vers 1819, sur le portail d'une maison qui avait appartenu à M. de Grandmont. Il y avait encore dans le bourg de Rançon une autre inscription romaine, dont voici le texte :

HERCVLI · DEO ·
TIB · IVL · IVLIAN ·

[5] Orelli a ajouté un R à POSVE, Allou et Duroux y ont ajouté la syllabe RE qui n'est point dans l'inscription.

peuplade de la nation des Lémovices, appelée *Andecamulenses*[1]; et l'on peut supposer, avec une grande vraisemblance, que cette ville ou bourgade portait le nom d'*Andecamulum*, dont se seraient formés, par corruption et par contraction, suivant une loi générale qui régit le langage géographique, *Andecum*, *Ancum*, *Rancum*[2], par l'antéposition de l'R euphonique, puis *Rancom*, *Ranconum* et *Ranconium*.

Le nom d'*Andecamulum* se compose : 1° du radical préfixe *And*, qui se trouve dans un certain nombre de noms de peuples ou de lieux de la Gaule, tels que *Andes*, *Andi*, ou *Andecavi*, *Anderitum*, etc. 2° de *Camulus*, qui est le nom de la divinité qui présidait à la guerre chez les Celtes, du Mars gaulois[3].

Au moyen âge, nous voyons figurer dans les événements importants les seigneurs qui tenaient Rançon et ses dépendances[4].

---

[1] M. Allou a vu dans ce nom la désignation *d'une colonie romaine ou d'un peuple particulier soumis aux Romains* (loc. cit.). Mais ce n'est point une colonie romaine. Les noms des colonies fondées par les conquérants dans la Gaule sont assez bien connus : les *Andecamulenses* ne figurent point parmi elles. Si M. Allou a voulu dire que c'était un peuple ayant une existence indépendante, une *cité* soumise, au même titre que les autres, à la domination romaine, cela n'est point encore exact, car on ne peut douter que ce territoire n'appartînt aux Lémovices. C'était donc, comme nous l'avons énoncé, une des tribus ou peuplades dont se composait la cité limousine, à moins qu'on n'y voie simplement le nom des habitants d'un canton, lesquels avaient emprunté leur vocable à la bourgade qui en était le chef-lieu, comme les habitants de Néris avaient pris celui de leur *vicus*, et s'appelaient *vicani Neriomagenses*. (Voy. plus haut, § 1er, 1° *Pagi mentionnés sous l'occupation romaine*.)

[2] L'R qui est placé en tête du nom est euphonique, et s'est détaché de la préposition *der*, synonyme de *del* dans le vieux langage du pays. De même qu'on disait *del Glotons*, d'où s'est formé *d'Eglotons*, on disait *der Ancum*, dont on a fait *de Rançon*. (*Ancum* est la forme corrompue de *Andecamulum*, comme *Auritum*, Limoges, de *Augustoritum*.)

[3] Mémoire de M. Alfred Maury, dans les Mém. de la Société des antiquaires de France, 1849, nouv. série, t. IX, p. 26 et 27. (Voir aussi, quant à notre inscription, Bannier, *Mythologie*, t. V, p. 483.)

[4] « Aimericus de *Roncum*. » (Ch. circa ann. 1030; mss. Biblioth. impér. Cartul. n° 135, t. I, p. 184.) « Ecclesia de *Roncum*. » (*Ibid.* p. 173.) « Wido de *Rancon*. » (*Ibid.*) « Coram Aimerico de *Rancon*. » (Ann. 996-1030. Gaufred. prior. Vosiens.

A l'égard du pays qui en porta le nom, nous trouvons, à l'année 1374, la mention de sa châtellenie, l'une des châtellenies royales de la basse Marche[1]. Une charte de 1439 désigne aussi diverses localités comme étant situées dans ce quartier : « Quandam terram sitam in *territorio de Ranconnio*, « inter planchiam de Ruderzan... et terram et pasturagium « nuncupatum deu Cluzeu[2]. »

Dans les noms modernes de lieux, on peut retrouver les traces de cet ancien territoire : ainsi, au sud du bourg, la *forêt de Rançon*[3]; au sud-sud-est, en se rapprochant de Limoges, *Saint-Pardoux-en-Rançon;* puis encore au sud de Saint-Pardoux, plus près de Limoges, *Rilhac-en-Rançon*, chef-lieu de commune dans le canton d'Ambazac.

Quant à l'étendue de ce pays, il paraît avoir compris la vicairie de Peyrilhac (*de Padriliaco*) tout entière et la partie sud de la vicairie de Peyrat, *Pariacensis* (la partie nord était du pays de Magnazeix).

D'après les indications ci-dessus, ses limites, en partant de Rançon et en se dirigeant vers l'est, remontaient la rive gauche de la Gartempe, jusqu'à Bessières; de ce point, descendaient au sud, passaient à l'ouest de Bersac, de Laurière, de Saint-Léger-la-Montagne et de Grandmont, qui étaient du pays de la Montagne (*Montana*), puis à l'est d'Ambazac, qu'elles enfermaient dans le pays de Rançon; atteignaient les rives du Thorion en avant de Saint-Martin-Terresus, mais s'en détachaient aussitôt pour se diriger à l'ouest; passaient au nord

---

Chronicon, c. vii; dans D. Bouquet, t. XII, p. 423.) On trouve aussi Rançon nommé *Rancom* dans une ordonnance royale de 1374. (Mss. Biblioth. imp. Collect. Gaignières, t. CLXXXV, p. 23 et 24.)

[1] Piganiol de La Force, *Description de la France*, 1722, t. VI, p. 395. Expilly, *Dictionnaire des Gaules et de la France*, t. IV, p. 530.

[2] Mss. Biblioth. imp. *loc. cit.*

[3] Cette forêt avait, en 1761, une étendue superficielle de 1190 arpents.

de Maslevrault (pays de Juconciac ou du Palais) et au sud de Rilhac-en-Rançon; de là, tendant toujours vers l'ouest, englobaient Chamboursat et Bœuil; et, longeant la Vienne jusqu'auprès de Saint-Junien, contournaient cette ville; se dirigeant enfin, à partir de ce point, vers le nord-est, rejoignaient, à Rançon, le point de départ de notre délimitation, en passant à l'ouest de Cieux, de Brilliau-Fa et de Saint-Julien-des-Combes.

Suivant ces hypothèses, le pays de Rançon confinait, du côté du nord, au pays de Magnazeix; vers l'est, à celui de la Montagne (*Montana*); vers le sud-est, au pays de Juconciac (*Juconciacus*) ou du Palais; vers le sud, à la vicairie et à la banlieue de Limoges; enfin, vers le sud-ouest et l'ouest, au pays des *Leuci* (pays de Châlus et de Ligoure).

2° *Juconciacus* (*pagus*), pays de Juconciac, aujourd'hui le Palais[1] (n° II sur la carte).

Voici le passage d'une charte de l'an 864, où se trouve mentionné le pays de Juconciac[2]: « In pago Lemovicino, in « illa quintana de Lemovicas civitate, *in pago Juconciaco*, manso « qui vocatur Pereto[3]. »

Le donateur dispose du manse appelé *Péret*, situé en Limousin, dans la quintane de la ville de Limoges, dans le pays de Juconciac. Le lieu qui a donné son nom à ce canton est évidemment ce palais des rois francs, appelé *Juconciacus* ou *Geguntiacus*, situé aux environs de Limoges, et autour duquel

---

[1] Le Palais, chef-lieu de commune, canton et arr. de Limoges (Haute-Vienne).

[2] M. Guérard n'a pas mentionné ce petit pays dans la liste qu'il a donnée des provinces et pays de France. (*Annuaire de la Société de l'histoire de France*, année 1837.)

[3] Mss. Bibliothèque impér. Dépôt des chartes, sub anno 864, et Cartul. n° 135, t. I, p. 147.

l'astronome biographe de Louis le Pieux rapporte qu'une armée vint camper vers 832 [1].

Nous n'hésitons pas à penser que cette résidence était à l'endroit nommé aujourd'hui *le Palais*, sur les bords de la Vienne, et sur le passage d'une ancienne voie romaine, qui, de l'antique *Augustoritum* (Limoges), se rendait à *Prætorium* (Pourrioux ou Puy-de-Jouer?), et là, se divisant en deux branches, dirigeait celle du nord vers *Argentomagus* (Argenton), et celle de l'est vers *Augustonemetum* (Clermont). Les vers suivants, composés au xie siècle, fixent, d'ailleurs, très-nettement en cet endroit la position de l'ancien palais :

> ...Jovenciacus locus aulicus ille vocatur,
> Atque Lemovicum non multum distat ab urbe,
> Qui, regalis adhuc, quod erat monumenta *palati*,
> Fert ejus, vulgo, re lapsa, *nomen inane* [2].

Péret, qui est au nord-nord-est du Palais, sur un petit affluent de la Vienne, était très-assurément le *mansus Peretus*, désigné par la charte citée plus haut comme étant placé dans le pays de Juconciac, ce qui confirme encore la position de la résidence royale au lieu dit *le Palais* [3].

---

[1] «...Geguntiaco palatio.... usque ad « hanc urbem Lemovicinam, Francorum « diffusus exercitus. » (Dans D. Bouquet, *Histor. de France*, t. VI, p. 112.)

[2] Depuis que ces lignes ont été écrites, M. l'abbé Arbellot, notre savant confrère à la Société archéologique du Limousin, a recueilli, coordonné et publié les fragments épars des œuvres poétiques de Pierre le Scolastique, qui florissait au commencement du xie siècle, et auquel sont empruntés les vers précités. Nous renvoyons le lecteur à ce remarquable travail de l'honorable érudit. (*Bulletin de la Société archéol. et histor. du Limousin*, t. VI, p. 157.) Cf. Bonaventure Saint-Amable, *Histoire de l'apostolat de saint Martial*, t. II, p. 270.

[3] Cet endroit portait déjà le nom de *Palatium* sous les Mérovingiens, si on leur attribue, comme nous le proposons, un triens de style franchement limousin et contenant la légende : PALATI MO[neta]. Voir notre Description des monnaies mérovingiennes du Limousin (*Revue numism.* nouv. série, année 1857, pl. XIII, n° 21.) C'est de là aussi que l'évêque Pierre, qui siégeait au concile d'Agde en 506, aurait

Il faut remarquer aussi qu'il était situé, du moins en partie, dans la quintane, c'est-à-dire dans l'ancienne banlieue de la cité de Limoges.

Quant à l'étendue de ce petit pays, elle est, en l'absence de documents précis, fort difficile à déterminer, ou même à indiquer. Nous ferons remarquer seulement qu'à l'est du Palais il existe un territoire assez considérable, qui n'est occupé par aucun *pagus* connu, et le *pagus Juconciacus* remplit ainsi une place qui, sans lui, serait restée vide dans la carte de nos *pagi*. Nous pouvons, par conséquent, l'étendre sans inconvénient de ce côté.

Il comprendrait, dès lors, la partie sud-est de la vicairie de Bourg-Salagnac (*Selabunac*), la partie est de la banlieue et de la vicairie de Limoges, enfin la vicairie d'Auriac ou tout au moins sa partie occidentale.

Dans cette hypothèse, il serait borné, à l'ouest, par la vicairie et la banlieue de Limoges; au nord, par le pays de Rançon ou des *Andecamulenses;* au nord-est, par le Guérétois; à l'est, par le pays de Vallières (*terminus Vallariensis*); au sud-est, par le pays d'Uzerche (*Usercensis*); enfin, au sud, par le pays de Solignac (*Solemniacensis ager*).

3° *Solemniacensis, Sollemniacensis,* ou *Solempniacensis ager,* ou *rus Solemniacum,* pays de Solignac[1] (n° III sur la carte).

Ce pays est mentionné dans deux monuments authentiques du VII° siècle, savoir:

pris le titre de *Petrus de Palatio.* (Bouq. *Histor. de Fr.* t. IV, p. 102 et note. Conf. Adrien de Valois, *Notit. Galliar.* p. 397.) De même, l'évêque de Poitiers souscrivit au concile d'Orléans, en 511, sous le nom de *Adelfius de Raciate,* Rézé, petite ville ou bourgade de son diocèse. (*SS. Concilia,* collect. de Ph. Labb. et Cossart. t. IV, col. 141, n. 14; et Sirmond, *Concil. Gall.* t. I, p. 133.)

[1] Solignac, chef-lieu de commune dans le canton de Limoges (Haute-Vienne).

1° Une charte de saint Éloi, en faveur de l'abbaye qu'il avait fondée à Solignac, et qui devint si célèbre parmi les nombreuses communautés religieuses du Limousin, ladite charte se rapportant à l'année 631; nous en extrayons le passage suivant: «...Ego Eligius, servus omnium servorum Christi, « dominæ sacrosanctæ ecclesiæ quam... in suburbio Lemo- « vicensi, in terra et fundo *agri Solemniacensis* (alias *Sollemnia-* « *censis* seu *Solempniacensis*), Domino auctore, construxi...... « cessum esse volo, ac de meo jure in vestro dominio trans- « fundo : hoc est supradictum *agrum Solemniacensem,* qui mihi « ex munificentia gloriosissimi et piissimi domini nostri Da- « goberti regis obvenit, cum ædificiis quæ *in ipso agro* vel intra « muros supradictæ civitatis esse noscuntur [1]. »

2° La Vie de saint Éloi, écrite par son disciple et ami, saint Ouen (*Audoenus*), évêque de Rouen; nous empruntons à ce livre la mention du canton qui nous occupe: « Denique « inter cætera expetivit ab eo villam quandam, in *rure* Lemo- « vicino *cognominante Solemniaco* [2]..... »

Le petit pays désigné dans les passages ci-dessus par les mots *ager Solemniacensis* et *rus Solemniacum* avait incontestablement pour chef-lieu la bourgade de Solignac [3].

D'après la configuration du sol et la position des *pagi* circonvoisins, on peut conjecturer que son territoire était borné, au sud, par la Briance; à l'ouest, par la Vienne; au nord, par un

---

[1] *Charta et diplomata*, édit. Pardessus, t. II, p. 11. Cf. mss. Biblioth. impériale, Coll. Gaignières, t. CLXXXVI, fol. 414; Mabillon, *Acta SS. ord. S. Bened.* sæc. II, p. 468, et *Nov. Gall. christ.* t. II, col. 185.

[2] *Vit. S. Eligii, episc. Noviom.* auctore S. Audoeno, lib. II, cap. xv, apud *Spicilegium Dacherian.* édit. in-4°, t. V, p. 170.

[3] On connaît une inscription funéraire de la période romaine, gravée sur l'une des pierres de la porte de Solignac, donnant sur le chemin de Vigen. (Allou, *Descript. des monum. de la Haute-Vienne*, p. 279.) Il existe, en outre, une inscription antique aux environs de Solignac, à Cherveix. (*Bulletin de la Société des sciences naturelles et archéologiques de la Creuse*, année 1856, p. 375.)

affluent de gauche de la Vienne qui passe à Aureil, à Feytiat, et se réunit à ladite rivière en aval du lieu dit *le Beau-Moulin;* et à l'est, par un affluent de droite de la Briance, qui s'y réunit un peu en amont de Saint-Paul, et prend sa source entre les Allois et Génestouse. Suivant la même conjecture, notre *pagus* confinait, du côté du sud, au pays de Châlus et de Ligoure ; vers l'ouest, à la banlieue de Limoges; du côté du nord et du nord-est, au *pagus Juconciacus,* de Juconciac ou du Palais ; enfin, vers le sud-est, au pays d'Uzerche (*Usercensis*).

4° *Leucorum* (pagus), *Legora,* pays de Châlus et de Ligoure[1] (n° IV sur la carte).

C'est une ancienne Vie de saint Waast (*Vedastus*), écrite avant l'année 667, qui signale la présence de cette peuplade dans le Limousin; voici en quels termes :

« Nunc, sicut super memoravimus, unde originem duxit
« (Vedastus) ratum ducamus. Aquitania montem habet, qui
« æqualibus pene spatiis Petragoricam et Lemovicam civitates
« dirimit. Mons ille magnus et sui quantitate multum terræ
« occupans longe lateque, altitudine fere nubes penetrans si
« graves sint. Super cacumen ejus, antiquis et præteritis æta-
« tibus incertum an civitas an castrum situm fuit, cujus enor-
« mitatem et munitissimam magnificentiam, ruinarum indicia
« et moles dirutæ satis demonstrant quanta fuerit res ipsa. No-
« men montis ex tunc *Leucus* est; ex nomine montis, castrum
« illud etiam nomen sortitum est. Sed et *populos regionis illius*
« *Leuci sunt dicti,* maxima pars Aquitaniæ usque in Oceanum.
« Testes sunt perpetua fama et plures scripturæ jam hodie

---

[1] M. Guérard n'a pas mentionné ce pays dans sa Liste des provinces et pays de France. (*Annuaire de la Société de l'histoire de France,* année 1837.)

« quod illa omnia ita nuncupantur. De *Leucis* ergo B. Vedastus
« oriundus fuit[1]. »

Ce texte est formel; il place le chef-lieu d'une peuplade appelée *Leuci* sur une montagne située presque à égale distance de Limoges et de Périgueux, et portant le nom de *Leucus*. Cette ville ou *castrum Leucus* est, suivant toutes les vraisemblances, Châlus, qui, au moyen âge, s'appelle *Castrum Luci, Caslucius* [2]. La tradition populaire place d'ailleurs le berceau de saint Waast dans le voisinage immédiat de Châlus. Enfin, dans le pays d'Yssandon, en bas Limousin, on trouve un lieu nommé *la Fontaine de Saint-Waast*, ce qui prouve le culte particulier des Limousins pour le saint évêque d'Arras, et confirme les énonciations de l'hagiographe touchant son origine.

L'antiquité de Châlus est encore confirmée par cette croyance, généralement répandue au moyen âge et reproduite par les chroniqueurs, que ce château renfermait un groupe de statues en or, représentant la famille du proconsul, peut-être L. Capreolus, qui avait commandé en Limousin [3].

Ce précieux trésor ayant excité la cupidité de Richard Cœur-de-Lion, ce prince vint mettre le siége devant Châlus, qui appartenait au vicomte de Limoges, et périt sous ses murs, percé d'une flèche ou carreau [4].

Quant au territoire des *Leuci*, qui, d'après notre hagiographe, s'étendait vers l'Océan, nous faisons connaître, dans

---

[1] Cette Vie a été publiée par André Du Chesne (*Histor. des Gaules*, t. I), puis par les Bollandistes d'après Du Chesne et les manuscrits tirés des archives de l'abbaye de Saint-Waast, à Arras (Bolland. mens. Februar. t. I, p. 794). Ce document paraît avoir été écrit avant 667, puisqu'il n'y est pas fait mention de la translation des reliques du saint, laquelle eut lieu à cette date.

[2] *Acta visitationis Simonis, archiepiscopi Bituric.* Ann. 1285-1290. Ap. Baluz. *Miscell.* éd. de Mansi de Lucques, t. I, p. 290.

[3] L. Capreolus avait, suivant la même tradition, fait construire le château.

[4] Allou, *Description des monuments de la Haute-Vienne*, p. 356 et 357.

un chapitre particulier[1], les indices nombreux et concluants de la présence de cette peuplade sur la chaîne de hautes collines qui, de cette partie du Limousin, se dirigeait vers l'embouchure de la Loire et atteignait l'Océan à Saint-Jean-des-Monts; nous démontrerons plus bas que c'était là cette branche des *Lemovices* que César, dans ses Commentaires, nomme parmi les cités armoricaines[2].

Pour la partie de cette peuplade et de son territoire qui est hors du Limousin proprement dit, nous ne pouvons que nous référer à ce qui en est dit dans le chapitre précité[3].

Mais, quant à la portion qui est comprise dans le Limousin proprement dit (que l'on peut appeler les *Lemovices* de l'intérieur par opposition aux *Lemovices* de l'Armorique), et qui forme un de ses *pagi,* nous devons en indiquer les limites.

Le nom de *Leuci* semble se retrouver dans celui d'un petit pays appelé au moyen âge *Legora* ou *Ligora,* qui a pu dériver du génitif de *Leuci, Leucorum (regio).*

Deux paroisses sont désignées fréquemment, depuis le xie siècle jusqu'à nos jours, comme appartenant à ce canton: *Saint-Jean-de-Ligoure* et *Saint-Priest-de-Ligoure.* Voici quelques passages des documents où elles sont mentionnées, et qui nous indiquent les variantes du mot latin de la Ligoure: « Mansum « unum de Rocha, qui est in parochia Sancti Johannis Ligora[4]. « — Ecclesia Sancti Præjecti de Ligora[5]. — Cura Sancti Jo- « hannis de Ligura[6]. — Johannes de Conhaco, dominus Sancti « Johannis Ligoure[7]. — Locus deu Monteil, parochiæ Sancti

---

[1] Voir plus bas, dans la deuxième partie, le chapitre concernant les *Lemovices* de l'Armorique, qui sont mentionnés par César.
[2] *De bello Gallico,* lib. VII, cap. LXXV.
[3] *Loc. cit.*
[4] Ch. 1060-1108. Mss. Biblioth. impér. Cartul. 135, t. I, p. 340.
[5] Mss. Biblioth. imp. *loc. cit.* p. 128, ch. ann. 1060-1108.
[6] *Ibid.*
[7] Acte de 1437, *loc. cit.* p. 475.

« Præjecti Ligore [1]. — Cura Sancti Præjecti Legore [2]. — Cura
« Sancti Johannis Ligoure [3]. »

On trouve même la signature d'un seigneur de la Ligoure
sans désignation de lieu ni de paroisse [4] : « Guillelmus de
Ligora. »

Duval, dans son Alphabet de la France, a noté le pays de
Ligoure [5], et Lancelot, dans ses Recherches sur les *Pagi* de la
Gaule, parle de ce pays de la manière suivante : « C'est un
« petit pays enclavé dans le Limousin. Le chef-lieu est, je crois,
« Saint-Jean. Chalusset en est (en dépend), ou n'en est pas fort
« éloigné. On dit en proverbe : Gueux comme un gentilhomme
« de la Ligoure; ils n'ont qu'un fusil, un chien galeux, vont à
« la chasse; ce sont des gentillâtres [6]. »

Lancelot, comme on voit, aurait été disposé à placer le chef-
lieu de la Ligoure à Saint-Jean. Mais cela vient de ce qu'il n'a
pas connu ou n'a pas remarqué le passage de la Vie de saint
Waast qui nous a révélé le nom de la peuplade des *Leuci*, et
la place de leur *castrum*, ou lieu principal, à Châlus.

C'est dans ce canton que commençait le pays des *Leuci*. Il
s'étendait vers l'ouest; la limite passait à Châlus, qui en était,
ainsi que nous l'avons dit, le chef-lieu; puis à Lageyrac, sur
les hauteurs qui dominent Cussac; et, suivant la région montagneuse, tendait vers le nord-ouest; passait à Chéronnac,
Chassenon, Chabanais, Esse, Confolens; franchissant ensuite

---

[1] Acte de 1487, *ibid.* t. V, p. 127.
[2] Pouillé du diocèse de Limoges, *Mss. Biblioth. impér. Fonds Saint-Germain français*, n° 878, t. II.
[3] Autre pouillé, du xviii° siècle.
[4] Nécrologe de l'abbaye de Solignac. Mss. Bibl. impér. Cartul. 135, t. I, p. 527.
[5] Cet Alphabet de la France, in-12, p. 117, forme la troisième partie d'un ouvrage de P. Duval, intitulé *Géographie française*.
[6] Mss. Biblioth. impér. Collect. de Lancelot, portefeuille A, cahier des *pagelli* et *regiunculæ*. M. Guérard nomme aussi la Ligoure dans sa liste des provinces et pays de France, déjà citée.

la Vienne, entrait dans le Poitou, qui avait absorbé la portion occidentale de la peuplade, et, se maintenant sur les hauteurs, aboutissait à Saint-Jean-des-Monts, dans l'angle sud formé par l'Océan et la Loire à son embouchure.

Le pays des *Leuci*, l'un des plus étendus de la province limousine, paraît donc avoir embrassé les vicairies de Chervix[1], de Flavignac, d'Aix, de Chassenon, de Chabanais et d'Esse.

Considéré au point de vue de ses confrontations, il était, d'après ce qui vient d'être dit, borné à l'est et au sud-est par le pays d'Uzerche, *Usercensis*; au sud, par le pays d'Yssandon et le Nontronnais; à l'ouest, par l'Angoumois, *Encolismensis (pagus)*, et par le Poitou, *Pictavus (pagus)*; au nord-est, encore par le Poitou, par le pays de Rançon, *Andecamulenses*; au nord, par la banlieue de Limoges et par le petit pays de Solignac, *Solemniacensis (ager)*.

5° *Usercensis (pagus)*, pays d'Uzerche[2] (n° V sur la carte).

Ce pays avait pour chef-lieu une localité fort ancienne du nom d'*Userca*. Nous la trouvons déjà mentionnée, à la fin du v⁰ siècle, dans une lettre de saint Rurice I⁰ʳ, évêque de Limoges (an 480-500), et sous les rois de la première race, sur un certain nombre de tiers de sou d'or, dans l'un desquels elle est qualifiée de *castrum*, circonstance qui prouve qu'elle dut avoir, à cette époque, une importance considérable[3].

---

[1] « Thomas Noal, de la paroisse Saint-Pryeth Ligore, en nostre chastellenie de Chasteau-Chervy. » (Acte de 1440, Mss. Biblioth. impér. Cartul. 135, t. V, p. 72.)

[2] Uzerche, chef-lieu de canton dans l'arrondissement de Tulle (Corrèze). M. Guérard n'a pas connu ce *pagus*, car il ne le mentionne ni dans son *Essai* ni dans la *Liste des provinces et pays de France* déjà citée, *Annuaire de la Société de l'histoire de France*, année 1837.

[3] Voir notre Description des monnaies mérovingiennes du Limousin, dans la *Revue numismatique*, nouv. série, année 1857, pl. XV, n°ˢ 47 à 52, et ann. 1858, pl. XVIII, n° 119.

Le *pagus Usercensis* est lui-même expressément nommé dans une charte de l'évêque de Limoges, Frotaire, de l'an 871, où nous lisons le passage suivant : « Villam meam, cum capella « in honore S. Sebastiani dicata, quæ Ramnacus vocatur et est « sita inter illos Cambones, in fines videlicet *Usercensis pagi,* « in vicaria cujus vocabulum Tarnacensem... » Et plus bas : « In villa cujus vocabulum est Ramnacus, in capella quæ su- « perior epistola declarat, quæ est in pago Lemovicino, in « vicaria Tarnacense, inter illos Cambones, super fluvium « Vigennam [1]. »

Ces désignations ne laissent aucun doute sur l'existence, dans le Limousin, d'un *pagus Usercensis,* et sur la position de certaines de ses dépendances, Rempnat et Tarnac sur la Vienne.

Le pays d'Uzerche comprenant Tarnac et sa vicairie, cela implique assez naturellement que les vicairies de Cursac et de Neuvic en dépendaient aussi ; car ces dernières étaient placées de telle sorte qu'il y avait à peine, entre leurs limites et la vicairie de Chamboulive, une étroite langue de territoire par laquelle on pouvait passer de la vicairie d'Uzerche dans celle de Tarnac. Cette situation respective des vicairies de Tarnac, Neuvic et Cursac, permet de supposer qu'elles faisaient toutes trois partie du même pays d'Uzerche.

Nous avons vu que Tarnac était près de la frontière de ce *pagus*. La vicairie dont il était le chef-lieu passait probablement au delà de la Vienne, s'arrêtait à la rivière qui coule presque parallèlement à la Vienne, de l'est à l'ouest. Celle de Neuvic s'étendait au delà de la Vienne, jusqu'à un petit affluent dont le cours est presque parallèle à celui de cette dernière rivière, c'est-à-dire dans le sens de l'est à l'ouest.

[1] Mss. Biblioth. imp. Dép. des chartes, et Cartul. 135, t. I, p. 103 et 105.

Nous sommes porté à conjecturer qu'une autre vicairie venait encore réunir son territoire à celui de la vicairie d'Uzerche pour former le *pagus* qui nous occupe. Nous voulons parler de la petite vicairie de Seilhac. Sa forme et sa position à l'égard de celle d'Uzerche semblent bien indiquer qu'elle appartenait à ce *pagus;* rien ne s'y oppose d'ailleurs, car aucun titre, à notre connaissance, ne la place dans un autre pays.

D'après ce qui précède, on peut admettre comme vraisemblable que les limites du pays d'Uzerche passaient à Peyrat, au nord d'Anglard; atteignaient la Vienne près de l'un de ses affluents de la rive gauche; longeaient son cours jusqu'à la hauteur de Saint-Léonard; et, descendant ensuite vers le sud, passaient près et à l'est de Saint-Paul; atteignaient la limite nord de la vicairie de Cursac; et, suivant cette limite, passaient à l'ouest de Lascaux, de la Porcherie et de Masséré; puis, rentrant dans la vicairie même d'Uzerche, passaient au sud et à l'ouest de Salon, de Leyrat et de Chauvignat.

Arrivées à la rencontre de la rive droite de la Vézère, les limites de notre *pagus* la longeaient jusqu'à la hauteur d'Estivaux, et là, cessant de suivre la ligne de démarcation de la vicairie, qui ne s'accorde plus avec celle du *pagus*, elles laissaient en dehors Estivaux, le Saillant et Alassac, Donzenac, Magnac, Ussac et Favars, qui appartenaient pour la plupart à la vicairie d'Uzerche, et faisaient cependant partie du pays d'Yssandon.

Ces limites, passant à l'est d'Estivaux, retombaient sur les bords d'un affluent de la Vézère, qu'elles longeaient jusqu'à la hauteur de la Rochette (localité de la vicairie d'Uzerche et qu'aucun titre ne place dans l'Yssandonnais); et puis, remontant une petite vallée qui aboutit à cet affluent, elles passaient au sud des Vergnes, de Saint-Maixent, du Mas; et, se dirigeant ensuite vers le nord, elles longeaient les vicairies de Naves, de Bar et de Chambouiive; passaient à l'ouest de Peyrelevade, à l'est de Seilhac, à l'ouest de Saint-Salvadour, au sud de Pierrefitte, entre les Escures et Maleviale, à l'ouest de Rome; et, remontant la Vézère, laissaient au sud Treignac, dans le petit pays de Chambouiive, et les dépendances des vicairies de Bar et de Rosiers, lesquelles étaient originairement dans le pays de Beynat (*Biaenas*), et, à partir du IXe siècle, dans celui de Turenne (*pagus Torinensis*).

Elles traversaient la Luzége, et, se dirigeant au nord-est, allaient rejoindre la rive droite de la Diége, qu'elles remontaient jusqu'à la hauteur d'un affluent de la Vienne, qui prend sa source tout auprès des plus hauts sommets du plateau montagneux de Millevaches, et, suivant la rive gauche de cet affluent, aboutissaient à notre point de départ.

On voit, d'après ces indications, qui sont, en plus d'un endroit, conjecturales, mais, dans beaucoup d'autres, fondées sur les témoignages d'anciennes chartes, que le pays d'Uzerche serait arrivé à la hauteur et près de Limoges; et, comme le territoire d'Uzerche fut longtemps aux mains des seigneurs de Comborn et de Turenne, elles sembleraient de nature à confirmer le passage de la sentence de la reine Blanche, où il est dit que les possessions de la vicomté de Turenne s'avançaient au nord jusqu'à la ville de Limoges, *usque ad civitatem Lemovicensem*[1].

Considéré au point de vue de ses confrontations, ce *pagus* aurait été borné, au sud-ouest et à l'ouest, par l'Yssandonnais (*Hissando* ou *Exandonensis pagus*); au nord-ouest, par le pays de Solignac (*Solemniacensis ager*); au nord, par le *pagus Juconciacus* (de Juconciac ou du Palais); au nord-est, par le pays

---

[1] Cf. *Hist. généalogique de la maison de Turenne*, par Justel, preuves, p. 53, 54.

de Chamboulive (*Cambolivensis*); à l'est, par le pays de Beynat (*Biaenas*) et plus tard par celui de Turenne, quand ce dernier eut absorbé le territoire de Beynat; enfin, au sud, par le pays de Brive (*Brivensis*).

6° *Exandonensis* (*pagus*), pays d'Yssandon[1] (n° VI sur la carte).

Le pays d'Yssandon ou Yssandonnais, est l'un des *pagi* du Limousin les plus anciens et les plus étendus, et l'un de ceux sur lesquels nous possédons le plus de renseignements.

Il est alternativement appelé, dans les monuments, *pagus*, *territorium*, *fundus*, *terra*, *Exandonensis*, *de Exandonio*, *de Essando*, *Dessando*, *de Sando*, ou bien simplement *Exandonense* (comme, dans Grégoire de Tours et dans Frédégaire, le Limousin est appelé *Lemovicinum*); au xie siècle, *Essendoneis* (*honor de*)[2], et, en français, dans les derniers siècles de l'ancienne monarchie, *Yssandonnais*.

Le *castrum* qui fut le chef-lieu de ce pays est nommé *Issando*, dès l'an 573, dans le Testament de saint Yrieix[3], *Hissando*, à la date de 763, dans la chronique du continuateur de Frédégaire[4]; *Esando* sur un tiers de sou d'or mérovingien, qui, d'après sa fabrication, remonte au deuxième tiers du viie siècle[5], et nous présente ainsi, suivant l'usage, plus tôt que les monuments écrits, la forme corrompue et populaire du nom.

---

[1] Chef-lieu de commune dans le canton d'Ayen, arrondissement de Brive (Corrèze).

[2] *Ex Chartul. S. Hugon. Cluniac.* ch. ann. 1076; dans notre *Introduction au Cartulaire de Beaulieu*, p. xxv, note.

[3] *Diplomat. et chart.* édit. Pardessus, t. Ier, ad ann. 573.

[4] *Fredegarii Chronic. continuat.* pars IV, cap. cxxx, dans D. Bouquet, *Histor. de France*, t. V. p. 6 à 8. Le nom d'*Hissando* est même employé par le continuateur de Frédégaire dans le sens de territoire.

[5] Dans notre Description des monnaies mérovingiennes du Limousin (*Revue numismatique*, nouvelle série, année 1858, pl. XVIII, n° 115).

La première mention de notre *pagus* se trouve dans une très-ancienne Vie de saint Ménélée, lequel mourut vers 720 : « Jamque *Exandonensis pagi* fines intraverat (Menelæus).... « Hæc autem Barontus audiens... præcepit omnem familiam « suam et equos simul in *Exandonense territorium* egredi... ipse « vero (Menelæus)... regressus *Exandonense*, in Avolca curte, « tunc super ripam Viseræ fluminis ecclesiam ædificari jus-« sit[1]. » Cette désignation est reproduite dans le testament du comte Roger, daté de 785 : « Dono rursus, in *pago Exando-*« *nense*[2], Gagiacum, et Malamvallem, et mansum Parentinia-« cum. »

Depuis cette époque, ce territoire figure, sans interruption jusqu'au XIVᵉ siècle[3], dans les cartulaires d'Uzerche, de Beaulieu et de Limoges; et même, à partir de cette dernière époque, nous le voyons désigné, dans les monuments, sous son nom moderne d'*Yssandonnais*[4].

Nous allons maintenant faire connaître son étendue :

Au sud et à l'ouest, ses limites suivaient, à partir de l'Arche, en marchant de l'est à l'ouest, les limites mêmes du pays Limousin, du côté du Périgord. Elles longeaient quelque temps les rives de la Vézère, parvenaient jusqu'auprès du pont de Terrasson[5]; puis, contournant Cublac, se relevaient vers le

---

[1] *Vita S. Menelæi, abbat. Menatensis*, apud Bolland. mens. Jul. t. V, p. 306-315. Ce saint fut clerc avant 670. La date à laquelle sa Vie fut écrite est incertaine, mais elle est assurément très-reculée; nous la croyons pourtant postérieure à l'an 763.

[2] *Testamentum Rotgerii comitis et Euphrasiæ pro Carrofensi cœnobio.* Mss. Biblioth. impér. inter sched. Bal. arm. 3, paq. 1, n° 2. Mabillon, qui a imprimé cet acte, a écrit à tort *in pago Exedense*, au lieu d'*Exandonense* (*Annal. ord. S. Be-*

nedicti, t. II, p. 711); Besly, *Hist. des comtes de Poitou et ducs de Guyenne*, preuves.

[3] *Gagiacum*, Gignac, près et au nord de Brive; *Malamvallem*, Malaval, au sud-est de Vignols; *Parentiniacum*, Peyrignac, au nord-ouest de Terrasson.

[4] En 1311, nous lisons dans un acte de l'abbaye de Notre-Dame de la Règle, à Limoges : *In territorio de Exandonio.* (Mss. Biblioth. imp. Cartul. 135, t. III, p. 243.)

[5] « Repente igitur occupaverunt Lemovi-« cinum turbæ, *per pontem de Terrassono*

nord; traversaient l'Elle au-dessus de Vailhac; passaient à l'ouest de Conzours, Teilhols, Saint-Genis, Chabannes près Dalon[1], de la Chassaigne[2] et de la Trade, où nous croyons qu'elles s'écartaient vers le nord-nord-est. Tout en se maintenant sur une chaîne de hautes collines, elles laissaient à l'ouest Saint-Yrieix; puis, se dirigeant vers l'est, passaient au sud de Coussac-Bonneval, de Montgibaud, et descendaient vers la haute Vézère, qu'elles rejoignaient près et au nord de Corbier; passaient entre Lubersac, qui était de l'Yssandonnais[3], et Saint-Ybart, qui était du pays d'Uzerche, à l'est de Chaumont[4], de Troche, de Rouffignac[5], d'Estivaux[6], à l'est d'Alassac[7], au nord de Donzenac[8] et de Lambertie[9]; au sud de Vergnes, de Saint-Maixent et de Drulioles, qu'elles laissaient dans le pays d'Uzerche[10], à l'est et au sud de Favars[11]. Les limites retour-

« *Exandonensem* intrantes... — Brabantio-
« nes *terram Exandonensem* devastavere. »
(Gaufrid. prior. Vosiens. *Chronicon*, pars II,
cap. VIII; apud Ph. Labb. *Nov. Biblioth.*
mss. t. II; D. Bouquet, t. XII, p. 446.)

[1] « Villa Cabannas in Exandonense. »(*Ex Chartular. Userc.* ch. ann. 1009. Mss. Biblioth. impér. Collect. Du Chesne, t. XXII, p. 222.)

[2] « Et in pago Exandonense, unum « mansum qui vocatur Cassania. » (Ch. ann. 996-1030. Mss. Biblioth. imp. Dépôt des chartes, et Cartul. 135, t. I, p. 535.)

[3] « Alodo meo, qui est in urbe Lemovi-« cino, in fundo Exandonense, in vicaria « Luperciacense, in centena Vinogilo. » (Ch. ann. 918. Mss. Biblioth. impér. Cartul. 135, t. I, p. 113 et 565.)

[4] « In pago Exandonense, in villa quæ « dicitur Caumont. »(Ch. ann. 1031-1060. Mss. Biblioth. impér. *loc. cit.* p. 565.)

[5] « Vinea nostra qui est in pago Lemo-

« vicino, in fundo Exandonine, in loco qui « vocatur Rufuniaco. » (Ch. ann. 915-960. Mss. Biblioth. impér. *loc. cit.* p. 266, 267.)

[6] « Parochia de Estivals in Exandonense. » (*Ex Chartul. Userc.* Mss. Biblioth. impér. Collect. Du Chesne, t. XXII, fol. 222.)

[7] « Parrochia de Alaciac, in Exandonensi « pago. » (*Ibid.* ch. ann. 1049-1068, *loc. cit.* fol. 221.)

[8] « Bordariam, in fundo Exandonensi, « juxta ecclesiam Donzenaci. » (*Ibid.* ch. ann. 1006, *ubi supra*, fol. 225.)

[9] « In Exandonense, mansum, in loco « qui dicitur Lambertieso. » (*Cartulaire de Beaulieu*, ch. LXXIII, ann. 967.)

[10] Ces trois localités étaient dans la vicairie d'Uzerche, et rien n'oblige à les mettre dans le pays d'Yssandon.

[11] « In fundo Exaudonine, 11 mansos in « villa quæ vocatur Favars. » (*Ex Chartul. Userc.* ch. ann. 987. Mss. Biblioth. impér. Collect. Du Chesne, t. XXII.)

Géogr. hist. de la Gaule.

nant ensuite vers l'ouest passaient au nord de Vieillefont, de la Combe et de Berchat, qui dépendaient du pays de Brive (*Brivensis pagus*), au sud de Gignac[1] et de Grifoulet[2], qui étaient de l'Yssandonnais; suivaient enfin la rive droite de la Corrèze, puis celle de la Vézère jusqu'à l'Arche, notre point de départ.

Si nous examinons ce *pagus* dans son ensemble, nous reconnaissons qu'il comprenait en leur entier le territoire des trois vicairies d'Yssandon, de Juillac et de Lubersac, celui de la centaine de Vignols, et, du côté de l'est, certaines dépendances de la vicairie d'Uzerche, telles que Estivaux, le Saillant, Voutezac, Alassac, la Rochette et Favars[3].

Considéré au point de vue de ses confrontations, ce pays était borné au sud, au sud-ouest et à l'ouest, par le territoire du Périgord; au nord-ouest, par le territoire de Nontron, qui était chef-lieu de l'archidiaconé existant dans cette partie de l'ancien diocèse; au nord, par la vicairie de Chervix, qui appartenait au pays de Châlus et de Ligoure (*Legora*); au nord-est et à l'est, par le pays d'Uzerche (*Usercensis*); enfin, au sud-est, par le pays de Brive, dont il va être parlé.

---

[1] « In pago Exandonense, Gagiacum, etc. » (*Testam. Rotgerii comitis*, ann. 785, ubi supra laudatum.)

[2] « Agrifolium in Exandonense. » (*Ex Chartul. Userc.* ubi supra, fol. 222.)

[3] Du côté de l'ouest, Sarazac, le *Saraciacum* de triens mérovingiens au type limousin (voir notre Description des monnaies mérovingiennes du Limousin, *Rev. numism.* nouvelle série, ann. 1857, pl. XIV, n°[s] 39 et 40), qui est au sud-ouest de Saint-Yrieix, faisait peut-être partie du pays d'Yssandon, car nous voyons que, parmi les vastes possessions de l'abbé Aredius (saint Yrieix), mentionnées dans son testament (an 573), et parmi lesquelles sont les localités principales de cette contrée (Jumillac, Gaudumas, Attanum (depuis Saint-Yrieix), Lussat, etc.), le *castrum Issando* est le seul château qui y soit énoncé, et peut-être était-il le lieu dominant, la capitale du *pagus* auquel appartenaient ces localités et Sarazac lui-même. Cependant nous devons dire que, jusqu'à présent, nous n'avons découvert aucune preuve à l'appui de cette conjecture.

7° *Brivensis (pagus)*, *Brivesium*, pays de Brive[1] (n° VII sur la carte).

Ce *pagus*, dont le chef-lieu était l'une des plus anciennes localités du Limousin, le *vicus Briva* de tiers de sou d'or mérovingiens du VIIe siècle[2], *Briva Curretia* de Grégoire de Tours (fin du VIe siècle)[3], est mentionné de la manière suivante dans une donation faite à l'abbaye de Beaulieu en 888, par Gairald et sa femme Evuldis : « Aliquid de rebus nostris, « quæ sunt in orbe Lemovicino, *in pago Brivense*, in villa quæ « dicitur Cumba[4]. »

Il se retrouve, en 1245, dans le Testament de Raymond V, vicomte de Turenne, où il prend le nom de *terra Brivensis*[5]; dans une sentence de la reine Blanche, de 1251, réglant le partage de la succession de Raymond V entre Raymond VI son fils, et Hélie de Rudel, son gendre (le pays de Brive y est appelé *Brivesium*[6]); dans un autre acte de 1276, où il reçoit le nom de *territorium Brivense*[7]; enfin dans un titre de 1314, où il reprend son nom de *Brivesium*[8].

---

[1] Chef-lieu d'arrondissement, dans le département de la Corrèze.

[2] Dans une lettre écrite par saint Rurice Ier, évêque de Limoges (an 480-500), et sur plusieurs tiers de sou d'or mérovingiens. Cf. notre Description des monnaies mérovingiennes du Limousin. (*Rev. numism.* nouv. série, ann. 1858, pl. II, n°s 62 et 63.)

[3] Grégoire de Tours nomme deux fois cette bourgade, où l'on sait qu'en 585 fut proclamé roi l'infortuné Gondovald : « Gun- « dovaldus... qui, conjunctus cum supra- « dictis ducibus, Lemovicinum accedens, « *Brivam Curretium* vicum... advenit, ibi- « que parmæ superpositus, rex est levatus. » (*Historia ecclesiastica Francorum*, lib. VII, c. x.)

[4] *Cartulaire de Beaulieu*, ch. LXXIX.

[5] Extrait des titres de la maison de Turenne, dans Justel, *Histoire généalogique de la maison de Turenne*, preuves, p. 51.

[6] « *Totam terram* et dominium et feuda « et homagia *de Brivesio.* » (*Ibid.* p. 53.)

[7] *Ibid.* p. 61.

[8] « Legamus Margaritæ filiæ nostræ cas- « trum et castellania de Serveria, castrum « et castellania de Malamorte, et *in toto Brivesio*..... » (Extrait des archives de la Maison de Ville de Martel en Quercy; dans Justel, *loc. cit.* p. 72.)

L'étendue du pays de Brive dépassait de beaucoup celle de la vicairie de ce nom ; car, en dehors de cette vicairie que nous devons tout d'abord lui attribuer, il comprenait peut-être la paroisse de Chameyrac dans la vicairie de Naves [1], et vraisemblablement les vicairies de Cousages, *de Cosatico, Cosatie* [2] ou *Cozatges* [3], et de Chasteaux, *Castelli* [4].

L'extrême limite de ce pays, au sud, se plaçait tout près de Ferrières, et à l'ouest d'Estivals (*Stivalis*), qui était du pays de Turenne (*Torinensis*). De ce point, la limite du Brivois, se dirigeant au nord vers la Vézère, suivait la frontière commune du Limousin et du Quercy; passait au sud-ouest, puis à l'ouest de Cousages, puis de l'Arche, qu'elle enfermait dans le pays de Brive; atteignait la Vézère, remontait le cours de cette rivière jusqu'à son confluent avec la Corrèze, remontait également la Corrèze jusqu'à un affluent de droite qu'elle suivait jusqu'à Ussac (*Ulciacum*), et, tendant au nord-est, passait à l'ouest, puis au nord de Berchat, de Vieillefont, de Sainte-Féréole; rencontrait, à l'ouest de Chameyrac, les limites communes des vicairies de Brive, d'Uzerche et de Naves, pénétrait dans celle-ci et y occupait quelques paroisses situées entre Favars et la rive droite de la Corrèze, notamment celles qui formaient l'ancien fisc de Chameyrac; de là, retournant vers le

---

[1] « Instituo etiam heredem Bosonem « filium meum *in terra Brivensi, cum per-* « *tinentiis suis*, hoc excepto quod volo et « præcipio quod uxor mea habeat et possi- « deat ad vitam suam *Chamairacum*, cum « suis pertinentiis, et *Cosatie*, cum suis per- « tinentiis. » (Testament précité de 1245. Justel, pr. p. 51.)

[2] *Ibid.*

[3] « In castro et dominio de Malamorte, « cum pertinentiis suis, videlicet *villa Brivæ* « et *castro de Cosatge*, cum omnibus bonis. . « et in omnibus juribus et deveriis quæ « habent *in territorio Brivensi*, excepto re- « pairio de *La Garda*, quod pertinere volunt « ad castrum de Turena. » (Acte précité de 1276, Justel, pr. p. 61.)

[4] Aucun titre ne place expressément cette vicairie dans le pays de Brive, mais sa situation si voisine de Cousages et la configuration du *pagus Brivensis* rendent cette attribution très-vraisemblable.

sud, rejoignaient, près et au sud de Pauliac, les limites de la vicairie de Brive, qu'elles suivaient sans interruption en passant à l'ouest de Beynat et de sa vicairie, de Loubiac, au nord du Mas, et parvenaient au nord-ouest d'Estivals, près et au sud de Ferrières, point de départ de notre délimitation.

D'après les indications ci-dessus, le pays de Brive était borné au sud-ouest par le Quercy, à l'ouest, par le pays d'Yssandon (*Exandonensis*); au nord, par le pays d'Uzerche (*Usercensis*); au nord-est et à l'est, par le pays de Beynat (*Biaenas*); enfin au sud-est, par le pays de Turenne (*Torinensis*).

8° *Torinensis* ou *Tornensis* (*pagus*), pays de Turenne [1] (n° VIII sur la carte).

Au sud et à l'est du pays de Brive, se développait celui de Turenne, l'un des *pagi* les plus étendus de l'ancien Limousin.

Le *castrum Torinna*, qui en était le chef-lieu, est nommé, dès l'année 763, dans les Annales de Metz et de Saint-Bertin, d'après lesquelles il fut pris, ainsi que le château d'Escoraille (*Scoralia*), par le roi Pépin, sur les troupes du célèbre duc d'Aquitaine, Waifer [2].

Le *pagus Torinensis* est mentionné pour la première fois dans une charte de S. Rodulfe, archevêque, de l'an 845 [3]; et depuis cette époque, en 852, 860, 864, 876, etc. jusqu'au XI° siècle, il se retrouve fréquemment nommé dans les titres par les termes de *pagus Torinensis* ou *Tornensis* [4], ou bien, mais plus rarement, de *territorium Torinense* ou *Tornense* [5].

---

[1] Chef-lieu de commune, canton de Meyssac, arrondissement de Brive (Corrèze).

[2] Voir aussi le continuateur de Frédégaire; dans D. Bouquet, t. V, p. 6 à 8.

[3] *Cartul. de Beaulieu*, ch. XXXIII.

[4] « In pago Tornense, juxta castellum « Torennæ. » (*Ex Chartul. Usercens.* Mss. Biblioth. imp. Coll. Du Chesne, t. XXII.)

[5] « In orbe Lemovicino, in territorio « Tornense, curtis Stivalis. » (*Cartul. de Beaulieu*, ch. I, ann. 860.)

Quoique le pays de Turenne ait formé le noyau des vastes domaines qui composèrent le patrimoine des comtes, puis des vicomtes de Turenne, il faut bien se garder de lui attribuer l'étendue territoriale de la vicomté telle que nous la présentent les actes du XIIIe et du XIVe siècle.

Nous voyons, en effet, dans une sentence rendue, en 1251, par la reine Blanche, mère de saint Louis, entre Raymond VI, vicomte de Turenne, et Hélie de Rudel, son beau-frère, époux d'Héliz de Turenne, que les possessions du feu vicomte Raymond V, dont la succession se partageait entre eux, s'étendaient au sud jusqu'aux portes de Cahors, au nord jusqu'à celles de Limoges, à l'ouest jusques et y compris le territoire de Brive, au nord-est jusqu'à Égletons [1].

---

[1] Voici la liste des châteaux, des territoires et des droits qui, d'après la sentence arbitrale de 1251, dépendaient de la vicomté de Turenne: *Turenna*, *Martelli villa* (Martel), *Montevallente* (Mont-Valent), *Jus monetam fabricandi et cudendi vicecomitatus Turennæ* (droit de battre la monnaie de la vicomté); *Floriac* (Floirac), *Merindol* (Mirandol), *Curamonte* (Curemonte), *S. Michaelis* (Saint-Michel), *Casillac* (Cazillac), *S. Serenus* (Saint-Céré), *Gaunhac*, *Belliloci dominium cum pertinentiis suis et juribus universis* (Beaulieu avec tous ses droits et appartenances). « Totam terram et dominium « et feuda et homagia de *Brivesio* » (le territoire, la seigneurie, les fiefs et hommages de Brive), « et generaliter homagia, « feuda et dominia ad dictum vicecomitatum « pertinentia, a villa Martelli usque ad civi-« tatem Caturcensem, et usque ad civitatem « Lemovicensem, et usque ad villam del « Glotons. » (Et généralement tous hommages, fiefs et seigneuries appartenant à ladite vicomté, depuis la ville de Martel, jusqu'à la cité de Cahors d'une part, et jusqu'à la cité de Limoges d'autre part, et jusqu'à la ville d'Égletons encore d'autre part.)

A Hélie de Rudel furent attribués les châteaux de *Ribeiria* (La Rivière), *Despeluchar*, *Montfort*, *Alliac* (Aillac), *Carlus* (Carlus), *Croichia* (Creysse), *Archia* (l'Arche), *Salenhac* (Salagnac) et *Terrasson* (Terrasson), (Extrait des titres de la maison de Turenne. Justel, *Hist. généalogique de la maison de Turenne*, preuves, p. 53 et 54.) En 1645, la vicomté s'étendait en longueur, de Sarlat à Neuvic, sur trente lieues françaises, et, de Tulle à Neuvic, sur douze lieues et demie de large. (Justel, p. 19.) Au XVIIIe siècle, l'étendue de la vicomté était fort diminuée; car, suivant dom Vaissète, elle n'avait que huit lieues de long sur sept de large. « Elle « contient, dit le savant Bénédictin, cinq « autres villes (autres que Turenne), et qua-« tre-vingt-dix bourgs ou paroisses, situés

Sur ce dernier point, la sentence s'accorde bien avec les monuments relatifs à l'état du *pagus*, et nous aidera à préciser ses limites dans cette direction.

Elle nous guidera même sur les autres points où elle ne se trouvera pas en contradiction avec les documents authentiques du IXe, du Xe et du XIe siècle. Mais partout où cette contradiction existera, nous devrons donner naturellement la préférence à ces derniers.

Pour apprécier l'étendue de notre *pagus*, il faut distinguer deux périodes: la première, qui est contemporaine des Mérovingiens et des premiers princes carlovingiens; la deuxième, qui date de la seconde moitié du IXe siècle.

Dans la première période, il paraît se composer uniquement de la vicairie de Turenne, et peut-être de la partie sud-ouest de la vicairie de Sérillac. Le pays de Turenne était, à cette époque, borné, à l'ouest, par celui de Brive; au nord, par celui de Beynat (*Biaenas*); à l'est, par celui de Puy-d'Arnac (*Asnacensis*); enfin, au sud, par le Quercy.

Dans la deuxième période, à partir de la seconde moitié du IXe siècle, le *pagus Torinensis* se développa considérablement, dans la direction du nord, sur le pays de Beynat[1], qui comprenait la partie nord de la vicairie de Sérillac et les vicairies de Beynat (*Beennatensis*), d'Espagnac et de Rosiers, ainsi que la partie de la vicairie de Bar située sur la rive gauche de la Corrèze; il faut y ajouter la portion de la vicairie d'Argentat

« la plupart au bas Limousin, les autres en « Quercy et Périgort. » (*Géographie historique*, t. II, p. 535.)

[1] Une charte du Cartulaire de Charroux en Poitou, datée de 875 (Mss. Biblioth. impér. Dépôt des chartes, sub anno 875), place positivement la vicairie d'Espagnac dans le *pagus Tornensis*, ce qui suppose nécessairement aussi l'annexion à ce pays des vicairies de Sérillac et Beynat, en un mot, de toutes les dépendances de l'ancien *pagus Biaenas*, qui étaient auparavant entre le pays de Turenne et la vicairie d'Espagnac.

sise à la droite de la Dordogne, enfin la vicairie de Puy-d'Arnac[1].

Voici les limites de notre *pagus* à la suite de cet accroissement. En partant d'Estivals, qui est à l'extrémité sud-ouest de la vicairie et du pays de Turenne, les limites de ce dernier, se dirigeant vers le nord-est, passaient à l'est de Chasteaux et de Cosnac, qui étaient du pays de Brive, puis à l'ouest de Vignes, de Beynat et de sa vicairie[2]. Après avoir atteint Pauliac, elles se dirigeaient droit au confluent de la Corrèze et de l'Avalouse, englobaient la ville de Tulle[3], et, à partir de ce point, remontaient la rive gauche de la Corrèze jusqu'à sa source, où étaient les limites de la vicairie de Bar; de là, tendaient à l'est, passaient près et au nord de Meymac, au sud d'Ussel, qu'elles laissaient probablement dans le pays de Nigremont, et englobaient ainsi la vicairie de Rosiers[4]; puis, descendant au sud,

---

[1] Voir ci-dessous les preuves à l'appui du fait de l'absorption du territoire de Puy-d'Arnac par celui de Turenne.

[2] Nous ne pouvons, quant à présent, citer aucun document qui place expressément Beynat dans le pays de Turenne; mais nous savons que la vicairie d'Espagnac et partie de celle de Naves en dépendaient; et il suffit de jeter les yeux sur une carte du pays pour s'apercevoir que le pays de Turenne *ne pouvait s'étendre dans ces vicairies qu'en passant sur celle de Beynat*. Nous pouvons donc considérer cette dernière comme lui appartenant.

[3] D'après le testament du vicomte Adhémar des Échelles, qu'on croit être un descendant des comtes de Turenne (an 930), les vastes possessions situées aux environs de la ville, et qu'il abandonna au monastère de Saint-Martin, lui étaient venues de ses aïeux. (Baluz. *Hist. Tutel.* col. 333.) Les membres de la famille de Turenne se faisaient successivement ensevelir dans l'église de l'abbaye, la dotaient et l'enrichissaient. Il y a lieu de croire que, de temps immémorial, Tulle dépendait de leur domaine et du *pagus* de Turenne. Nous savons d'ailleurs qu'au commencement du XIIIe siècle la vicomté s'étendait jusqu'à cette ville (voir la sentence précitée de la reine Blanche dans Justel, *Histoire généalogique de la maison de Turenne*, preuves, p. 53-54); mais elle n'allait pas au delà, car on en mesurait la largeur de *Tulle à Neuvic* (Justel, ouvrage cité, p.19), ce qui montre que c'étaient là des points extrêmes.

[4] La possession de la ville *del Glotons* (d'Égletons), qui était au centre de la vicairie de Rosiers, suppose naturellement la possession de ce territoire tout entier. (Voir p. 414, note, la sentence précitée.)

atteignaient les bords de la Dordogne, au-dessus de Mollianges, et, suivant le cours de cette rivière, enfermaient la vicairie d'Espagnac[1], Auliac, Glény[2], la partie de la vicairie d'Argentat située sur la rive droite du fleuve, et enfin la vicairie de Puy-d'Arnac[3].

Un peu au-dessous de Liourdres, les limites se détournaient, comme celles du Limousin, vers l'ouest, passaient au sud de Brillac, Végennes, Branceilles, Puy-d'Ayre, qui dépendait cependant de la vicairie de Cazilhac[4], dont le chef-lieu et la plus grande partie du territoire étaient en Quercy; les limites passaient ensuite au sud de Lignerac, de Turenne, et aboutissaient à Estivals, point de départ de notre délimitation.

Le pays de Turenne occupait alors, comme on voit, une superficie considérable, et, quoique inférieure encore à celle qu'il eut dans la période féodale proprement dite (XIIe et

---

[1] « Cedimus curtem nostram, qui est in « *pago Torninse*, in vicaria Spaniacense, « in villa Campaniaco » (*Ex Chartul. Carrofensi*, mss. Biblioth. impér. Collect. des chartes sub ann. 875.)

[2] « In villa Audiliaco, in villa Priolense..... cedimus ad ipso loco, in ipsa « patria (pago Torninse), in villa quæ dicitur Glanigo, etc. » (*Ibid.*)

[3] « In orbe Lemovicino, in pago Tornense, *in vicaria Asnacense*. » (*Cartulaire de Beaulieu*, ch. CXXXIII, an 928.) « In « pago Tornensi..... monasterium Bellilocense. » *Ibid.* ch. IX, an 876.) « In pago « Torinense, *in vicaria Asnacense*, villa Staliacus et Membriacus. (*Ibid.* ch. CXXVII.) « In pago Tornense..... in quodam loco « substitere, qui dicitur Nonnaris, prope « *castrum Asnense*... erat haud procul cella « sita... fundus ubi cellula sita erat, vocabatur Brivaciacus. » (Dans Ph. Labb.

Géogr. hist. de la Gaule.

Nov. Biblioth. mss. t. II, p. 526). M. Guérard, dans sa liste des Provinces et pays de France (*Annuaire de la Société de l'histoire de France*, ann. 1837), a placé dans le *pagus Tornensis* (pays de Turenne), Arnac-Pompadour, qui est situé canton de Lubersac, et Estivaux, qui est du canton de Vigeois. L'illustre érudit a cru retrouver, dans la première des deux localités précitées, *Asnacum*, chef-lieu de la *vicaria Asnacensis*, et dans la deuxième le *Stivalis* du pays de Turenne. Mais c'est là une double erreur, car *Asnacum* est à Puy-d'Arnac, canton de Beaulieu, et *Stivalis* à Estivals, près Turenne; Estivaux et Arnac-Pompadour dépendaient du *pagus Excandonensis* (pays d'Yssandon).

[4] « In pago Tornense, in vicaria Casiliacense, locus ad Poio Aldrico. » (*Cartulaire de Beaulieu*, charte LXV, année 918.)

xiiie siècle), son étendue dépassait de beaucoup celle de l'ancien *pagus*. La résidence d'un seigneur puissant et qualifié de comte, au château fortifié de *Torinna*[1], avait dû contribuer beaucoup à cette rapide extension de richesse et d'influence, qui faisait présager la grandeur de cette illustre maison.

9° *Asenacensis* ou *Asnacensis* (*pagus*)[2], pays de Puy-d'Arnac[3] (n° IX de notre carte).

Nous trouvons une mention expresse de ce *pagus* dans un diplôme de Pepin II, roi d'Aquitaine, daté du mois de juillet 842 : « Concedimus, y est-il dit, eidem fideli nostro, Rodolfo « nomine, ad proprium, quasdam res juris nostri, qui sunt « in orbe Lemovicense, *in pago Asenacense,* in Telido villa, « mansum unum et terras quæ sunt in Ginesto et Aviciaco « villa[4]. »

Plusieurs autres chartes du Cartulaire de l'abbaye de Beaulieu placent formellement la vicairie de Puy-d'Arnac dans le *pagus Torinensis*[5], pays de Turenne, qui, d'ailleurs, à la fin du ixe siècle, s'étendait dans tous les sens autour du chef-lieu de cette subdivision, et embrassait une surface considérable. De plus, les actes de la translation des reliques de sainte Foy placent le château d'Arnac lui-même (*castrum Asnacense*) dans le pays de Turenne[6]. Mais tous ces documents sont de date pos-

---

[1] « In pago Tornense, juxta castellum « Torennæ. » (*Ex. Chartul. Userc.* chart. ann. 992. Mss. de la Bibliothèque impériale, Collection Duchesne, t. XXII.) « In « orbe Lemovicino, in pago Tornensi, in « vicaria Torennense. » (*Ex. Chartul Tutel.* ch. circa ann. 930; Baluz. *Historia Tutel.* col. 341.)

[2] *Cartul. de Beaulieu*, ch. VI, an 842.

[3] Puy-d'Arnac, chef-lieu de commune dans le canton de Beaulieu, arrondissement de Brive (Corrèze).

[4] *Cartul. de Beaulieu*, ch. VI.

[5] *Ibid.* ch. XXII, an 899; LXVI, an 927; et CXXVII, an 882; il faut y joindre les chartes IX et XII (ann. 876 et 889), qui fixent dans le même *pagus* de Turenne la position de Beaulieu, qui était de la vicairie de Puy-d'Arnac.

[6] Ph. Labb. *Nov. Bibl. mss.* t. II, p. 526.

térieure à celle du diplôme précité de Pepin II, et ne peuvent en affaiblir l'autorité.

Ce petit territoire, qui occupait les vicairies de Puy-d'Arnac, d'Altillac (*Altiliacensis*), et peut-être la partie sud-est de la vicairie de Sérillac (*Seriacensis vicaria*), eut le sort du pays de Beynat (*Biaenas*) dont il est parlé plus bas, et qui fut, comme lui, absorbé, dans la deuxième moitié du IXe siècle, par le pays de Turenne. Il confinait, du côté de l'ouest, à ce dernier pays, vers le nord au pays de Beynat, vers l'est à la Xaintrie (*Santria*), et, du côté du sud, au Quercy (*Caturcinus orbis* ou *pagus*).

10° *Santria* (pays de la Xaintrie [1]) (n° X de la carte).

Au sud-est et à l'est du pays de Turenne, il existait, au moyen âge, en Limousin, un pays connu sous le nom de *Santria*, et, de nos jours, appelé *Xaintrie*. Il est mentionné dans une charte de l'an 1076, par laquelle Hugues de Castelnau, abbé laïque de Beaulieu, cède son abbaye aux moines de Cluny, et avec elle, les droits qu'elle possédait dans certains cantons, notamment : « Totum honorem quem B. Petrus habet *in Santria* et Rofiacense[2]. »

Nous le retrouvons désigné, en 1252, dans un titre extrait des archives de la maison de Turenne : « Volo, postquam *terra de Santria* redierit ad nos vel ad nostros, Comtors soror nostra 1550 lib. march. auri Raymundi de Turenna recipiat *in dicta terra de Santria*[3]. »

Enfin un pouillé du diocèse de Tulle, rédigé en français, au

---

[1] Mercœur et Servières, qui en sont les lieux principaux, sont chefs-lieux de canton, dans l'arrondissement de Tulle (Corrèze).

[2] *Ex Chartul. S. Hugonis Cluniacensis*, ch. an. 1076; dans notre Introduction au Cartulaire de Beaulieu, p. xxv, note, col. 2.

[3] Justel, *Histoire généalogique de la maison de Turenne*, preuves, p. 54.

commencement du xvi⁰ siècle, contient un chapitre intitulé :
Vicairies de la SEINTRIES *et autres dessous escriptes.*

Aujourd'hui cette contrée porte le nom de *Xaintrie*[1].

Elle nous paraît avoir compris le territoire des vicairies d'Altillac (*Altiliacensis*) et de Le Vert (*Vertedensis*); toute la partie occidentale de la vicairie de Darazac (*Daraciacensis*), enfin toute la partie orientale de celle d'Argentat (*Argentadensis*).

D'après ces indications sommaires et conjecturales, nous dirons que la Dordogne bornait à l'ouest le pays de la Xaintrie et le séparait du pays de Turenne, jusqu'au confluent de la Luzége, au nord de Darazac. Après avoir atteint ce point, les limites redescendaient au sud, à l'est de Darazac; rejoignaient, au nord de Saint-Privat, le territoire de la vicairie d'Argentat; passaient près de Goules, à l'est d'Artigues, de Léobazel, de Pratviel; descendaient à Roucoule, remontaient au nord-ouest; passaient au nord de Calviac, au sud de Lamativie, de Candes, de Glane et de Biars, et rejoignaient la rive gauche de la Dordogne.

Ainsi, du côté de l'ouest, la Xaintrie était séparée par la Dordogne du pays de Turenne, où se trouvaient Liourdres, Astaillac, Beaulieu, Argentat, Saint-Martin-la-Cueille, etc. elle confinait, du côté de l'ouest, au pays de Beynat (*Biaenas*); du côté de l'est, au pays de Rouffiac (*Rofiacense*), dont il a été parlé plus haut; vers le sud-est, à l'Auvergne; enfin, dans la direction du sud, au Quercy[2].

---

[1] Les auteurs de la *Description topographique et statistique de la France* (1811, n° 20, p. 15), disent avec raison que cette contrée fournit les marchands de parapluies, ambulants ou sédentaires, qu'on retrouve en tout pays; mais, aux marchands de parapluies, il faut ajouter les fondeurs ambulants.

[2] C'est donc tout à fait à tort que les auteurs de la *Description topographique* citée plus haut, ont considéré le canton de Servières comme représentant à lui seul

Elle se divise en deux parties, dont l'une est surnommée *Xaintrie Noire,* sans doute à cause de la stérilité d'un sol couvert de noires bruyères, qui lui donnent un aspect triste et monotone : c'est la partie méridionale qui forme le canton de Mercœur et reconnaît cette localité pour chef-lieu; l'autre, surnommée *Xaintrie Blanche,* est représentée, en partie, par le canton de Servières, qui en est la localité principale : son territoire est moins stérile et d'un moins triste aspect que le canton de Mercœur.

Il est à remarquer que cette contrée n'a point tiré son nom, comme la presque totalité de nos *pagi,* d'un lieu dominant; nous n'y connaissons aucun endroit dont le nom se rapproche même de celui de *Xaintrie.* Son ancienne capitale nous est également inconnue; mais, quoique Mercœur et Servières soient fort anciens, comme Le Vert a été chef-lieu d'une vicairie étendue, qui forme la presque totalité du pays, nous serions disposé à présumer qu'il en fut la capitale.

11° *Rofiacense (territorium),* pays de Rouffiac[1] (n° XI de la carte).

Ce petit pays est situé au sud-est et au sud de la Xaintrie, (*Santria*), dont nous avons parlé plus haut.

Il est, comme ce dernier, désigné, dans une charte du xi° siècle, par les termes suivants : « Cedimus totum hono-« rem quem B. Petrus habet in Santria et *Rofiacense*[2]. »

Il se distingue donc de la Xaintrie, et a pour localité principale Rouffiac, qui avait, sous les rois mérovingiens, un atelier

---

le pays de la Xaintrie. (*Loc. cit.* p. 15.)

[1] Rouffiac, chef-lieu de commune, dans le canton de la Roquebrou, arrondissement de Mauriac (Cantal).

[2] *Ex Chartul. S. Hugonis Cluniacensis,* ch. ann. 1076; dans notre Introduction au Cartulaire de Beaulieu, page xxv, note, col. 2.

monétaire[1], et fut, au ixe et au xe siècle, le centre et le chef-lieu d'une vicairie du Limousin[2].

Ce canton comprenait, suivant nos conjectures, outre le territoire de la vicairie de Rouffiac, qui confinait à l'Auvergne et y fut rattachée depuis, la partie orientale de la vicairie de Darazac (*Daraciacensis*), laquelle était également contiguë à l'Auvergne.

D'après ces indications sommaires, les limites de ce petit pays, en partant de Rouffiac, suivaient, à l'est, la ligne séparative du Limousin et de l'ancien *pagus Arvernicus*, jusqu'à la Dordogne; puis, descendant au sud, passaient près et à l'est de Darazac; rejoignaient, au nord de Saint-Privat, le territoire de la vicairie de Rouffiac; passaient à l'ouest de Saint-Julien-aux-Bois (*Sanctus Julianus*), de Goules (*Agolas*) et du Caire (*illo Cherio*); et atteignaient, au sud de Rouffiac, la frontière d'Auvergne, point de départ de la délimitation.

Il était borné, au sud-ouest et au nord-ouest par la Xaintrie (*Santria*), au nord par la vicairie d'Espagnac, qui faisait partie du pays de Beynat (*Biaenas*), enfin, à l'est et au sud-est, par l'Auvergne.

12° *Biaenas* (*pagus*), pays de Beynat[3] (n° XII sur la carte).

L'existence de ce pagus est signalée par un tiers de sou d'or mérovingien, qui porte, au revers, une croix cantonnée des lettres L·E·M·O· lesquelles attestent son origine limousine, et au

---

[1] Cf. notre *Description des monnaies mérovingiennes du Limousin*, dans la *Revue numismatique*, nouv. série, année 1858, pl. XVIII, n° 117. Cette pièce, dont le style de fabrication indique bien la provenance limousine, porte en légende circulaire RVFIACV.

[2] *Cartul. de Beaulieu*, ch. LII, an 895; ch. CLX, an 917 *et passim*. (Voir ci-dessous, dans le titre II, *Divisions administratives*, la notice descriptive de la vicairie de Rouffiac.)

[3] Chef-lieu de canton dans l'arrondissement de Brive (Corrèze).

droit, en légende circulaire, BIAENATE PAGO[1]. C'est un des rares exemples de la mention de cette division territoriale sur les monnaies de la première race[2].

La position de ce pays est, suivant nous et suivant l'opinion déjà émise à ce sujet par le savant M. de Longpérier[3], la même que celle de la vicairie de Beynat (*vicaria Beennatensis*) désignée dans le testament du vicomte Adémar (vers l'an 930)[4]. Beynat possédait, dans la période féodale, un château très-fortifié, dont les seigneurs furent longtemps influents et même redoutés dans un rayon assez étendu.

Le pays de Beynat nous paraît avoir embrassé, avec la vicairie du même nom (*Beennatensis*), la partie nord de celle de Sérillac (*Seriacensis*), les vicairies d'Espagnac (*Spaniacensis*) et de Rosiers (*Rosuriensis*), la portion de la vicairie de Bar (*Barrensis*) située sur la rive gauche de la Corrèze, enfin celle de la vicairie d'Argentat qui était sur la droite de la Dordogne. Sa plus grande étendue, qui portait au nord, nous paraît démontrée notamment par l'analogie du type particulier des monnaies d'un groupe dont Beynat était le centre, avec celui des pièces de *Serotennum*, *Seroennum* et *Seronnum*, qui est Sarrons ou Sarrou, à l'extrémité nord-est de ce territoire, dans la vicairie de Rosiers.

Quant à ses attenances, le *pagus Biaenas*, si l'on adopte notre opinion sur son étendue, confinait, du côté de l'ouest, au pays d'Uzerche (*Usercensis*); vers le nord-ouest et le nord, à celui de Chamboulive (*Cambolivensis*); vers le nord-est, au pays de Ni-

---

[1] Voir notre *Description des monnaies mérovingiennes du Limousin*, dans la *Rev. numism.* nouv. sér. ann. 1858, pl. II, n° 68.

[2] On n'en connaît que sept, y compris le triens du pays de Beynat. (Cf. l'ancienne *Revue numismatique*, année 1852, p. 244.)

[3] Voir la liste des ateliers monétaires des deux premières races, publiée par le savant académicien. (*Annuaire de la Société de l'Hist. de France*, année 1841, p. 217.)

[4] Baluz. *Histor. Tutel.* in appendice, col. 340.

gremont (*Nigermontensis*); du côté de l'est, à l'Auvergne (*Arvernicus orbis*); du côté du sud-est, à la Xaintrie (*Santria*); vers le sud, au pays de Puy-d'Arnac (*Asnacensis*); et, vers le sud-ouest, au pays de Turenne (*Torinensis*).

Ce territoire fut absorbé, au plus tard dans la deuxième moitié du ɪxᵉ siècle, par le pays de Turenne; car nous voyons, par une charte du Cartulaire de Charroux en Poitou, datée de 875, qu'à cette époque la vicairie d'Espagnac appartenait au *pagus Torinensis*, de Turenne [1]; or, d'après la position de la vaste vicairie d'Espagnac, la possession de cette subdivision par le pays de Turenne suppose évidemment que ce dernier s'étendait aussi, à la date ci-dessus mentionnée, sur les vicairies de Sérillac, de Beynat, et les autres dépendances du *pagus* mérovingien de Beynat (*Biaenas*), situées entre le pays primitif de Turenne et la vicairie d'Espagnac.

13° *Cambolivensis* (*pagus*), pays de Chamboulive [2] (n° XIII de la carte).

Ce petit pays, resserré entre celui d'Uzerche (*Usercensis*) et celui de Beynat (*Biaenas*), lesquels étaient situés, le premier au sud-ouest, à l'ouest et au nord, et le deuxième au nord-est, à l'est et au sud-est, avait pour chef-lieu Chamboulive (*Camboliva*), qui fut en même temps chef-lieu d'une vicairie au xᵉ et au xɪᵉ siècle [3].

Le *pagus Cambolivensis* est mentionné dans une charte de la deuxième moitié du xɪᵉ siècle, où il est dit : « Petrus et Gar-

---

[1] Mss. Bibliothèque impér. Dépôt des chartes, sub anno 875.

[2] Chef-lieu de commune, dans le canton de Seilhac, arrondissement de Tulle (Corrèze).

[3] « In vicaria Cambolivense, in villa « quæ dicitur Olonziacus. » (*Ex Chartular. Tutel.* ch. ann. 945, apud Baluz. *Hist. Tutel.* col. 370. Voir aussi le testament du vicomte Adémar, an 930. Baluz. *ibid.* col. 337.)

« nerius dederunt..... duos mansos in villa Matgas, *in pago*
« *Cambolivense*[1].....»

Il se composait, suivant nous, de la vicairie de Chamboulive tout entière et de la partie de la vicairie de Bar (*Barrensis*) située sur la rive droite de la Corrèze. Dans cette hypothèse, ses limites, en partant de la Geneste, au sud de Chamboulive, passaient au sud et à l'ouest de Pierrefitte, allaient rejoindre la Vézère près d'Eyburie (*Eburium*); remontaient le cours de cette rivière, enfermaient dans ce petit pays Maleviale, Rome, et même, nous le croyons, Treignac; se dirigeant ensuite à l'est, passaient au sud de Fournoux; puis atteignaient le point où la Corrèze prend sa source; suivaient sa rive droite jusqu'au-dessous de Bar; et, se relevant ensuite au nord-ouest, passaient à l'ouest d'Orliac, au sud de Saint-Salvadour, de Dignac, et rejoignaient le Chatenet et la Geneste, point de départ de notre délimitation.

L'exiguïté de ce territoire et sa position portent à penser qu'il avait dépendu de l'un des pays voisins; et même, d'après sa configuration, en le considérant relativement au *pagus Usercensis* et à l'extension de ce dernier dans la direction de Viam et de Tarnac, on peut présumer que c'est à celui-ci qu'il appartint, à une époque antérieure au xie siècle. Néanmoins, comme aucun monument ne fait pénétrer ni le pays d'Uzerche ni aucun autre dans ce même canton, et qu'un document authentique, ainsi que nous venons de le voir, lui attribue le titre de *pagus*, nous avons dû le lui laisser et le faire figurer parmi les *pagi* du Limousin.

---

[1] Mss. Biblioth. impér. Ancien fonds latin, n° 5453, p. 16, et Cartul. 135, t. I, p. 566.

14° *Nigermontensis* (*pagus*), pays de Nigremont[1] (n° XIV de la carte).

Ce pays est désigné, dès le vi[e] siècle, sous le nom de *Mons Niger*, et fut le théâtre de scènes rapportées par Grégoire de Tours. Dans l'année 556, l'un des fils de Clotaire Ier, Chramne, ayant levé en Limousin l'étendard de la révolte contre le pouvoir royal, ce prince envoya vers lui ses deux autres fils, Charibert et Gontran : ces derniers, dit notre historien, se rendirent en Auvergne, et, apprenant que leur frère était en Limousin, *quia in Lemovicino esset*, ils s'avancèrent jusqu'au lieu appelé la Montagne Noire, où ils le trouvèrent, *usque ad Montem quem Nigrum nomine dicunt*[2].

Ces énonciations sont formelles. Elles s'appliquent évidemment à une contrée du Limousin, et cette contrée n'est autre assurément que celle qui est désignée dans les pouillés du diocèse de Limoges sous le nom de *Cura S. Georgii de Nigromonte*[3], paroisse de Saint-Georges-Nigremont[4].

Il fut à la fois, au ixe et au xe siècle, le chef-lieu d'une vicairie et d'un *pagus*, ainsi que le prouvent deux documents, savoir:

Une charte de donation faite à l'église de Saint-Étienne de Limoges, par Adalbert et sa femme Otberte, d'une chapelle que les donateurs avaient fait établir et consacrer en l'honneur du

---

[1] Saint-Georges-Nigremont est chef-lieu de commune, dans le canton de Felletin, arrondissement d'Aubusson (Creuse).

[2] « Qui, per Arvernum venientes, au- « dientesque quod *in Lemovicino esset*, *us-* « *que ad Montem quem Nigrum nomine* « *dicunt*, accedunt, eumque reperiunt. Figen- « tesque tentoria, contra se resederunt, « mittentes legationem, ut res paternas, « quas male pervaserat, reddere deberet : « sin autem aliud, campum præpararet « ad bellum. » (Gregor. Turon. *Histor. ecclesiastic. Francor.* lib. IV, cap. xvi, édit. Guadet et Taranne, t. II, p. 46. Dom Bouquet, t. II, p. 211.)

[3] Mss. Biblioth. impér. Fonds Saint-Germain français, n° 878, t. II.

[4] Pouillé publié par Aillot en 1648; Paris, in-4°. (Voir aussi sur les feuilles de Cassini.)

— 163 —

Saint Sauveur : « Capella nostra, que vocatur ad Riberisium,
« quam in honore S. Salvatoris edificare et consecrare feci-
« mus... Est autem... posita *in pago Nigromontinse, in vicaria*
« *de ipso Nigromonte*... cum duobus mansis..., quorum unus
« vocatur mansus Sichaldi, ecclesie adherens[1]. »

Un passage de l'Histoire de l'Église de Reims, écrite au
IXe siècle par le prêtre Frodoard ou Flodoard, et dans laquelle
il est dit que l'archevêque Hincmar avait fait don à l'évêque
Agilmar de propriétés situées dans divers pays, et parmi lesquelles se trouve le pays de Nigremont : « Quosdam designans
« *pagos* in quibus eædem res conjacerent, Arvernicum vide-
« licet, *Nigrum Montensem, Lemovicum,* et Pictavum[2]. »

La juxtaposition de ces mots, *Nigrum Montensem* et *Lemovicum*, nous prouve à la fois l'existence du pays de Nigremont
et sa situation dans le territoire du Limousin.

L'étendue du pays de Nigremont nous semble à peu près
déterminée par sa situation entre les *pagi* du Limousin, auxquels il confinait d'une part, et l'Auvergne, dont il touchait
les limites occidentales.

Il comprenait : 1° la partie méridionale et centrale de la
vicairie même de Nigremont jusqu'aux environs de Bellegarde
et de Sermur, qui dépendaient, du moins dans la dernière
période du moyen âge, du Franc-Alleu et du Combraille;
2°, suivant certaines vraisemblances, la vicairie de Feix-Fayte
(*de Faisco*).

D'après ces indications sommaires et conjecturales, les limites du pays de Nigremont peuvent être approximativement
tracées ainsi qu'il suit :

---

[1] Mss. de la Bibliothèque impériale, Dépôt des chartes, et Cartul. 135, t. 1, p. 95 et 217.

[2] Frodoard. *Historia Ecclesiæ Remensis*, edit. J. Sirmundi. Parisiis, 1611, cap. XXIV. fol. 272, lib. III.

En partant du sud-est des frontières du pays de Turenne, qui, nous l'avons dit plus haut, paraît s'être étendu, dans cette direction, jusqu'à la vicairie de Feix-Fayte (*de Faisco*), elles allaient jusqu'au point où le Chavanoux reçoit un petit affluent vers l'ouest; passaient au nord d'Ussel; remontaient la Diége jusqu'auprès de sa source; tombaient dans la vallée de la Creuse, qu'elles suivaient jusqu'à Aubusson, et enfermaient Felletin et Champ-Cé[1] dans notre *pagus*. A Aubusson, elles s'écartaient de la Creuse, se dirigeaient à l'est, passaient au sud de Bellegarde et de Sermur, qui étaient du Franc-Alleu et du Combraille, et atteignaient les frontières du Limousin, du côté de l'Auvergne, près de l'étang de Mérinchal; puis elles suivaient ces frontières en descendant vers le sud, et rejoignaient, sur la rive du Chavanoux, le point de départ de cette délimitation.

Suivant les hypothèses ci-dessus indiquées, le pays de Nigremont était borné, au sud, par celui de Turenne (*Torinensis*); au sud-ouest, par celui d'Uzerche (*Usercensis*); à l'ouest, par le territoire de Vallières (*Vallarensis*); au nord, par le Franc-Alleu et le Combraille (*Combralia* ou *Cambiovicenses*); enfin, au nord-est et à l'est, par l'Auvergne.

---

[1] *Campus cædis*, où l'on a trouvé des médailles et des anneaux romains, des fragments de tuiles à rebords et de poterie romaines. C'est là que M. l'abbé Arbellot place le théâtre d'un combat sanglant qui aurait eu lieu entre les fils de Clotaire Ier. Ce champ est à l'extrémité orientale de la commune de Saint-Georges-Nigremont. (Voir sa notice dans le *Bulletin de la Société archéologique du Limousin*, tome Ier, p. 102 et 103.) Le texte de Grégoire de Tours, que nous avons rapporté à l'article du *pagus Nigermontensis* (pays de Nigremont), et dont s'autorise M. l'abbé Arbellot, me fait douter qu'il y ait eu un combat. Les armées furent, il est vrai, quelque temps en présence; mais, d'après l'historien, un violent orage les sépara, et la mêlée fut ainsi prévenue. Dès lors, la conjecture de l'honorable érudit, basée sur la concordance d'un combat meurtrier dans ces régions et du nom de *Campus cædis* (Champ-Cé) n'aurait plus sa raison d'être.

15° *Vallarensis* ou *Vallariensis* (*terminus*), pays de Vallières[1] (n° XV de la carte).

Vallières, qui a donné son nom au petit pays *Vallarensis* ou *Vallariensis*, s'appelait *Vallaria*, et possédait, sous la dynastie mérovingienne, un atelier monétaire, ainsi que le prouvent deux triens qui y ont été frappés[2]. Il fut, au xe siècle, chef-lieu d'une vicairie dont la mention se trouve dans une charte du Cartulaire d'Uzerche[3].

Le pays de Vallières est nommé plusieurs fois dans un acte constatant le partage de propriétés situées en Limousin, opéré, en 631, sur l'ordre du roi Dagobert et par les soins d'un comte nommé Barontus. On y lit les passages suivants : « ..... de- « versus Fornolus usque ad *terminum Vallariense;* » et plus bas : « et de alio latus, per memoratorio Varacione, usque ad *ter-* « *minum Vallarense*[4]. »

Le mot *terminus* s'employait, au moyen âge, soit pour désigner le grand *pagus*, comme le prouvent divers passages de Grégoire de Tours[5], soit pour désigner un pays de l'ordre inférieur, ainsi que l'attestent notamment les actes de la translation de saint Philibert dans le pays Rézois : « *infra terminum* « *Ratinsim*, quidam vir, etc. [6] »

On peut, dans l'espèce, considérer le *terminus Vallariensis* comme un pays de l'ordre inférieur, et nous y sommes d'autant

---

[1] Vallières, dans le canton de Felletin, arrondissement d'Aubusson (Creuse).

[2] Voir notre *Description des monnaies mérovingiennes du Limousin*, dans la *Revue numismatique*, nouvelle série, année 1858; la planche II, n° 72, et la planche XVIII, n° 118, contiennent les gravures de deux triens portant en légende : VALLARIA VICO.

[3] « Ecclesia Bannisa, in vicaria Vallarense. » (*Ex Chart. Userc.* Mss. Biblioth. impér. collect. Duchesne, t. XXII.)

[4] *Diplomat. et chart.* édit. Pardessus, t. II, p. 9.

[5] *Hist. eccles. Franc.* III, xv; VI, xii, xiv, xxxi.

[6] Bolland. mens. Aug. t. IV, p. 85. Cf. D. Bouquet, t. IV, p. 649 et 685.

plus autorisé, que la présence, à Vallières, d'un atelier monétaire des temps mérovingiens, et d'un siége de vicairie en 998, dénote une importance relativement considérable.

Ce canton faisait, dans tous les cas, partie de la province limousine. Le document que nous avons cité en porte la preuve dans les premières lignes : « Placuit atque convenit inter viro « illustri Landegiselo, qui ad vicem illustræ matronæ Teudi- « lanæ Gabrigabalio, in *territorio Lemovicino* situm, ad terram « demensurandam vel dividendam, etc. »

Quant à ses limites, nous avons vu, d'une part, que le pays d'Uzerche (*Usercensis*) atteignait les rives de la Vienne; d'un autre côté, l'acte de partage précité fait arriver le pays de Vallières près de Fournoux (*deversus villa Fornolus usque ad terminum Vallarense*); Fournoux étant au sud de la Vienne et de Tarnac, le pays de Vallières, suivant toutes les probabilités, s'arrêtait à la rive septentrionale de la Vienne.

D'après ces données conjecturales, les limites, partant de la source d'un affluent nord de la Vienne, suivaient ce cours d'eau jusqu'à Peyrat, où elles atteignaient la Maude, qu'elles remontaient; et, se dirigeant presque en ligne droite vers le nord, laissaient en dehors la vicairie d'Auriac, passaient à l'ouest de Chatein (*Castaneolo*), Rédarsas (*Rotaricias*), La Vedrenne (*Veterina*), et touchaient au bord du Taurion, près de Pontarion, en remontaient le cours jusqu'à son confluent avec la rivière de Gone; qu'elles remontaient également, se dirigeant au nord vers Mareille; puis, laissant à l'est Ahun et son territoire, allaient, en passant au nord de Concizat (*Concisa*)[1], re-

---

[1] Trois des localités que nous venons de nommer sont placées, par l'acte de 631, dans le pays de Vallières : « usque ad « terminum Vallarense, in qua pagina sunt « mansiones: Concisa (*Concizat*), Veterina « (*La Vedrenne*) et Rotaricias (*Rédarsas*). » Il y a deux localités appelées La Vedrenne, l'une sur l'ancienne route de Limoges à

joindre la rive gauche de la Creuse, au-dessus de Saint-Laurent, la remontaient à peu près jusqu'à sa source, et passaient de là dans la vallée de la Vienne, dont elles suivaient les bords jusqu'à la hauteur de Rempnat (*Ramnacus*), point de départ de notre délimitation.

Suivant les hypothèses ci-dessus indiquées, le pays de Vallières était borné, au sud par le pays d'Uzerche (*Usercensis*); à l'ouest, par le pays de Juconciac (*Juconciacus*) ou du Palais; au nord-ouest, par le Guérétois; au nord et au nord-est, par le pays des *Cambiovicenses* ou de *Combralia* (de Chambon ou de Combraille); enfin, à l'est, par le pays de Nigremont (*Nigermontensis*).

16° *Montana* (*regio* ou *pagus de la*), pays de la Montagne[1] (n° XVI de la carte).

Le Cartulaire de Solignac nous signale, dans son onzième chapitre, le pays appelé *la Montana*, dans lequel étaient situées des possessions considérables, dont l'abbaye tirait de nombreuses redevances[2].

Cette partie du Cartulaire paraît remonter à la fin du XI⁰ siècle.

Nous retrouvons la mention de ce territoire dans les noms modernes : 1° de *Saint-Léger-la-Montagne*[3], situé au nord-est de Clermont, par Felletin, c'est celle que nous préférons et que nous citons ici; l'autre est située sur la rive gauche de la Creuse, en aval de Felletin.

[1] Saint-Léger-la-Montagne est chef-lieu de commune dans le canton de Laurière, arrondissement de Limoges (Haute-Vienne).

[2] Le chapitre est intitulé *De la Montana*, et il est fort étendu, ce qui annonce que ce territoire occupait une surface considérable. (Mss. Biblioth. imp. Cartul. 135, t. I, p. 304-306.)

[3] M. l'abbé Arbellot a noté, dans sa Revue archéologique et historique de la Haute-Vienne, p. 136, qu'il existe dans la commune de Saint-Léger-la-Montagne « un *tumulus* et quelques pierres druidiques. La chapelle de Sauvagnac, dédiée à la Sainte Vierge, est un lieu de

Compreignac, et au sud de Laurière; 2° de *Saint-Pierre-la-Montagne*, qui est à l'est de *Saint-Léger*[1].

D'après sa position, le pays de *la Montagne* nous semble avoir occupé l'espace compris entre le *Guérétois*, à l'est, et les *Andecamulenses* (pays de Rançon), à l'ouest; la rivière du Taurion et le pays de Juconciac (*Juconciacus*) ou du Palais, au sud; la Gartempe et le pays Dunois, au nord. Dans cette hypothèse, ses limites, en partant du confluent du Taurion et d'un petit cours d'eau en aval de Saint-Martin-Terresus, remontaient ce petit cours d'eau en se dirigeant vers le nord; passaient à l'est d'Ambazac, à l'ouest de Grandmont, de Saint-Léger-la-Montagne, de Bersac et de Bessines, au nord duquel elles atteignaient la Gartempe; remontaient cette rivière jusqu'à Bourg-Salagnac; puis descendaient au sud, presque en ligne droite, en passant à l'est de cette dernière ville, de Bénévent (autrefois *Seconsolas*), de Mourioux, de Saint-Jean-de-l'Orme et de Chanroy.

17° *Cambiovicensium (pagus)*, *Combralia*, pays de Chambon ou de Combraille (n° XVII de la carte). — Du Franc-Alleu (*Francum Allodium*).

Le pays de Combraille est mentionné, dans les documents du moyen âge, sous le nom de *Combralia* et *Cambralia*[2] ou de *Combralium*[3], mais plus rarement sous ce dernier.

« pèlerinage des plus célèbres du Limou-
« sin. »

[1] Feuille de Cassini n° 32.

[2] Voici les variantes de ce nom de *Combralia*, à différentes époques : *Cambralia*, *Cambralha*, Baluz. *Hist. de la maison d'Auvergne*, t. II, pr. p. 82; *Combrallia*, ann. 1209, *ibid.*; *Combralia*, ann. 1249, 1276, 1288, *ibid.* p. 107 à 180; *Combralha*, ann. 1375, *ibid.* p. 208, et ap. Gaufred. Vosiens. Chronic.; *Comberyllia*, ann. 1395 ; *Cambralhia*, ann. 1484, Baluz. *ibid.* p. 430; *Combraillia*, Zeiller, *Topographia Galliæ*, part. VI, p. 4, in-fol. 1656. Ajoutons *Combrala*, au XIII° siècle. Mss. Biblioth. imp. Cartul. 135, t. IV, p. 62.

[3] « G. de Mauriolis, archidiaconus de « *Combralio*. » Ad. ann. 1338. Mss. Biblioth.

Il est déjà désigné, d'après une citation de Baraillon, dans la charte de fondation du prieuré de Malval, de l'an 1038[1], et très-assurément dans un acte daté de l'an 1136, où il est dit : « Fratres nostri fundavere domum B. Mariæ de Aqua Bella « *in Combralia*[2], » enfin dans un passage de la Chronique de Geoffroi de Vigeois, qui fait connaître qu'en 1186 le vicomte de Limoges, les chevaliers et le peuple combattirent contre six mille Brabançons, et, les poursuivant dans le pays de Combraille, les exterminèrent presque tous, « eosque *per totam* « *Combralhiam* persequentes, fere omnes peremerunt[3]. »

Suivant Adrien de Valois[4], dont l'opinion a été adoptée par Dom Martin et D. Brézillac[5], et plus récemment par Baraillon[6], le pays de Combraille ne serait autre que le territoire occupé par les *Cambiovicenses*, marqués sur la table de Peutinger au

imp. Collect. Gaignières, t. CLXXXVI, fol. 604. Cette forme du mot latin est la moins usitée; pourtant c'est d'elle qu'est venu le nom français, qui est plus habituellement employé au masculin qu'au féminin, celui-ci venant de *Combralia*.

[1] « Decrevimus construere monasterium « ad quemdam nostrum castellum, qui ab « antiquis vocitatur Malavallis...; est autem particularis locus situs in *pago* jam « dicto, in confinio Lemovicensi, juxta flu- « vium qui dicitur Crosa. » (Voir, dans Baraillon, *Recherches sur les Cambiovicenses*, in-8°, p. 89, n° 204.) Cet auteur s'appuie sur l'autorité d'Adrien de Valois pour prétendre que le Combraille est mentionné par les anciens géographes, avant le IV° et le V° siècle (*ibid.* p. 3, n° 9), mais il a mal traduit le passage de ce savant où il est dit : « Combraliæ passim in priscis tabulis, « ante annos cccc et v, et in chronico Sancti « Stephani Lemovicensis video fieri men-

Géogr. hist. de la Gaule.

« tionem. » (*Notit. Gall.* p. 152.) Cela signifie qu'il est fait mention du Combraille dans d'anciennes cartes remontant à quatre cents ans.

[2] *Nov. Gallia christiana*, t. II, p. 406.
[3] Gaufrid. prior. Vosiens. Chronic. dans Ph. Labb. *Nov. Biblioth. mss.* t. II, p. 335.
[4] *Notitia Galliar.* p. 120.
[5] *Histoire des Gaulois*, t. II, Dictionnaire topographique, v° *Cambiovicenses*.
[6] *Recherches sur les Cambiovicenses*, passim. D'Anville, *Notice de l'ancienne Gaule*, voc. *Cambiovicenses*, rapporte l'opinion de Valois; mais il n'ose se prononcer à son sujet; cependant il l'a suivie dans les cartes qu'il a publiées. M. Walckenaer pense que les recherches faites jusqu'à ce jour n'ont pu réussir encore à faire sortir la question du domaine des conjectures. Il reconnaît d'ailleurs que celle de Valois est probable. (*Géographie ancienne des Gaules*, t. I, p. 371 et 372.)

milieu d'un triangle, dont les sommets des angles sont occupés par *Aquæ Segestæ* (Ferrières, Sceaux ou Montbouis), *Aquæ Nesincii* (Bourbon-Lancy), et *Aquæ Bormonis* (Bourbon-l'Archambault)[1]. Il croit retrouver le nom de ce peuple dans *Cambonum*, Chambon, qui s'est aussi appelé *Cambionum* et ne serait autre que le *vicus Cambio* ou *Cambio-vicus*, d'où est évidemment provenu *Cambiovicenses* ; ce dernier vocable désignerait, dès lors, à la fois, les habitants du *vicus* de Chambon et du pays de Combraille. Quant au nom de Combraille, il serait venu, suivant une autre conjecture de Valois, de celui de *Convallia*, que le pays aurait reçu à cause des montagnes et des vallées dont il est entrecoupé ; ce nom, pour aboutir à sa forme actuelle, aurait passé successivement par celles de *Conballia* et *Combrallia*[2].

Cette dernière étymologie est combattue par Baraillon, qui pense que *Combralia* vient plutôt du celtique *Comb*, vallée, en basse latinité *Comba* ou *Cumba*, en vieux français *Combe*, qui s'entend de terrains en pente ou situés dans des bas-fonds. De *Comba*, dit-il, est venu *Comballia*, *Comberyllia*, *Combraillia*, et enfin *Combraille*, pour dire *pays des Combes, des vallons*[3]. A l'égard de l'identité de la peuplade et du territoire des *Cambiovicenses* de la Table de Peutinger, et des habitants de la ville et du pays de *Cambonum*, Chambon, chef-lieu de la contrée, Baraillon développe l'idée de Valois, et produit, pour l'appuyer, de nombreuses observations, recueillies avec plus de zèle que de discernement. Il s'efforce de montrer notamment que

[1] Voir la Table dite *de Peutinger*, dans l'édition de Mannert, 1851, ou dans la réduction publiée par M. Léon Renier, dans l'*Annuaire de la Société des Antiquaires de France*, année 1850.

[2] *Notit. Galliarum*, p. 152 ; les Bollandistes, en écrivant *Evahonum in Convallibus* (Évaux en Combrailles), ont montré qu'ils adoptaient l'étymologie proposée par Valois.

[3] *Recherches sur les Cambiovicenses*, p. 3 et 4, n°ˢ 10 et 11.

Chambon est l'endroit du Combraille où il existe le plus de signes caractéristiques d'un chef-lieu de peuplade ou *pagus*, et il cite, entre autres témoignages de son antiquité, un petit temple qui fait aujourd'hui partie de l'église de Sainte-Valérie [1], une tombelle conique, la tour de l'horloge de la ville, le pont de Saint-Éloi, à l'est de la ville, des médailles et des débris de poteries romaines, des monnaies mérovingiennes [2], etc.

D'après l'acte de fondation du monastère de Rozeille (Moutiers-Rozeille) par Karissime, petite-nièce de saint Yrieix, charte qui serait datée, suivant Lecointe, de 674, et, suivant Mabillon, de 752, il y aurait eu, à cette époque, un personnage du nom de Rigaud de Chambon (*Rigaldus Cambonensis*), dont la signature figure dans la charte après celle d'Ébon, seigneur d'Aubusson (*Albuconensis princeps*), et immédiatement avant celle du comte Ébles (*Ebalo*) [3]. Mais cet acte est apocryphe ou tout au moins fort suspect, et les signatures que nous venons de rappeler ne contribuent pas peu à faire révoquer en doute sa sincérité.

Quoi qu'il en soit, le monastère de Chambon existait, au plus tard, au xe siècle, ainsi que l'atteste Adémar de Chabanais, dans le passage de sa chronique où il rapporte que le château de Chambonchard (*Cambocaris*), construit sur les

---

[1] *Loc. cit.* p. 8 à 17. Baraillon avance que ce petit temple gaulois était sans doute consacré à la divinité suprême du pays, *Dea Cambonia* ou *Cambona*, dont quelques restes d'inscriptions prouvent l'existence, et que c'est d'elle que provient le nom de Cambone ou Chambone qu'ont porté plusieurs princesses du Combraille. Mais les appréciations, voire même les assertions de cet auteur, qui manquait de lumières et de vrai savoir, et qui a cru trouver sur toute la surface de son pays de Combraille, des débris de peuplades, de temples, de villes et de forteresses gauloises, méritent peu de confiance.

[2] *Id. ibid.* p. 12, 14, 17.

[3] *Nov. Gallia christiana*, t. II, instrum. Eccles. Lemovic. col. 177; Joulliéton, *Hist. de la Marche*, t. I, p. 88.

bords d'un précipice, auprès de ce monastère (*Cambonense monasterium*), fut pris et ruiné, au milieu du x⁰ siècle, par Aymeric, abbé de Saint-Martial de Limoges[1].

Cette antiquité et cette importance de *Cambonum* au moyen âge autorisent, jusqu'à un certain point, à penser qu'il portait autrefois le nom de *Cambio vicus*, et que les habitants de cette bourgade et de son territoire ne sont autres que les anciens *Cambiovicenses* de la Table de Peutinger.

Ces *Cambiovicenses*, les habitants du pays de Chambon, formaient-ils une peuplade ou tribu indépendante? Dans le cas de la négative, à quel peuple étaient-ils incorporés, ou plutôt de quelle cité faisaient-ils partie?

Sur le premier point, Baraillon a soutenu que c'était une peuplade et un pays indépendant de ses voisins[2]. Mais c'est là une opinion dénuée de toute raison, évidemment inspirée par un sentiment de patriotisme exagéré, et qui ne supporte pas le plus léger examen.

Les Commentaires de César ne font nulle mention de cette peuplade. Or, si les *Cambiovicenses* eussent été distincts des peuples qui les entouraient, c'est-à-dire des Lémovices, des Bituriges et des Arvernes, qui fournirent des contingents pour la délivrance de Vercingétorix, enfermé dans Alésia, ils auraient été nommés et leur contingent déterminé: et, lors même qu'ils se fussent reconnus clients d'un autre peuple, comme les Cadurkes, les Gabales et les habitants du Velay se reconnaissaient clients des Arvernes[3], dans ce cas encore ils eussent été désignés.

---

[1] « Hic juxta *Cambonense* monasterium destruxit castellum vi expugnatum, Cambocarem, eo quod erat molestum monachis. » (Adem. Cabanens. *Chronic.* dans Ph. Labb. *Nov. Bibl. mss.* t. II, p. 167, et D. Bouquet, *Hist. de Fr.* t. VIII, p. 232.)

[2] *Loc. cit.* p. 108.

[3] *De bello Gallico*, VII, LXXV.

Aucun des écrivains du Haut et du Bas-Empire n'en a parlé ; son nom ne se trouve dans aucune inscription connue.

Peu d'années avant la chute de l'empire d'Occident, la Notice des provinces de la Gaule (an 396), et le *Libellus provinciarum*, qui présentent la nomenclature des villes épiscopales des peuples formant diocèses, ne mentionnent ni le peuple ni la cité des *Cambiovicenses*.

C'est qu'en effet les *Cambiovicenses* ou gens du Combraille ne formaient pas un peuple distinct, ayant une existence politique qui lui fût propre ; et nous allons montrer bientôt de quelle cité ils dépendaient.

M. Guérard place le Combraille tout entier en Auvergne[1], et, dans le fait, certaines parties de ce pays ont appartenu à la province moderne de l'Auvergne : il en est ainsi du territoire de Montaigu et de Belaigue. Mais c'est dans une période assez avancée de la féodalité que nous voyons le Combraille renfermer Montaigu et ses vingt-quatre paroisses ; les circonstances qui les y avaient rattachés étaient peut-être relativement récentes. Nous savons seulement que ce territoire était, depuis déjà un certain temps, uni au Combraille, lorsqu'en 1249 il fut attribué à l'Auvergne[2] ; et l'on pourrait admettre, à la rigueur, par exception à la règle générale, que les *pagi* étaient contenus tout entiers dans la cité que celui qui nous occupe débordait en Auvergne, comme, au sud de notre cité, le *pagus* de Turenne débordait en Quercy.

Dans tous les cas, le chef-lieu et la presque totalité du territoire de Combraille faisaient partie de la cité lémovique.

En voici les preuves :

Ahun était incontestablement en Combraille. Cela résulte

---

[1] *Liste des prov. et pays de France*, dans l'*Ann. de la Soc. de l'Hist. de Fr.* 1837.

[2] Voir Baraillon, *Recherches sur les Cambiovicenses*, loc. cit.

notamment de ce fait que Malval, qui est dans son voisinage immédiat, y est placé par une charte du xie siècle citée plus haut[1].

Or Ahun, nommé *Acitodunum* dans les Itinéraires romains et sur la Table de Peutinger, est séparé des villes de l'Auvergne *Us...ubium* et *Augustonemetum* (Pontgibaud et Clermont), par un lieu appelé *Fines*, qui, de l'aveu de tous les géographes et archéologues, indique la limite commune des *Lemovices* et des *Arverni*. Il résulte de là qu'Ahun appartenait aux *Lemovices*.

Ce n'est pas tout : la charte de fondation du monastère d'Ahun, donnée au xe siècle par Boson, comte de la Marche, contient le passage suivant : «...Ecclesia *in pago Lemovicino* « posita, a vico *Agiduno* non longe sita[2]... »

Ahun dépendait donc du Limousin, et, puisqu'il était en Combraille, le Combraille faisait nécessairement partie du Limousin.

Au point de vue des circonscriptions ecclésiastiques, il formait, au moyen âge, un archidiaconé du diocèse de Limoges, qui portait son nom et que mentionnent des documents assez nombreux jusqu'au commencement du xve siècle. En outre, parmi les archiprêtrés que comprenait cet archidiaconé, il s'en trouvait un qui s'appelait aussi *archiprêtré de Combraille*[3], et dont le siége était incontestablement à Lupersac, bourgade située à l'est de Bellegarde, du moins au xiiie siècle[4].

---

[1] Baraillon, *ibid.* p. 89, n°s 204 et 205.

[2] Ex Chartul. Userc. *Nov. Gallia christiana*, t. II, instrum. col. 190.

[3] « P. Plaichat, archipresbyter Combra-« lie. » (Ann. 1229. *Mss. Biblioth. impér.* Cartul. 135, t. I, p. 35.) « Willelmi de « Malamonte, archidiaconi Combralie. » (Ann. 1241; *ibid.* t. II, p. 198 *et passim.*) « Jo. Goyeti, archipresbyter Combralie. » (Ann. 1406.) « Jo. Goyeti, archidiaconi « Combralie. » (Ann. 1408. *Mss. Biblioth. impér.* Collect. Gaignières, t. CLXXXV, f° 51.)

[4] Baraillon affirme que le siége de l'archiprêtré de Combraille fut très-longtemps à Ahun, puis, au xiie siècle, à Néoux (*loc. cit.* p. 43 et 45); mais il n'en donne pas de preuves, et nous croyons ces assertions

Si l'on applique ici le principe admis par plusieurs auteurs, que les anciens archidiaconés représentaient d'anciens *pagi*, l'archidiaconé de Combraille doit être regardé comme figurant un ancien *pagus* du pays limousin.

Ce point établi, nous allons rechercher quelles étaient l'étendue et, aussi approximativement que possible, les limites du pays de Combraille.

Il faut, suivant nous, distinguer, dans ce travail de délimitation, deux périodes : la période féodale proprement dite, qui s'étend du xiie au xve siècle, et la période antérieure, qui se rapproche beaucoup plus de l'état du pays sous les Carlovingiens, c'est-à-dire de celui qui nous occupe plus particulièrement.

Dans la période féodale, le Combraille avait acquis un développement territorial considérable dans la direction de l'Auvergne. Ainsi, prenant pour centre et pour point de départ de cette étude le lieu appelé *Combraille*, qui est situé près et au nord de Chambon, et appartenait assurément à l'archiprêtré et à l'archidiaconé de ce nom, nous commençons par y rattacher, du côté de l'est, le territoire qui, sortant de l'ancien diocèse de Limoges et rentrant dans celui de Clermont, s'étendait jusqu'à Montaigu. Nous nous appuyons, pour tracer cette première limite, sur des lettres de Bernard d'Armagnac, du 7 avril 1450, où est mentionnée la *châtellenie de Montagu en Combraille*[1]; sur un manuscrit de l'abbaye de Montpeyroux,

inexactes. En effet, d'après le pouillé manuscrit du diocèse de Limoges, dressé, en 1758, par l'abbé Nadaud, et déposé au séminaire de Limoges*, le siége de l'archiprêtré de Combraille était à Luper- sac. Et quant à Néoux, il était, d'après la même autorité, le siége de l'archiprêtré d'Aubusson, au moins dès le xiiie siècle.

[1] *Recherches sur les Cambiovicenses*, p. 81-87, nos 179-200.

* M. le supérieur du séminaire de Limoges a bien voulu envoyer au séminaire de Saint-Sulpice, à Paris, le manuscrit de Nadaud, pour nous être communiqué. Nous le remercions ici de cet acte de complaisance.

duquel il résulte que, l'an 1136, le monastère de Sainte-Marie de Belaigue fut fondé en Combraille : « Fratres nostri « fundavere domum B. Mariæ de Aqua Bella *in Cumbralia*[1]. » Or ce monastère est en pleine province d'Auvergne, commune de Virelet, et à peu de distance de Montaigu (à sept kilomètres environ). Cette châtellenie et les vingt-quatre paroisses qui en dépendaient appartenaient donc au Combraille.

Montaigu, suivant Baraillon, fut une des principales villes du pays, et, après la destruction de Chambon, qui était, dans l'origine, au centre de la contrée, il en devint la capitale. Montaigu lui-même, lorsque, par suite du démembrement de 1249, il eut été incorporé au Bourbonnais, fut remplacé par Évaux (*Evaunensis vicus* dans Grégoire de Tours, *Evahonium* dans les temps postérieurs), qui devint à son tour le chef-lieu du Combraille[2]. Quant à Chambon, il était tombé au second rang, ne gardant, comme témoignage de son importance historique, qu'une prévôté de l'ordre de saint Benoît, dont le titulaire « avait, dit un géographe, une justice particulière qu'on appelle « *régence* dans le païs[3]. »

Au sud, ce pays comprenait le territoire portant le nom de Franc-Alleu, qui le séparait du *pagus Nigermontensis*, pays de

---

[1] *Nov. Gall. christ.* t. II, instrum. Eccles; Claromont. p. 406.

[2] Baraillon, *loc. cit.* p. 79-84. Piganiol de la Force (*Nouvelle descript. de la France*, 2ᵉ édit. 1722, p. 342) affirme que « Évahon « est la ville la plus considérable de la ba- « ronnie de Combraille. » Expilly, indépendamment de l'article spécial qu'il a consacré à Évaux (*Dictionn. des Gaules et de la France*, 1764, t. II, p. 805), contient, à la page 398, col. 2, un alinéa qui commence par ces mots : « *Combrailles* ou *Évaon*, « mais qu'on prononce *Évaux*, *Evahonium*, « petite ville, chef-lieu de l'élection de « Combraille, avec justice subalterne, etc. » Les premiers termes de cette phrase pourraient faire penser que la petite ville dont il est ici question était indifféremment appelée de son nom particulier et de celui de la contrée dont elle était la localité principale. Mais le passage précité d'Expilly étant le seul qui, à notre connaissance, contienne cette énonciation, il faut écarter la supposition dont il s'agit.

[3] Piganiol de la Force, *ubi supra*.

Nigremont. « Le Combraille, dit Baudrand[1], comprend cinq
« petits bailliages, avec le petit quartier qu'on appelle le *Franc-
« Alleu*, pour son immunité. » Bellegarde en était la ville
principale.

Aubusson restait en dehors et faisait partie du pays de Nigremont.

A l'ouest, Ahun et un territoire peu étendu autour de la
ville se rattachaient, ainsi que nous l'avons dit, au Combraille[2].
Ils en furent distraits à une époque qui ne peut être précisée,
mais qui est antérieure à l'acte de partage de ce canton, dressé
en 1249, et d'après lequel ils n'en faisaient déjà plus partie[3].

Au nord, le Combraille s'étendait jusqu'auprès de Boussac,
et au nord-est jusqu'auprès de Montluçon[4].

D'après cela, les limites du pays qui nous occupe, partant
d'un point appelé la *Ville Brulant*, au nord-nord-est de Boussac, au lieu de s'abaisser, comme les limites du diocèse, vers le
sud, se dirigeaient vers le sud-est, passaient au sud d'Huriel,
de Montluçon, à l'ouest puis au sud de Néris; traversaient la
Baune, en amont de Commentry; contournaient Montaigu,
et, retournant à l'ouest, rejoignaient les limites de l'ancien
diocèse de Limoges, au nord de Mérinchal et de Saint-Avit-
d'Auvergne (point où l'on peut, suivant nous, placer le *Fines*
des Itinéraires), vers un lieu nommé Doutreix ou Chatelard.

A partir de ce dernier endroit et se dirigeant vers l'ouest,
les limites côtoyaient le pays de Nigremont, passaient au sud
de Bellegarde, au nord d'Aubusson; puis longeaient les rives
de la Creuse jusqu'à Saint-Martial; et, de là, déviant un peu
à l'ouest, enveloppaient un petit territoire dépendant d'Ahun;
puis, revenant à la hauteur de Saint-Laurent sur la rive

---

[1] *Dictionnaire géographique.*
[2] Baraillon, *loc. cit.* p. 88, n° 201.
[3] *Ibid.* p. 79, n° 176.
[4] *Ibid.* n° 175.

droite de la Creuse, la suivaient jusqu'à Champsanglard, d'où elles tendaient, à peu près en ligne droite, vers le nord; et, passant ensuite à l'est de Malval, qu'elles enfermaient dans le Combraille, elles rejoignaient les limites de l'ancien diocèse, avec lesquelles elles se confondaient; et, passant au nord de Boussac, arrivaient à la *Ville Brulant*, notre point de départ.

Suivant D. Vaissète, ce pays avait environ quatorze lieues communes de France (dix-sept ou dix-huit lieues de poste) du midi au nord, et cinq à six de largeur [1]. L'abbé Expilly lui donne huit lieues de long sur cinq de large, ce qui, ajoute-t-il, peut être évalué à vingt-huit lieues carrées [2]. Baraillon lui attribue une longueur d'environ dix myriamètres (vingt-cinq lieues), sur six (quinze lieues) dans sa plus grande largeur [3].

Telles étaient approximativement l'étendue superficielle et la configuration du Combraille dès le XII⁰ siècle, c'est-à-dire pendant la période féodale, alors qu'il s'était développé, hors du Limousin, sur les cités d'Auvergne et du Berry. Dans les temps antérieurs, ce pays était resté compris dans les limites de l'ancien diocèse de Limoges, de sorte que la délimitation ci-dessus indiquée s'applique assez exactement à l'état territorial précédent, moyennant le retranchement : 1° des parcelles du Berry que le Combraille avait acquises dans la direction de Montluçon; 2° des vingt-quatre paroisses de la châtellenie de Montaigu en Auvergne, qui s'y étaient annexées, et ont déterminé tous les géographes et historiens, notamment M. Guérard parmi nos contemporains, à voir dans le Combraille une dépendance de la province d'Auvergne.

---

[1] *Géographie histor.* in-4°, t. II, p. 532.
[2] *Dictionnaire des Gaules et de la France*, t. II, p. 398.
[3] « Je sais, dit-il, que je contredis tous « les géographes, qui donnent à cette con- « trée huit lieues de long sur quatre de « large; mais ils se sont tous copiés sans « rechercher. » (*Loc. cit.* p. 79-175.)

— 177 —

Considéré au point de vue de ses attenances, le Combraille était borné, au nord, par le Berry (*pagus Bituricus* ou *Bituricensis*); à l'est et au sud-est, par l'Auvergne (*pagus Arvernicus*); et, de tous les autres côtés, par les *pagi* suivants du Limousin, savoir : au sud, par le *pagus Nigermontensis* (pays de Nigremont); au sud-ouest et à l'ouest, par le *terminus Vallariensis* (pays de Vallières); enfin, à l'ouest et au nord-ouest, par le pays Dunois (*Dunensis* ou *Dunezus*).

Il nous reste à parler d'une subdivision du même pays, que signalent des documents assez anciens, et qui s'est maintenue jusqu'à l'organisation départementale de 1790.

Le Combraille, dit D. Vaissète, est partagé en *Combraille* proprement dit et en *pays de Franc-Alleu* [1].

Nous trouvons, en effet, la mention du *Francum Allodium* dans un titre de l'an 1136 [2], du *Franc-Alleu* dans un acte de 1484, et ce dernier monument semble indiquer que le Franc-Alleu, dépendant du Combraille, était toujours considéré comme appartenant au Limousin [3].

Ce quartier était, suivant Expilly, situé entre les rivières de la Creuse et du Cher [4], ce qui donne approximativement les limites de l'est à l'ouest. Quant aux autres limites, d'après les cartes dressées au XVIIIe siècle et les feuilles de Cassini que nous avons sous les yeux, il était borné, au sud, par la Tardelle, et, au nord, par une ligne presque droite, dirigée de Saint-Martial-sur-Creuse vers Château-sur-Cher.

---

[1] D. Vaissète, *Histoire du Languedoc*, t. II, pr. col. 481.

[2] *Ubi supra*.

[3] « Pierre Bréan, notaire royal de Li-« moges, au nom et comme procureur de « noble homme Jehan le Chove, escuyer, « nouveau eslu pour le roy, nostre sire, « en hault pays de Limousin et Franc-Aleu. » (Mss. Biblioth. impér. Cartul. 135, t. III, p. 353.)

[4] *Dictionnaire des Gaules*, etc. t. III, p. 336.

Elle contenait trois localités de quelque importance : Sermur (canton d'Auzance) [1], Mainsat [2] et Bellegarde [3].

Suivant Baraillon, c'était Bellegarde qui en était la localité la plus considérable ; mais nous pensons, avec Expilly, que Sermur en fut le chef-lieu.

18° *Betrivus* (*pagus?*), pays de Bort?? [4] (n° XVIII de la carte).

Un savant bénédictin, D. Col, a placé au centre du Combraille un pays dont la mention se trouve dans le passage suivant d'une charte de l'an 969 : « Ecclesia quæ vocatur « Capella..... in urbe Betrivo, in vicaria Pardaniaco [5]. » A la suite de ce document, D. Col, qui en a fait la copie conservée dans le Dépôt des chartes de la Bibliothèque impériale, a inscrit une note ainsi conçue : « C'est une paroisse appelée *la* « *Chapelle*, située dans le Combraille, sur les frontières du Bour- « bonnais, très-voisine des paroisses de Pradeaux et de Bort, « qui me paraissent ici désignées sous les noms de *Betrivum* et « *Pardaniacum*. » Dans une autre copie du même érudit, on trouve en marge ces mots : « La Chapelle de Combraille, près « des villages de Pradeaux et de Bort [6]. »

Nous avons cru devoir, par déférence pour l'autorité de leur auteur, faire connaître ces désignations ; et nous avons porté sur la liste des *pagi* et des vicairies du Limousin le pays de Bort et la vicairie de Pradeaux. Mais nous devons exposer à

---

[1] Guérard, *Liste des provinces et pays de France*, dans l'*Annuaire de la Société de l'Histoire de France*, ann. 1837. Expilly, *Dictionn. des Gaules*, etc. ubi supra.

[2] Guérard, loc. cit.

[3] Baraillon, *Recherches sur les Cambiovicenses*, p. 79, n° 174.

[4] Dans l'arrondissement de Boussac, département de la Creuse.

[5] Mss. Biblioth. imp. Dépôt des chartes, sub anno 969.

[6] Mss. de la Bibliothèque impériale, Cartul. 135, t. I.

nos lecteurs les raisons de douter de l'exactitude de la double attribution proposée par D. Col.

En premier lieu, rien ne prouve que Bort, en Combraille, au nord-ouest de Chambon, ait jamais été appelé en latin *Betrivus* ou *Betrivum*.

On ne voit pas non plus qu'à aucune époque il ait eu de l'importance.

D'un autre côté, ce canton n'aurait pu être qu'un *pagus* du Limousin, et les mots *in urbe*, synonymes de *in orbe*, ne s'emploient, au moyen âge, que pour désigner le territoire d'une cité ou grand *pagus*, comme *in orbe Arvernico*, *in orbe Lemovicino*, *in orbe Caturcino*; il n'existe pas, à ma connaissance, un seul exemple de pays de l'ordre inférieur, qui ait reçu le titre d'*orbis* ou *urbs*.

Enfin, cette dernière observation nous mène à conjecturer que, dans la charte qui nous occupe, *urbe Betrivo* désigne peut-être le pays du Berry, qui s'appelle, dans plusieurs monuments de la période carlovingienne, *Beturigus*, *Betrigus*, et a pu se nommer accidentellement et par corruption *Betrivus* [1].

Quant à la vicairie de Pradeaux, il nous semble fort douteux que du latin *Pardaniacum* soit dérivé Pradeaux. Dans la langue topographique du Limousin, la terminaison en *ac* se retrouve ordinairement dans les noms modernes, et Pradeaux dérive plus naturellement, à nos yeux, de *pradellas* ou *pradellis* [2].

C'est pourquoi, tout en inscrivant le pays de Bort et la vicairie de Pradeaux parmi nos *pagi* et nos vicairies, nous avons cru devoir exposer nos doutes et faire nos réserves à leur sujet.

---

[1] Cette forme du nom de la cité berrichonne n'est cependant pas signalée parmi toutes celles dont M. L. Raynal a fait mention dans son *Histoire du Berry*.

(Voyez tome Ier., notes préliminaires.)

[2] M. Raynal n'a pas non plus connu de vicairie portant ce nom dans l'ancien Berry.

II. Description des pays mentionnés postérieurement au xie siècle, mais dont le territoire n'est occupé par aucun *pagus* de date antérieure.

Ils sont au nombre de quatre, savoir :

Le *Dunois*, ou pays de Dun-le-Palleteau;

Le *Guérétois*, ou pays de Guéret;

Le *Magnazeix*, ou pays de Magnac-Laval;

Enfin, le *Nontronnais*, ou pays de Nontron.

Ces pays sont désignés, sur la carte qui est jointe à notre travail, par les nᵒˢ XIX, XX, XXI et XXII.

1° *Le Dunois* (pays de Ðun), *Dunezus* ou *Dunensis* (*pagus*) (n° XIX sur la carte ci-jointe).

Ce petit pays avait pour chef-lieu la petite ville de Dun-le-Palleteau[1], qui, je crois, n'est autre que le *castrum Idunum* nommé dans la Vie de saint Eptadius, écrite par un contemporain de ce personnage dans la première moitié du vie siècle[2]. Son antiquité est attestée non-seulement par le nom celtique qu'elle porte, mais par la découverte, dans son voisinage immédiat, d'un dolmen et de haches en bronze[3]. C'est peut-être à côté de Dun ou dans son territoire qu'était un atelier monétaire mérovingien, appelé RIEO DVNIN[4], que nous avons proposé d'attribuer à *Rieu-près-Dun*, ces termes paraissant être la traduction exacte des deux mots *Rieo Dunin*[o]. S'il en était ainsi,

---

[1] Chef-lieu de canton, arrondissement de Guéret (Creuse).

[2] « Castrum provinciæ Lemovicinæ, Idunum nomine. » (Apud. Ph. Labb. *Nov. Biblioth. mss.* t. II, append. D. Bouquet, t. III, p. 381.)

[3] *Mémoires de la Société des sciences naturelles et archéologiques de la Creuse*, t. Iᵉʳ, p. 83.

[4] Voir notre *Description des monnaies mérovingiennes du Limousin*. (*Revue numismatique*, nouv. série, ann. 1857, pl. XII, n° 45.)

notre *pagus,* sous les rois de la première race, aurait été nommé *Duninus.*

« La ville de Dun dans la Marche, dit Lancelot dans ses « *Recherches sur les pagi,* communique aussy son nom à un pays « assez estendu, qui est situé sur la rivière de Creuse, et que « l'on appelle le *Dunois.* De ce pays dépendent la ville de Celle- « Dunoise, qui est sur la Creuse, et les villages de Saint- « Sulpice-le-Dunois et de Bussière-Dunoise [1]. »

Il faut ajouter à ces localités le village appelé *le Dunet,* qui est tout près et au sud de Dun-le-Palleteau, et qui en a tiré évidemment son nom [2], ainsi que la localité nommée *Serfs-de-Dun,* située au sud-est [3] de la même ville.

La mention la plus ancienne de ce pays se trouve dans un acte de l'an 1427, où se lisent ces mots : « Jo. Rubentis de *Cella* « *Duneza* [4]. » Mais, comme son territoire n'est occupé par aucun *pagus* de date antérieure, nous n'avons pas hésité à l'admettre dans la nomenclature des pays du Limousin.

Quant à son étendue, nous venons de voir que Lancelot dit simplement qu'il était situé sur la Creuse et qu'il avait une étendue assez considérable. Nous croyons devoir lui attribuer en son entier la vicairie de Fursac (*Firciacensis*). Si cette attribution est fondée, on peut conjecturer que les limites, en partant de Saint-Pierre-de-Fursac, au sud, remontaient le cours de la Gartempe jusqu'auprès de Saint-Priest, d'où elles se dirigeaient vers le nord-est, en remontant un petit affluent;

---

[1] Mss. Biblioth. impér. Collection de Lancelot, *Recherches sur les pagi,* lettre A, *pagi et regiunculæ,* fol. 5. M. Guérard a aussi mentionné le Dunois dans sa liste des Provinces et pays de France. (*Annuaire de la Société de l'Histoire de France,* ann. 1837.)

[2] Mss. Biblioth. impér. Cartul. 135, t. VII, p. 113.

[3] Elle renfermait, en 1761, soixante et onze feux.

[4] Mss. Bibl. imp. Collect. Gaignières, t. CLXXXVI, fol. 53.

puis, passant dans le bassin de la Creuse, suivaient un affluent de cette rivière, qu'elles traversaient à Champsanglard. A partir de ce point, elles tendaient au nord, en passant à l'ouest de Malval, et rejoignaient les limites septentrionales du Limousin, du côté du Berry; suivaient ces limites jusqu'à la hauteur de Beaulieu; de là, passant vers Jouac, dans la vallée de la Benaise, remontaient le cours de cette rivière; arrivaient près et au nord d'Arnac-la-Poste; et, descendant ensuite vers le sud, atteignaient, en amont de Château-Ponsat, les rives de la Gartempe, qu'elles remontaient jusqu'à Saint-Pierre-de-Fursac, point de départ de la délimitation.

Envisagé sous le rapport de ses confrontations, le pays qui nous occupe était, dans l'hypothèse ci-dessus indiquée, borné, à l'est, par le Combraille (*Cambiovicenses* ou *Combralia*); au nord, par le Berry; à l'ouest, par le pays Magnazeix (*de Magnaco* ou *Magnacensis pagus*); au sud-ouest, par le pays de Rançon (*Andecamulenses*); et au sud, par le Guérétois (*Waractensis*).

2° *Le Guérétois* (pays de Guéret[1]), *Waractensis* ou *Garactensis* (*pagus*)? (n° XX sur la carte ci-jointe).

Le Guérétois, comme son nom l'indique, avait pour cheflieu Guéret (*Waractus*), mentionné dans le passage suivant de la Vie de saint Pardoux, écrite peu après sa mort, qui arriva en 737 : « In occidentali plaga, partibus Aquitaniæ, in « urbe Lemovicensium, in loco qui vocatur *Waractus*[2]. »

M. Guérard a porté ce pays dans sa liste des *Provinces et pays de France*, et il met entre parenthèses, à la suite du nom de Guérétois, *pagus Waractensis*[3]. Cependant nous ne connais-

---

[1] Chef-lieu du département de la Creuse.
[2] Bolland. mens. Octobr. t. III, p. 434. Ph. Labb. *Nov. Bibl. mss.* t. II. p. 599-600.
[3] *Annuaire de la Société de l'Histoire de France*, pour l'année 1837.

sons aucun monument du moyen âge où il soit ainsi mentionné, et le savant professeur, sur la question que nous lui avions faite à ce sujet, avait reconnu, après une vérification préalable dans ses cartons, qu'il n'avait lui-même aucun document qui autorisât cette qualification. C'est, sans doute, la reproduction d'un passage de la *Notice des Gaules*, d'Adrien de Valois, où il est dit : *Waractum in Lemovicibus nomen dedit pago Waractensi* (le Guérétois[1]). Or, cet auteur ayant écrit son ouvrage en latin, les termes *pagus Waractensis* ne sont ici que la traduction, dans cette langue, des mots : *pays guérétois*, et n'ont, par suite, aucune signification historique.

Il est vrai qu'au XII° siècle Geoffroi de Vigeois, dans sa chronique, mentionne les *Garactenses*[2]; mais cet écrivain a entendu parler des habitants de Guéret plutôt que de la population qui occupait son territoire.

Voici ce qu'en dit Lancelot dans ses *Recherches sur les pagi* : « La ville de Guéret, capitale de la Marche[3], donne son nom « à un pays situé sur la rivière de Gartempe, et auquel on « donne le nom de *Guérétois*, et on y trouve le village de *Saint-* « *Sulpice-en-Guérétois*, ainsi surnommé pour le distinguer de « Saint-Sulpice-le-Dunois, qui n'en est pas loin[4]. »

J'ajouterai à cette dernière observation la mention d'une autre localité qui porte le même surnom, *Saint-Léger-en-Guérétois*, situé à l'ouest de Guéret et au sud de *Saint-Sulpice-le-Guérétois*.

D'après le passage cité de Lancelot, ce petit pays s'étendait le long de la Gartempe. Il occupait, suivant toutes les vrai-

---

[1] *Notit. Galliar.* p. 629.

[2] Gaufrid. prior. Vosiens. *Chronicon*, dans Ph. Labb. *Nov. Biblioth. mss.* t. II, p. 315.

[3] C'est-à-dire de la haute Marche.

[4] Mss. de la Bibliothèque impériale, Collection Lancelot, lettre A, *pagi et regiunculæ*, p. 4.

semblances, la rive gauche de ce cours d'eau, et embrassait à peu près en son entier la vicairie de Salagnac ou Bourg-Salagnac (*de Selabunac*).

Il nous paraîtrait, dans cette hypothèse, avoir été borné de la manière suivante :

A l'est et au nord, par le pays de Chambon ou de Combraille (*Cambiovicenses* ou *Combralia*); au sud, par le pays de Vallières (*Vallariensis terminus*); au sud-ouest, par le pays de Juconciac (*Juconciacus pagus*) ou du Palais; à l'ouest, par le pays de Rançon (*Andecamulenses*); au nord-ouest, par le pays Dunois.

3° *Le Magnazeix* (pays de Magnac-Laval[1]), *Magnacensis* (*pagus?*) (n° XXI sur la carte ci-jointe).

La ville qui a formé le chef-lieu de ce pays, et lui a donné son nom, est Magnac-Laval[2]. Son existence remonte à une haute antiquité, puisque, d'après le témoignage de M. Allou, il existait, de son temps (1821), dans la rue qui conduit de l'église à l'ancien château, un débris d'autel votif ou de monument funéraire, portant sur l'une de ses faces un fragment d'inscription romaine[3].

La contrée au centre de laquelle est Magnac-Laval a pris,

---

[1] Magnac-Laval, chef-lieu de canton, arrondissement de Bellac, département de la Haute-Vienne. Ce pays n'a pas été connu de M. Guérard.

[2] Cette ville se distingue de celle de Magnac-Bourg, située canton de Saint-Germain, arrondissement de Saint-Yrieix (Haute-Vienne); c'est à cette dernière, et non pas à Magnac-Laval, comme l'avait pensé un regrettable numismatiste, M. Cartier père, qu'il faut attribuer un triens mérovingien qui porte en légende MAV-GONACO. (Voir, à ce sujet, notre Description des monnaies mérovingiennes du Limousin, *Rev. numism.* nouvelle série, année 1857, pl. XIII, n° 19, et année 1858, p. 328 et 329.)

[3] On ne pouvait y lire que ces lettres : .....SESMVT....ENIAE. D. S. C. (Allou, *Descript. des monum. de la Haute-Vienne*, p. 311.) M. Arbellot n'a pu retrouver ce monument, que M. Allou avait pourtant observé sur place.

du nom de cette ville ou grosse bourgade, celui de *Magnazeix*, et l'on voit, par les noms des localités, qu'elle comprenait *Saint-Léger-Magnazeix*, sur la route du Dorat à la Châtre, *Saint-Hilaire-Magnazeix*, *Saint-Sornin-Magnazeix* [1], et *Saint-Amand-Magnazeix*, au nord-nord-est, à l'est et au sud-est de Magnac.

Magnazeix n'est que la traduction de *Magnacensis*; mais, jusqu'ici, nous n'avons rencontré dans aucun titre du moyen âge la mention de ce *pagus* [2]. Toutefois, comme ce territoire n'est occupé par aucun pays plus ancien, nous croyons devoir l'admettre dans notre nomenclature.

D'après la position des lieux dont les noms attestent que ce pays s'étendait au moins jusqu'à eux, on peut conjecturer qu'il se développait au nord de la Gartempe et de l'un de ses affluents, la Seine; que ses limites remontaient jusqu'auprès de Morterol; à partir de ce point, se dirigeaient vers le nord-est, passaient au nord d'Arnac-la-Poste, traversaient la Benaise devant Jouac, puis allaient rejoindre l'extrême frontière du Limousin, et la suivaient jusqu'au point de rencontre de la Gartempe, dont elles remontaient le cours jusqu'à son confluent avec la Seine, point de départ de la délimitation.

Le pays Magnazeix aurait été, dès lors, borné, au sud par le pays de Rançon (*Andecamulenses*); à l'est et au nord-est, par

---

[1] Cette localité portait primitivement le nom de Leuslac. Elle s'est appelée successivement *Sanctus Saturninus de Leuslac*, Saint-Sornin-Leuslac, et Saint-Sornin-Magnazeix, du nom du pays où elle est située. Son nom latin nous est encore inconnu : nous avons pensé d'abord que c'était peut-être *Lansula*, mentionné dans le *Livre des serfs* de Marmoutiers, publié par M. Louis Salmon. Mais *Lansula* dériverait plutôt d'*Insula*, paroisse au sud de Limoges, mentionnée dans la Chronique de Geofroi de Vigeois. (Ph. Labb. *Nov. Biblioth. mss.* t. II, p. 286.)

[2] On lit dans un titre de 1339 : *Guibertus de Exchejador, dominus de* MAGNAGAS. (Mss. Biblioth. impér. Collect. Gaignières, t. CLXXXV, p. 17.) Ce nom de *Magnagas* est peut-être celui d'où est dérivé, au XVI° ou au XVII° siècle, *Magnazeix*.

le pays Dunois; au nord, par le Berry; au nord-ouest, par le Poitou; et, à l'ouest, par le pays de Châlus et de Ligoure.

4° *Le Nontronnais* (pays de Nontron[1]), *Nantronensis, Nuntronensis* ou *Nontronensis* (*pagus?*) (n° XXII sur la carte).

Au sud-ouest du pays de Châlus et de Ligoure, et au nord-ouest de l'Yssandonnais, dans la partie du Limousin comprise entre ces deux *pagi* et les limites du Périgord, se trouve un territoire d'une assez grande étendue, dont Nontron était assurément la localité la plus importante et l'une des plus anciennes.

On voit déjà Nontron, sous les rois de la première race, possédant un atelier monétaire, ainsi que le prouve un tiers de sou d'or, dans la légende duquel son nom paraît avoir été inscrit[2]. Sous Charlemagne, en 785, le *castrum Nuntronense* et sa châtellenie, *castellania*, sont mentionnés dans le testament du comte Roger[3]. Au xe siècle, il fut le chef-lieu d'une centaine[4].

Au XIIe siècle, Nontron était déjà une ville : *Rufus de* OPPIDO DE NONTRONIS, et, au XIVe, on voit distinguer le château de Nontron et ses dépendances (*cum toto honore*), du château du Bourg même, *castri Burgi*[5], lequel était, sans doute, aux mains de l'administration communale qui y était constituée.

Nontron fut, depuis le XIIe jusqu'au XVe siècle, le chef-lieu d'un archidiaconé du diocèse de Limoges, et, si l'on appli-

---

[1] Chef-lieu d'arrondissement, dans le département de la Dordogne.

[2] *Rev. numism.* nouv. série, ann. 1858, pl. III, n° 91.

[3] Mabillon. *Acta SS. ord. S. Bened.* t. II, p. 711.

[4] « In pago Lemovicensi, in centena Nantroninse. » (*Ex Chart. S. Martini Turonensis*, ch. ann. 921. Mss. Biblioth. impér. Rés. Saint-Germain, n° 969, fol. 98, 99.) C'est à M. Houzé que nous sommes redevable de la connaissance de ce texte, et nous nous plaisons à le remercier ici de son obligeante communication.

[5] Mss. Biblioth. impér. Collect. Duchesne, t. XXII.

quait ici le principe admis par plusieurs archéologues, que les anciens archidiaconés représentaient souvent des *pagi*, celui de Nontron représenterait aussi un ancien *pagus* du Limousin. Indépendamment de ce principe, dont nous constatons d'ailleurs, en général, l'exactitude, on peut considérer comme très-vraisemblable que le *castrum Nuntronense*, de même que le *castrum Torinna*, le *castrum Userca*, et le *castrum Issando* ou *Exandonum*, fut le chef-lieu d'un pays de l'ordre inférieur, auquel il communiqua son nom. La châtellenie (*castellania*), le territoire dépendant du château (*honor*), et la circonscription de la centaine (*centena*), formèrent, au VIIIe, au Xe et au XIIe siècle, le noyau, le centre du pays de Nontron. Nous n'en avons rencontré, jusqu'ici, la mention dans aucun document du moyen âge, mais nous en trouvons la trace dans les noms modernes de *Nontronneau*, de *Savignac-de-Nontron* et de *Milhac-de-Nontron*, localités assez éloignées de cette ville, et qui pourtant paraissent avoir appartenu à son territoire.

D'après ces indications sommaires, nous croyons pouvoir présumer que non-seulement le Nontronnais comprenait la centaine de Nontron, mais qu'il s'étendait assez loin à l'est vers l'Yssandonnais (*Exandonensis pagus*), et que ses limites étaient approximativement les suivantes :

En partant du nord-ouest, elles descendraient vers le sud, en suivant celles du Limousin, dans la partie qui confinait au Périgord; tourneraient au sud de Nontron, et, se dirigeant vers le sud-est, passeraient un peu au nord de Thiviers; rejoindraient, à la Nouaille, les limites de l'Yssandonnais; puis, remontant vers le nord jusqu'à Courbefy, atteindraient à ce point le pays de Châlus et de Ligoure, dont elles suivraient les frontières, en marchant vers le nord-ouest; passeraient au sud de la vicairie de Chassenon (*vicaria Cassanomensis*), et rejoindraient la limite occidentale du Limousin, au point de départ de notre délimitation.

A l'égard de ses confrontations, le Nontronnais aurait été, dans cette hypothèse, borné, à l'ouest et au sud, par le Périgord; à l'est, par le pays d'Yssandon, et, au nord, par le pays précité de Châlus et de Ligoure.

III. Des petits pays mentionnés postérieurement au xi° siècle, et dont le territoire est occupé par des *pagi* de date antérieure.

Ces cantons, dont la superficie était fort restreinte, n'ont, à raison de la double circonstance que le titre ci-dessus rappelle, qu'une importance très-secondaire; car ils ne répondent à aucune origine historique, qui nous soit du moins connue, à aucune des périodes que nous avons en vue dans ce travail. Toutefois, comme M. Guérard a cru devoir comprendre dans sa liste des pays de France[1] ceux mêmes dont la date est fort récente, nous suivrons son exemple.

Voici les noms des petits quartiers de l'espèce dont il s'agit, que nous avons relevés en Limousin :

Aixe (pays d');
Avalouse (pays de l');
Barmontois (le);
Brosse (pays de);
Chargnac (pays de);
Compreignac (pays de);
Dognon ou *Doignon* (le);
Forgès (pays de);
Gimel (pays de);
Gorre (pays de);
Las Tours ou *la Tour* (pays de);

[1] *Annuaire de la Société de l'histoire de France*, année 1837.

Laurière (pays de);
Monédières (montagnes et pays des) ou de *Monédière*;
Tarde (pays de la).

1° *Aixe* (pays d').

On observe sur la rive gauche de la Vienne, en aval de la petite ville d'*Aixe*, une localité nommée *Saint-Priest-sous-Aixe*, et plus bas encore, sur la même rive, *Saint-Yrieix-sous-Aixe*[1]. Au sud-ouest de la ville d'Aixe, une forêt assez étendue porte le nom de *Forêt d'Aixe*.

Ce lieu possédait un *castrum* d'une certaine importance, et fut, au moyen âge, le centre d'une vicairie à laquelle il donna son nom.

Mais il n'existe, à notre connaissance, aucune mention d'un *pagus de Axia*, et, d'ailleurs, ce territoire serait complétement enclavé dans le pays des *Leuci* (de Châlus et de Ligoure), qui s'étendait sur la vicairie d'Aixe.

2° *Avalouse* (pays de l').

Ce petit pays a emprunté ses noms à un affluent de gauche de la Corrèze, appelé, au xe siècle, *Avalosa*: il contenait Saint-Bonnet-Avalouse, nommé *Sanctas Bonitus de Avalosa*[2] dans le testament du vicomte Adémar des Échelles, et sans doute aussi les autres localités qui bordaient ce cours d'eau, savoir: Espagnac, Pendrigne, Ladignac, Chanac et la Guêne[3].

---

[1] Ces deux localités sont chefs-lieux de commune dans le canton d'Aixe, arrondissement de Limoges (Haute-Vienne).

[2] *Testamentum Ademari*, circa annum 930, dans Baluze, *Hist. Tutel.* col. 334. Un fait assez curieux est à remarquer ici: la commune de Saint-Bonnet a pris, comme on voit, au moyen âge, un surnom tiré du nom de la rivière de l'Avalouse; or, par un revirement singulier, le cours d'eau est appelé de nos jours la *Saint-Bonnette*, parce qu'il passe auprès du village de Saint-Bonnet, empruntant ainsi à son tour le nom de la localité qu'il avait d'abord servi lui-même à désigner.

[3] C'est peut-être cette *regio montuosa* que

Il était originairement compris dans le *pagus Biaenas*, pays de Beynat, qui est inscrit sur un triens mérovingien, et, à partir du ixe siècle, dans le *pagus Torinensis*, pays de Turenne, qui couvrait la vicairie d'Espagnac[1].

3° *Le Barmontois* (contrée de Barmont)[2].

Près de la source de la rivière de Tarde, et non loin d'Aubusson, est un village nommé *Barmont*, qui a donné son nom à la petite contrée du Barmontois[3]. On y remarque une localité appelée *la Celle-Barmontoise*, ce qui la distingue de la Celle-d'Auvergne, qui est, à très-peu de distance, dans le diocèse de Clermont.

Le Barmontois dépendait du pays de Nigremont (*Nigermontensis*).

4° *Brosse* (pays de)[4].

Il existe, à l'extrémité nord-est de la cité lémovique, un château appelé, au moyen âge, *Brucia* ou *Bruccia*, par Aimoin, dans son livre des Miracles de saint Benoît, écrit au xie siècle[5],

---

l'auteur du livre des Miracles de sainte Foy appelle *Avalena*; dans Bouquet, t. X, p. 380, ce nom est écrit *Avallena*. (Cf. les Bollandistes, *Acta SS.* mens. octobr. t. III, p. 312 et 313.) On a cru pouvoir rapporter à Adémar, vicomte de Limoges, les termes de *nobilissimus Hadimarus*, que contient le même passage de ce livre; mais c'est à tort, il vaut mieux y voir un autre Adémar dont parle Geoffroi de Vigeois (dans Ph. Labb. *Nov. Biblioth. mss.* t. II, p. 283), et l'un des descendants de la famille d'*Avalena*, dont les représentants firent, en 881, des libéralités à Saint-Martin de Tulle. (Baluz. *loc. cit.* col. 328, 349, 350, 364.) Toutefois il serait peut-être téméraire, jusqu'à plus ample informé, de voir dans l'Avalouse la *regio Avalena*.

[1] Voir plus haut, num. I, 8° et 12°.

[2] Dans l'arrondissement d'Aubusson et canton de Crocq (Creuse).

[3] Mss. Biblioth. impér. Collect. de Lancelot, liasse A, cahier des *Pagelli et Regiunculæ*, p. 4. Lancelot a écrit à tort *Bermont* et *Bermontois*.

[4] Brosse est au sud-est de Gouzon, arrondissement de Boussac, département de la Creuse.

[5] *De miracul. S. Bened.* lib. I, cap. xvi, et lib. II, cap. v. On voit aussi figurer, en 1174, dans une charte de l'abbaye de Bonlieu (*Boni loci*), qui était dans le voisinage

et *Brocia*, par Adémar de Chabanais, en sa Chronique, rédigée dans le premier tiers du même siècle[1]. Voici l'un des passages d'Aimoin où il est parlé de ce château : « Ademarus, « filius Widonis, in urbe Lemovicina vicecomitis, castrum quod « a rusticanis *Bruccia* dicitur ingressus, dominum se agebat. » Cette circonstance que tel était le nom du lieu fortifié, dans le langage des paysans (*rusticani*), atteste son ancienneté.

Notre savant Adrien de Valois, qui a signalé l'existence de ce petit *pays de Brosse*, pense que c'est au château qu'il a emprunté sa dénomination [2]; le château lui-même l'avait prise, sans doute, de la nature de la contrée, où le nom de *Brucia*, *Bruccia* et *Brocia* (qui, en langue gauloise, désignent une forêt ou terrain couvert de taillis et de *broussailles*[3]), attestent la présence de quartiers boisés.

Ce canton serait compris dans le pays de Bort (*Betrivus?*), si l'on admettait, ce qui nous paraît fort douteux, l'attribution proposée par D. Col, et indiquée plus haut dans notre description des *pagi* antérieurs au xiie siècle.

5° *Chargnac* (contrée de) [4].

Ce petit canton était renfermé dans un arc de cercle très-

---

du château, des vicomtes de Brosse, *Bruciæ* ou *de Brucia*. (Cf. *Nov. Gallia christ.* t. II, col. 629.)

[1] « Ipsis temporibus, dum obsessum « esset Widonis vicecomitis *Brociæ* castrum « a duce supradicto et aliis iv comitibus... » (Dans Ph. Labb. *ubi supra*, p. 170. Cf. Gaufrid. prior. Vosiens. *Chronic.* dans Ph. Labb. *loc. cit.* p. 282; il y est parlé d'un vicomte de Brosse, *de Brossa*.)

[2] *Notit. Galliar.* p. 102, col. 2.

[3] *Id. ibid.* « Et nemus Petri de Avesnes « quod vocatur *Brocia*. » (Du Cange, *Glossar.* édit. Didot, t. I, p. 789, col. 2.) — En Limousin, ce terme a été très-usité au moyen âge, comme l'atteste ce passage du Cartulaire de l'abbaye de Dalon : « Dona« mus... bruciam de Julac..... et quartam « partem bruciæ comitalis... » (Du Cange, *Glossar.* loc. cit.) Les noms de *Brousse* ou *Brousses* en bas Limousin, et *Brosse* ou *Brosses* dans le haut pays, proviennent également du *Brucia* de la basse latinité.

[4] Chargnac est à l'ouest de Montboucher, dans la commune de ce nom, canton et arrondiss[t] de Bourganeuf (Creuse).

prononcé, que forme le Thorion, depuis le point où il se rapproche le plus de Bourganeuf, qu'il laisse au sud, jusqu'à *Saint-Martin-de-Chargnac*. La corde de l'arc est représentée par un affluent de gauche, qui coule de l'est à l'ouest, et se jette dans le Thorion, près et au sud-ouest de *Saint-Martin-de-Chargnac*.

Au sud-ouest du hameau de *Chargnac*, qui a donné son nom à cette contrée, et sur l'affluent du Thorion, dont il a été parlé ci-dessus, se trouve le *Moulin de Chargnac*.

Au nord-ouest est situé le village de *Saint-Pierre-de-Chargnac*, qui, au XVIIe et au XVIIIe siècle, avait beaucoup plus d'importance que Chargnac même.

Nous ferons la même observation au sujet de *Saint-Martin-de-Chargnac*, qui est à l'ouest.

Immédiatement au sud de ce petit quartier, s'étendait celui du Dognon ou Doignon, dont nous nous occuperons bientôt.

6° *Compreignac*[1] (contrée de).

Nous trouvons, dans un pouillé du diocèse de Limoges, la mention de *Montégut-en-Compreignac*.

Il y existait un prieuré.

L'origine de Compreignac est fort ancienne, et cette localité avait autrefois de l'importance; car elle possédait, sous les rois de la première race, un atelier monétaire, duquel est sorti l'un des plus beaux triens connus du Limousin, et l'un des plus remarquables assurément de toute la période mérovingienne[2].

Néanmoins il ne paraît avoir été jamais, à proprement parler, le chef-lieu d'un ancien *pagus*. Non-seulement il n'en existe

---

[1] Chef-lieu de commune, canton de Nantiat, arrondissement de Bellac (Haute-Vienne).

[2] Voir notre Description des monnaies mérovingiennes du Limousin, *Revue numismatique*, nouvelle série, année 1857, pl. XII, n° 11.

aucune mention dans les documents du moyen âge, mais il résulte de sa position même qu'il était englobé dans le pays de Rançon (*Andecamulenses*).

7° *Dognon* ou *Doignon* (contrée du[1]).

Ce petit canton, situé au sud de la rivière du Thorion, contient des bois épais, nommés *forêt du Dognon* ou *Doignon*.

Sur la lisière de cette forêt, on remarque une localité appelée *Chatenet-en-Dognon*[2].

Nous trouvons encore, sur la rive gauche du Thorion, un lieu qui porte le nom de *Dognon*. On y découvrit, au XVIIIe siècle, un *tumulus* que le seigneur de l'endroit fit renverser[3].

Dans un acte authentique du milieu du XVIe siècle, ce lieu figure sous le nom de *Dougnon*[4], et c'est en 1674 que nous le trouvons sous la forme de *Doignon*[5], remplacée de nos jours par celle de *Dognon*.

La contrée du Dognon a-t-elle emprunté sa dénomination à cette localité ou à la forêt qu'elle renferme? ou bien cette localité elle-même l'aurait-elle reçue du lieu de Dognon?

Nous ne pouvons rien affirmer à ce sujet. Seulement, si l'endroit cité a communiqué son nom à la forêt, nous pensons que ce n'est que par le voisinage de cette dernière que Chatenet a été surnommé *Chatenet-en-Dognon*.

Nous devons, d'ailleurs, faire observer que diverses localités,

---

[1] M. Guérard a compris cette contrée dans sa Liste des provinces et pays de France. (*Annuaire de la société de l'Histoire de France*, ann. 1837.)

[2] Com[on] de S. Léonard (H[te]-Vienne).

[3] *Mémoires de la société des sciences naturelles et archéologiques de la Creuse*, t Ier, p. 90 et t. II, p. 135.

[4] «Faire cryée et appeler les nobles et aultres personnes subjects au dit ban et rière (*sic*) ban, et mesme ès villes de Felletin..... Dun-le-Pallasteau..... de Dougnon........ et aultres lieux.» (Procès-verbal de 1553, *loc. cit.* tome II, p. 131.)

[5] *Ibid.* p. 172.

éloignées de cette petite région, sont également appelées *Dognon*[1] ; ce qui nous ferait croire que ce mot fut, du moins dans le Limousin, un substantif significatif, comme la *Brosse*, la *Brousse* ou les *Brousses*, *Quintaine* ou *Quintinie*, la *Beylie*, la *Jugie*, la *Meyrie* ou *Majorie*, etc. qui signifiaient primitivement bois ou forêt, métairie, résidence ou bénéfice d'un bailli, d'un juge ou d'un maire.

Quoi qu'il en soit, cette petite contrée faisait partie, au IXe siècle, du *pagus Juconciacus*, pays de Juconciac, dont le chef-lieu est à l'endroit appelé aujourd'hui *le Palais*.

8° *Faurcio* (*de*), *Faurcensis*, ou *de Faorzes* (*regio?*), contrée de Forzès ou Forgès[2].

Forgès eut, au moyen âge, une certaine importance, car il possédait deux églises, dédiées, l'une à saint Martial[3], l'autre à saint Michel[4].

Il fut, au moins vers l'an 930, concurremment avec Espagnac, le chef-lieu d'une vicairie, à laquelle ce dernier endroit communiqua ensuite définitivement et exclusivement son nom : il est en effet parlé, dans le testament du vicomte Adémar, de la « *vicaria Spaniacensis seu* F*aurcensis*[5]. »

Forgès devint, peu après, le centre d'une petite contrée; car,

---

[1] « Auprès de Chambéret, jadis entouré « de noires forêts, dans un lieu appelé au-« jourd'hui *Puy-du-Doignon*, sont trois émi-« nences dont la forme est celle d'un cône « tronqué, d'une élévation de cinq à six « mètres et de soixante environ de circonfé-« rence. Ces trois buttes, placées à peu de « distance les unes des autres, paraissent « être trois *tumuli*, qui recouvrent les restes « de quelques guerriers des temps anciens. » (Marvaud, *Hist. du bas Limousin*, t. Ier, p. 7.)

[2] Chef-lieu de commune, dans le canton d'Argentat, arrondissement de Tulle (Corrèze).

[3] *Testament. Ademari*, circa ann. 930. Baluz. *Histor. Tutel.* col. 333; ch. ann. 946, *ibid.* col. 347; Bulle du pape Pascal II, de l'an 1115, *ibid.* col. 465.

[4] *Ex Chartul. Tutel.* ann. 1154. Baluz. *loc. cit.* col. 485.

[5] *Testamentum supra laudatum*, circa ann. 930; Baluz. *loc. cit.* col. 334.

d'après un titre de 984, il existait une localité dans son voisinage, qui s'appelait *Sanctus Amantius de Faurcio*[1], c'est Saint-Chamant-de-Forgès, situé, comme Forgès même, sur la Souvigne, petit affluent de la Dordogne.

Faurcium, que cet acte nous signale, est le nom primitif de Forgès : à la même époque, et même antérieurement (930), l'une de ses églises s'appelait *Ecclesia Sancti Martialis Faurcensis*, adjectif formé de *Faurcium*[2] ; cent trente ans plus tard, il était nommé *Faorzes*[3], au XVIe, au XVIIe et au XVIIIe siècle, *Forzès*[4], et enfin, de notre temps, *Forgès*.

Le petit canton dont il était le lieu principal était, comme toute la vicairie d'Espagnac, occupé, dans le principe, par le pays de Beynat (*pagus Biaenas*), inscrit en légende sur un tiers de sou d'or mérovingien ; mais, par suite de l'accroissement de pouvoirs que les comtes de Turenne reçurent sous les rois de la deuxième et de la troisième race, il devint alors une dépendance du pays qui portait le nom de leur château (*pagus Torinensis* ou *Tornensis*[5]).

9° *Gimel*[6] (pays de).

On remarque qu'indépendamment de Gimel lui-même, où était le château féodal des chevaliers, plus tard vicomtes, qui en prirent le nom[7], trois localités furent surnommées, l'une *Saint-Martial-de-Gimel*, l'autre *Saint-Priest-de-Gimel*, la troisième *Saint-Étienne-de-Gimel*. Elles étaient, d'ailleurs, excessivement

---

[1] Baluz. *loc. cit.* col. 379.
[2] *Ibid.* col. 333 et 347.
[3] Ann. 1115 et 1154. *Ibid.* col. 465 et 485.
[4] Mss. Biblioth. impér. Fonds Saint-Germain, n° 878, t. II. Voir aussi les feuilles de Cassini.
[5] Voir ci-dessus, num. I, les notices sur le *pagus Torinensis* et le *pagus Asnacensis*, n°s 8 et 12 (n°s VIII et XII sur la carte).
[6] Dans le canton de Corrèze, arrondissement de Tulle (Corrèze).
[7] Voir plus haut, num. I, n°s 8 et 12.

rapprochées les unes des autres, et durent également leur surnom au voisinage du château de Gimel.

Ce petit territoire dépendait vraisemblablement, sous les Mérovingiens, du pays de Beynat (*Biaenas pagus*); mais, à partir du développement que le pays de Turenne acquit sous la deuxième race, le canton de Gimel fut compris dans cette dernière division.

10° *Gorre* (pays de).

La petite rivière de Gorre (appelée *Gorra* au XII° siècle), prend sa source dans un massif de hautes collines boisées, au sud de Pageas, à l'est de Châlus (Haute-Vienne), et, se dirigeant du sud au nord-nord-ouest, va se perdre dans la Vienne devant Chaillac, un peu en aval de Saint-Junien.

Trois localités situées sur la rive droite de ce cours d'eau lui ont emprunté leur nom : *Gorre*, qui est à l'est d'Oradour et à l'ouest de Teixon; *Saint-Laurent-de-Gorre*, placé au nord-ouest de Gorre [1], et *Gorétie*, encore plus au nord-ouest, entre Saint-Cyr et Saint-Auvent.

De ces trois localités, il en est une, Saint-Laurent-de-Gorre, qui est désignée dès l'année 1115, dans une bulle du pape Pascal II, confirmative des priviléges de l'abbaye de Tulle, sous le nom d'*Ecclesia Sancti Laurentii de Gorra* [2]; c'est la plus ancienne mention qui nous en soit connue.

Ce petit quartier était englobé dans l'ancien pays des *Leuci* (de Châlus et de Ligoure).

11° *Lastours* (pays de).

Le château de l'ancienne famille féodale des Lastours, d'où

---

[1] Gorre est chef-lieu de commune dans le canton de Saint-Laurent-de-Gorre, arrond¹ de Rochechouart (Haute-Vienne).

[2] Baluz. *Hist. Tutel.* append. actor. veter. col. 465.

sortit l'un des plus illustres héros des croisades, Gouffier de Lastours [1], a communiqué son nom à trois localités, dont l'une est sous ses murs et les deux autres dans son voisinage immédiat : *Lastours*, au sud-ouest de Nexon (Haute-Vienne), au sud-sud-est de Flavignac; *Rilhac-Lastours*, au nord du précédent village, et *Saint-Hilaire-Lastours*, au nord-est [2].

Ce petit territoire appartenait, comme le précédent, au pays des *Leuci* (de Châlus et de Ligoure).

12° *Laurière* [3] (pays de).

Laurière était un lieu assez considérable, situé sur la route de Limoges à Paris par la Souterraine, au nord-est de Compreignac, au sud-ouest de Marsac et au sud de Fursac; il a communiqué son nom à *Saint-Michel-de-Laurière*, qui était au nord-est, et à *Saint-Sulpice-de-Laurière*, qui est au sud.

Il dépendait du pays de la Montagne (*Montana*).

13° *Monédières* (montagnes et pays des) ou de *Monédière*.

Il existe, dans la partie nord du département de la Corrèze, une contrée montagneuse, ramification de la grande chaîne du Mont-d'Or, qui traverse de l'est à l'ouest le Limousin dans

---

[1] Les chevaliers de Lastours figurent dans un grand nombre de chartes et de chroniques limousines; ils prennent le nom de *Lastors* dans deux actes du Cartulaire de l'abbaye de Beaulieu, récemment publié par nous dans la Collection des documents inédits sur l'histoire de France, chartes XIV et XV, datées de 1060-1108. Ces seigneurs n'eurent que le titre de chevaliers jusqu'au XII° siècle. Dès le commencement du XII° siècle, ils prirent la qualité de vicomtes, comme on le voit par le rapprochement de deux titres rapportés par Baluze. (*Histor. Tutel.* append. col. 466 et 486.) Ils sont, en effet, qualifiés *chevaliers* dans la bulle du pape Pascal II, de 1115, et *vicomtes* dans une bulle du pape Adrien IV, de 1154.

[2] Rilhac-Lastours et Saint-Hilaire-Lastours sont chefs-lieux de commune dans le canton de Nexon, arrondissement de Saint-Yrieix (Haute-Vienne). Le village de Lastours est dans la commune de Rilhac-Lastours.

[3] Chef-lieu de canton; arrondissemen de Limoges (Haute-Vienne).

sa largeur, et prend, à son passage à la hauteur de Treignac et de Chambéret, le nom de *Monédières*.

Ce nom lui vient, nous le croyons, d'une ancienne localité appelée *Monedeira* dans une bulle du pape Pascal II, de 1105, et dépendante du monastère de Saint-Martin de Tulle[1].

Ces montagnes dominent au sud le bassin de la Vézère, et les paysans les appellent *montagnes noires*, parce que, dans les beaux jours, leurs noirs pitons se détachent brusquement à l'horizon sur le fond bleu du ciel. Elles étaient comprises, partie dans l'ancien pays d'Uzerche (*Usercensis pagus*), partie dans celui de Chamboulive (*Cambolivensis pagus*).

14° *Tarde*[2] (pays de la).

La rivière de Tarde, qui coule du sud-ouest au nord-est, dans le Franc-Alleu et le pays de Combraille (*Combralia*), et va se jeter dans le Cher, a communiqué son nom à un petit canton situé sur ses rives.

Tout auprès de la limite du Limousin et à la source de ce cours d'eau, se trouve établie une localité à laquelle on a donné le nom de *Saint-Avit-de-Tarde*, très-vraisemblablement pour la distinguer de *Saint-Avit-d'Auvergne*, qui est non loin de là, dans le diocèse de Clermont.

15° *Thorion* (pays du)

Le Thorion prend sa source dans la partie occidentale du département de la Creuse, et, s'orientant au sud-ouest, va se réunir à la Vienne en amont du Palais (*Juconciacus* ou *Gegontiacus palatium*). Dans l'angle aigu formé par le confluent des deux cours d'eau, nous trouvons un bourg appelé *Saint-Priest-*

---

[1] Baluz. *loc. cit.* col. 451.
[2] Saint-Avit-de-Tarde, chef-lieu de commune, dans le canton et l'arrondissement d'Aubusson.

Thorion[1], ce qui indique que ce petit quartier a emprunté son nom à la rivière du Thorion.

Ce canton était, suivant toutes les vraisemblances, englobé dans l'ancien *pagus Juconciacus* (pays du Palais), dont il a été parlé plus haut[2].

IV. Des *pagi* ou pays admis par divers auteurs et rejetés par nous.

En voici la liste :

Le *pagus* ou *pagellus Lemovicinus*, petit pays ou district de Limoges;

Le *pagus Tutelensis*, pays de Tulle;

Les *Datii*, placés par d'Anville dans la partie méridionale du Limousin;

Le *pagus Schotorensis, Scotorensis*, ou *Doratensis*, pays du Dorat;

Le pays de *Jarges;*

Enfin, le pays de *Toull* ou *Toulx-Sainte-Croix*.

1° Du *pagus* ou *pagellus Lemovicinus*, district particulier de Limoges :

M. Guérard, remarquant l'usage, dans les chartes limousines, des appellations d'ORBIS *Lemovicinus* et de PAGUS *Lemovicinus*, a pensé que la première désignait la cité ou le grand pays, et la seconde, un district de la cité, dépendant directement de Limoges[3].

Mais il n'en est rien. D'après l'ensemble des nombreux titres qui ont passé sous nos yeux, il n'est pas douteux que

---

[1] Les dictionnaires modernes et les cartes géographiques portent *Saint-Priest-Taurion;* mais c'est une orthographe vicieuse. Cette localité est chef-lieu d'une commune dans le canton d'Ambazac, arrondissement de Limoges (Haute-Vienne).

[2] Voir ci-dessus, num. I, n° 2, et sur la carte, le chiffre romain II.

[3] *Essai sur les divisions territoriales*, p. 47 et 152.

pagus et *orbis Lemovicinus* expriment également la cité du Limousin, et sont employés indifféremment l'un pour l'autre. On voit appliqué à la désignation de la même localité, dans des actes différents, tantôt le terme de *pagus*, tantôt celui d'*orbis*. Il y a plus, *orbis* sert quelquefois à désigner les lieux situés dans la quintane ou banlieue de Limoges, et qui auraient, à coup sûr, été compris dans le district particulier de Limoges, s'il avait existé; et, en même temps, on trouve citées, comme existant dans le *pagus*, des localités qui n'auraient pu appartenir à ce district particulier de Limoges, car elles étaient à l'extrémité du territoire de la cité, éloignées de Limoges de plus de cent dix kilomètres. Je citerai celles qui dépendaient des vicairies de Turenne, de Puy-d'Arnac, d'Yssandon, de Le Vert.

D'ailleurs, l'existence de ce *pagus* d'ordre inférieur n'est aucunement prouvée. Il faudrait, pour la démontrer, que l'on produisît au moins un document où cet arrondissement serait clairement désigné, où on lirait, par exemple, des termes analogues à ceux dans lesquels se présentent les autres *pagi* : « In orbe Lemovicino, *in pago, territorio,* ou *fundo Lemovicensi,* « in villa, etc. » Or, jusqu'ici, aucun témoignage de ce genre n'est parvenu à notre connaissance.

Ce n'est pas tout : indépendamment de cette preuve négative, nous ferons voir plus bas que deux de nos plus anciens *pagi*, celui des *Andecamulenses* (de Rançon) et *Juconciacus* (de Juconciac ou du Palais), arrivaient, du côté du nord et du nord-est, jusqu'aux portes de Limoges, comprenant même une partie de sa banlieue, *quintana*. Il y a là, ce nous semble, de très-graves motifs de douter qu'il y ait eu au-dessous de la cité ou grand *pagus*, comme l'a cru M. Guérard, un pays de Limoges, un *pagellus* ou *propagus Lemovicensis*, et nous avons dû conséquemment nous abstenir de le porter sur notre liste.

2° Du *pagus Tutelensis*, pays de Tulle.

Le *pagus Tutelensis* n'a pas davantage existé. Tulle ne fut le centre ni d'un archidiaconé ni d'un *pagus* avant l'érection de son évêché. Ce petit diocèse, que le pape Jean XXII démembra de celui de Limoges, en 1317-1318, fut formé des églises et des possessions que le monastère de Saint-Martin avait acquises, dans les siècles précédents, à titre gratuit ou onéreux; on y ajouta seulement des parcelles de territoire et quelques églises enclavées dans ses possessions; et, pris dans son ensemble, le nouveau diocèse forma une circonscription fort irrégulière, sans aucun rapport avec les anciennes divisions régionales ou administratives.

C'est donc à tort que M. Guérard a considéré le territoire du diocèse de Tulle comme ayant été, avant l'institution de l'évêché, un *pagus minor* du Limousin [1].

3° Des *Datii*.

D'Anville, dans sa carte de la Gaule au temps de César, dressée en 1745, pour l'Histoire romaine de Crevier, a marqué, dans la partie méridionale du territoire des *Lemovices*, un peuple mentionné par Ptolémée sous le nom de *Datii* [2]; mais rien ne prouve, n'indique même que ce peuple ait habité sur un point quelconque de ce pays. D'Anville l'a placé en bas Limousin par le seul motif que cette partie de la Gaule lui paraissait manquer de positions romaines.

Mais une telle raison ne saurait suffire pour justifier cette attribution. Notre illustre géographe paraît l'avoir ainsi jugé lui-même, puisque, dans sa carte de l'ancienne Gaule, qu'il

---

[1] *Essai sur les divis. territ.* p. 109-110.
[2] Ὑπὸ μὲν τοὺς Γαβάλους Δάτιοι, καὶ πόλις... Τάσια. (*Geogr.* lib. II, cap. VI, § 17.)

publia en 1760, pour être jointe à sa Notice, il s'abstint de reproduire sa conjecture.

Quant à la véritable position des *Datii*, M. Walckenaër, en combattant la première opinion de d'Anville, a pensé que cette peuplade était plutôt dans le pays des *Ruteni* (Rouergue), sur la petite rivière de Dazc, au lieu appelé *Testet*, arrondissement de Rodez (Aveyron)[1].

Quoique cet avis semble tout d'abord autorisé par le texte de Ptolémée, qui place les *Datii* sous les *Gabali* (Gévaudan), nous croyons qu'il n'est point exact, et que la position dont il s'agit doit être cherchée sur un autre point de la Gaule. Mais c'est là une question qui ne peut être traitée incidemment, et que nous nous réservons de discuter ailleurs; il nous a suffi de montrer que le Limousin était hors de cause.

4° Du *pagus Schotorensis, Scotorensis* ou *Doratensis*, dont la ville du Dorat, *Scotorum* ou *Scotorium*, aurait été le chef-lieu.

Ce *pagus* est mentionné dans le passage suivant d'un diplôme attribué au roi Clovis 1er, et qui aurait eu pour objet la fondation du chapitre canonical du Dorat, après la défaite d'Alaric, roi des Visigoths : «... et quum per circumvicina loca rex ipse « triumphans iter perageret *ad pagum Schotorensem*, inter duos « rivulos situm[2]... » Cet acte n'est connu que par un *vidimus* dressé en 1495[3], et produit depuis dans un litige. Mais les auteurs du nouveau *Gallia christiana*[4] ont reconnu la fausseté de ce titre; et M. Robert du Dorat, lieutenant général de la basse Marche, qui était fort instruit des choses de sa localité,

---

[1] *Géograph. anc. des Gaules*, t. II, p. 247-249.

[2] Voir ce titre dans l'*Histoire du Limousin (Bourgeoisie)*, par M. Leymarie, in-8°, 1846, Limoges, pièces justificatives, p. 345.

[3] *Ibid.*

[4] *Nov. Gall. christ.* t. II, col. 549.

a démontré, dans une dissertation méthodique et substantielle[1], que le prétendu diplôme avait été fabriqué après 1400; il n'y a pas lieu, dès lors, de s'y arrêter. C'est donc à tort que M. Allou a mentionné, sans réserve, un *pagus Doratensis*[2].

5° et 6° Il en est de même des peuplades et des pays de *Jarges*[3] et de *Toull* ou *Toulx-Sainte-Croix*[4], dont Baraillon a cru retrouver des traces dans les dispositions de prétendus monuments de la période gauloise, qui, à ses yeux, révéleraient des cultes et des usages différents de ceux des peuplades voisines. Les appréciations et même les énonciations de Baraillon ne méritent, ainsi que nous l'avons dit plus haut, qu'une confiance très-limitée.

SECTION II.

AICIS, AIZUM, ARUM; L'AÏCE OU AÏZE.

Les termes géographiques d'*aicis* et d'*aizum*, qui se rencontrent si souvent dans les monuments de l'Auvergne, du Velay, du Forez et du haut Rouergue, se présentent rarement, et comme des exceptions, dans la géographie des autres provinces de la Gaule. Le Cartulaire de Beaulieu nous offre la mention de trois districts ainsi appelés, et dont l'un, l'*aicis Vertedensis*[5] (de Le Vert), est en Limousin; un autre, l'*aicis Exidensis* ou *aizum Exidense*[6] (de Castelnau?), est situé dans le Quercy; le troisième, l'*aicis Catalensis* (de Cantalès), dépend de l'Auvergne. Il est même à remarquer que ces deux circonscriptions du Limousin et du Quercy se trouvent dans les par-

---

[1] Voyez Leymarie, *Histoire du Limousin (Bourgeoisie)*, loc. cit. pages 345-348.

[2] *Description des monuments de la Haute-Vienne*, p. 329, note.

[3] Baraillon, *Recherches sur les Cambiovicenses*, p. 296-297.

[4] *Id. ibid.* p. 241-242, 321-327 et 335.

[5] Ch. LXVIII.

[6] Ch. CXXIX et CLXXV.

ties de ces deux provinces qui sont limitrophes de la cité ou grand *pagus Arvernicus*. Ajoutons que la charte où l'expression *aicis* a été employée pour désigner le district de Castelnau est, suivant toutes les vraisemblances, de deux habitants de l'Auvergne, Atarius et Rolande, sa femme; car ces deux personnages y font en même temps donation à l'abbaye, d'une église située dans l'aïce de Cantalès ou Cantaleix (Saint-Étienne ou Saint-Martin-de-)[1].

L'origine de l'aïce et l'étymologie des deux mots latins qui le désignent sont fort difficiles à déterminer. Il n'en est pas tout à fait de même du caractère de la circonscription à laquelle ils s'appliquent.

Les exemples que renferme le recueil précité ne prouvent pas que l'*aicis* et l'*aizum* soient identiques à la *vicaria* et au *ministerium*, qui est synonyme de *vicaria*. Mais cette identité est attestée par des actes d'autres pays, et notamment par le passage suivant d'une charte du Cartulaire de Saint-Julien de Brioude : *in ipso aiace* seu *in ipsa vicaria*. Placés ainsi dans la même phrase, les deux termes prennent une signification semblable. Du Cange et, après lui, les Bénédictins, ses continuateurs, ont fourni de nombreuses citations tirées des cartulaires de l'Auvergne et du Rouergue, et dans lesquelles ces mots sont rapprochés de manière à recevoir la même interprétation[2].

Dès lors nous sommes autorisé à voir souvent dans l'*aicis Vertedensis* (de Le Vert en Limousin), ou dans l'*aicis Exidensis*

---

[1] Ch. CLXXV.

[2] Une charte du Cartulaire de l'église de Vabre porte notamment : *In ipso aice* vel *in ipso ministerio*. (Voir *Glossar.* voc. *Aiacis, Aicis, Aizis* et *Aizum*, édit. Didot, t. Ier, p. 154, col. 1 et 2.) *Aiacis* a quelquefois aussi été employé pour désigner un village, une ferme, une métairie, ou simplement un champ. (*Ibid.*) De nos jours encore, les habitants de l'Auvergne appellent *aize*, dans le langage vulgaire, une terre inculte ou adjacente à un bâtiment.

(de Castelnau en Quercy?), l'équivalent de la vicairie du même nom.

Nous devons pourtant signaler, dans le Cartulaire de Beaulieu, un exemple où l'*aizum* paraît être employé comme synonyme de *vallis,* et désigner, par suite, une division régionale, déterminée par la configuration du sol, au lieu d'une division administrative telle que la *vicaria* ou le *ministerium* : « Vinea « quæ est in pago Caturcino, in villa (*leg.* valle) Exidense, in « loco ubi vocabulum est Concellas..... similiter *in ipso aizo,* « campus qui habet fines de duobus lateribus viam publi-« cam [1]. » Ce mot, quoique devant être expliqué généralement dans le sens ci-dessus indiqué, prend donc aussi parfois une autre signification, et l'on peut dire que son interprétation dépend de la place qu'il occupe dans les textes du moyen âge.

Il nous reste à parler de l'*arum*, dont les chartes du même monastère offrent deux exemples [2]. Cette expression ne semble guère avoir été usitée que dans le haut Quercy, le Limousin, la haute Auvergne et le Rouergue : sa signification, d'après les citations que contient le Glossaire, a beaucoup varié ; tantôt elle vient immédiatement après le grand *pagus,* et acquiert la valeur du *pagus minor*, ou plutôt de la *vicaria* et du *ministerium*, qui égalait la vicairie [3] ; tantôt elle est précédée à la fois de la désignation de la cité ou grand *pagus*, et de la vicairie ou du *ministerium*, et alors son importance et probablement aussi son étendue s'amoindrissent [4].

---

[1] Ch. CXXIX.
[2] Ch. CXLVII et CLXVIII.
[3] « Similiter in pago Arvernico, in aro « quæ vocatur, etc. » (Ex chart. Conchens. in Rutenis.) « Breve divisionale, in ipso « aro, de ipsa villa quæ dicitur Roca. » (Ex chartulario Ecclesiæ Cadurcensis. Apud Glossar. édit. Didot, t. I, p. 424, col. 3.)
[4] « Et ipsa res in pago Rotinico, in mi-« nisterio Condadense, in aro de Garza-« guas. » — « In vicaria Serniacense, in aro « quæ vocatur, etc. » (Ex chart. Conch. l. c.)

Mais il est à remarquer que, même dans ce dernier cas, l'*arum* se maintient au-dessus de la *villa*, puisque cette division agraire y est contenue.

Dans la charte CXLVII du Cartulaire de Beaulieu, ce mot paraît se confondre avec celui de *vicaria* : « Hoc est curtem « meam quæ vocatur Cantedunus..... qui est in pago Limovi-« cino, in vicaria Usercense, et alium mansum, etc..... et *in* « *ipso aro*, in loco cui vocabulum est Fabricas, mansos duos ubi « Gandalfredus et Johannes visi sunt manere. » L'*arum* est ici supérieur à la *villa* ou *locus*, qui se subdivise en plusieurs manses ; il se rapproche conséquemment de la *vicaria Usercensis*, nommée dans les lignes précédentes et nous sommes ainsi autorisé à le considérer comme étant à peu près l'équivalent de l'*aicis* ou *aizum*.

Dans la charte CLXVIII du même recueil, le terme descend, au contraire, à la signification de village, et devient à peu près synonyme de *villa* : « Hoc est mansos meos qui sunt in pago « Limovicino, in vicaria Asnacense, in villa cujus vocabulum « est Lusidus..... et in alio loco, in eodem pago et in eadem « vicaria, in loco qui vocatur Rabiago, terras et silvas. Hæc « omnia superius nominata et omnia quæ ad ipsos mansos « aspiciunt..... et quantum præfati homines in supradictis « mansis, tam intus villa quam foris villa, *in aro*, habuerunt. » Le terme dont il s'agit semble avoir ici le sens vague, indéfini, du mot français *endroit*.

SECTION III.

SUBURBANUM, SUBURBIUM, SUBURBICARIÆ REGIONES; FAUBOURG, BANLIEUE, SUBURBE DE LA CITÉ OU DU *CASTRUM*.

Le *suburbanum* ou *suburbium*, considéré comme division régionale, représente tantôt le pays entier soumis à la cité épiscopale, dont elle est alors le vaste *suburbe*, tantôt la partie de ce territoire formant une dépendance immédiate de cette ville, une espèce de banlieue; ou bien enfin un de ses faubourgs.

I. C'est dans ce dernier sens que les deux termes qui nous occupent sont employés, au VIe siècle, notamment dans de nombreux passages de Grégoire de Tours, parmi lesquels nous citerons les suivants : « Namatius..... cujus conjux basilicam « sancti Stephani, *suburbano murorum*, ædificavit. » — « Burde- « galensis urbs patronos venerabiles..... sanctum Severinum « episcopum, *suburbano murorum*, summa excolens fide. » — « *Suburbano urbis hujus* (Santonicæ) Bibianus antistes quiescit. » — « Requiescit in *suburbano murorum* urbis ipsius mulier. » — « Est apud urbem Trevericam, *suburbano*, sanctus Maximus [1]. » Il s'agit incontestablement, dans ces extraits, de faubourgs des villes de Clermont, Bordeaux, Saintes et Trèves.

Nous citerons aussi, comme présentant la même signification :

1° Le passage suivant de la Vie de saint Éloi, écrite, au VIIe siècle, par son disciple saint Ouen : « Erat vir quidam « habitans in *suburbio Parisiaco*, haud procul a basilica beati « Petri, apostolorum principis [2]. » Ces mots désignent évidemment un faubourg de Paris.

2° Le testament de saint Virgile, évêque d'Auxerre, qui remonte vers l'année 680 : « Sancta venerabilis basilica domnæ « Mariæ genitricis Domini..... quam opere uno in *suburbio*

---

[1] Gregor. Turon. *Hist. eccles. Francor.* lib. II, cap. XVII. Il s'agit là d'une église qui passa plus tard sous le vocable de saint Eutrope, et s'appela *ecclesia Sancti Eutropii suburbicarii*. (*Glor. confessorum*, cap. XLV, LVIII, LXIV, XCIII. Cf. *Hist. eccl. Francor.* lib. III, cap. XII, XVIII et *passim*; *Miracul. martyr.* cap. XXXII; *Glor. confess.* cap. LXXXVI.)

[2] *Vit. sancti Eligii*, auctore Audoëno, lib. II, cap. XVII; apud Dacherian. *Spicileg.* in-4°, t. V, p. 246.

« *murus civitatis de Althisiodoro* visi fuimus construxisse [1]. » Le testateur indique ici un faubourg d'Auxerre.

3° Un diplôme du roi Thierry IV, daté de 725 : « Data « Metis, in cœnobio sancti Arnulphi, ejusdem loci episcopi, « quod est constitutum in *suburbio* [2]. » Ce passage s'applique à un faubourg de la ville de Metz.

4° Un diplôme de Charles le Chauve, daté de 899 : « Ba-« silica..... beati Martini, quæ sita esse cognoscitur in *suburbio* « Turonis civitatis [3]. » On parle ici d'un faubourg de Tours.

5° Enfin une charte du Cartulaire de Saint-Vincent de Laon, de 988, dans laquelle se trouve mentionné le faubourg de cette ville, où était situé ledit monastère : « Coabba Berlandus de « *monasterio sancti Vincentii, in suburbio* Lauduni posito [4]. »

Plus tard nous voyons le pluriel de *suburbium* employé pour désigner les faubourgs de la ville, dans une charte de commune octroyée, en 1194, aux habitants d'Auxerre : « Ego « P. comes Nivernensis, notum facio et quod ego cum homini-« bus meis de Altisiodoro, tam in civitate quam *in suburbiis ci-* « *vitatis*, et in burgo Sancti Gervasii morantibus, statutum tale « et conventionem feci [5]. » — De même, dans une charte de la commune de Sens, de 1225 : « Communiam fieri conces-« simus, quam jurabunt omnes illi qui sunt tam in circuitu « quam *suburbiis*, et in parochiis mallorum vicecomitis [6]. » — De même encore, dans un titre du trésor de Saint-Martial de Limoges, de 1296, où il est dit : « Aymericus Tranchaleo..... « impignoravit bona quæ habebat in castro, civitate et *suburbiis*

---

[1] Mabillon, *Annal. ord. S. Bened.* t. I, append. p. 694; Quantin, *Cartulaire général de l'Yonne*, p. 19 et 20.

[2] Dans Bouquet, *Hist. de France*, t. IV, p. 704.

[3] Bouq. *loc. cit.* t. IX, p. 509.

[4] *Hist. de l'abbaye de Saint-Denis*, par Félibien, preuves, p. LXXXI.

[5] Dans Baluze, *Miscellanea*, édit. de Mansi de Lucques, in-fol. t. III, p. 85, col. 2.

[6] *Ibid.* p. 86.

« *Lemovicarum*[1]. » Nous trouvons là l'indication des faubourgs de la ville de Limoges. Il n'est pas inutile de faire observer que le pluriel de *suburbium* (*suburbia*), à la différence du singulier, dont le sens varie beaucoup, désigne toujours les faubourgs d'une ville.

Il est à remarquer que la cité épiscopale ne fut pas la seule dont les faubourgs soient désignés dans les monuments; un simple *castrum* en possédait aussi, comme l'atteste une charte de l'évêque de Langres, Widric, datée de 980, où nous lisons : « ..... In villa Jasam..... et in *suburbio ipsius castri Tornodo-* « *rensis*, molendina duo[2]. »

II. D'autres fois *suburbium* ou *suburbanum* servaient à désigner une partie du territoire du diocèse, immédiatement dépendante de la ville épiscopale, une sorte de banlieue.

Voici des exemples tirés :

1° De la charte de fondation du monastère de Solignac par saint Éloi, datée de 631 : « Ego Eligius..... ecclesiæ quam in « *suburbio Lemovicensi*, in terra et fundo agri Solemniacensis... « construxi, cessum esse volo, etc.[3] » Solignac étant à plus de dix kilomètres de Limoges, on ne peut attribuer ici au mot *suburbium* la signification de faubourg : on y voit, avec beaucoup de vraisemblance, la vaste banlieue que possédait la cité épiscopale, et qui, au IXe siècle, portait le nom de *quintana*[4].

2° De la Vie de saint Priest (*Præjectus*), évêque de Clermont et martyr vers 674 : « Monasterium virginis in *suburbano præ-* « *fatæ civitatis* (Arvernorum) in loco cui Camelaria nomen[5] ; »

---

[1] Mss. de la Biblioth. impér. Collect. Gaignières, t. CLXXXVI, p. 223.

[2] Quantin, *Cartul. de l'Yonne*, p. 147.

[3] *Charta et diplomata*, édit. Pardessus, t. II, p. 11. *Nova Gallia christiana*, t. II, col. 185.

[4] Nous parlerons plus bas (titre II, *in fine*) de la circonscription appelée *quintana*, qui avait un tout autre caractère que le *pagus* particulier de la cité, tel que le *propagus Parisiacus*, petit pays Parisis.

[5] *Vit. S. Præjecti*, auctore anonymo

3° De la Chronique de Moissac, dans laquelle il est parlé, à la date de 732, du champ de bataille voisin de Poitiers, où Charles Martel défit Abdérame et ses Sarrasins : « In isto præ- « lio, *in suburbio Pictaviensi*[1]. »

4° De la Vie de saint Eustase, abbé de Luxeuil (an 625), écrite par un contemporain, où il est fait mention de monastères fondés *in suburbano Bituricensis urbis*, les uns sur les bords de la Marmande (*fluvius Milmandra*), un autre au lieu dit *Gaudiacum*, sur l'Aubois (*fluviolus Albeta*)[2]. Or ces deux rivières coulent à plus de dix milles de Bourges (c'est-à-dire à six lieues gauloises et deux tiers), ce qui ne peut se rapporter à un faubourg, mais convient assez bien à la grande banlieue qui environnait la ville métropolitaine;

5° D'un acte de 1128, qui place l'abbaye de Saint-Martin-du-Val *in suburbio Carnotensi*[3], ce qui s'entend également du territoire immédiatement dépendant de la ville de Chartres.

Suburbium prend, on le voit, dans les monuments que nous venons de citer, un sens fort approchant de la *quintana* ou *septena* du IXe et du Xe siècle, qui fut plus tard la *leuga civitatis*, *banni leuca* ou *banleuga*, comme on appelait, à la fin du XVe siècle, la banlieue de Limoges[4].

III. Lorsque Louis le Pieux, par un diplôme de 817, con-

æquali, dans Mabillon, *Acta SS. ordin. S. Bened.* sæc. II, p. 641.

[1] Duchesne, *Collect. des historiens des Gaules*, t. II, p. 655.

[2] « *In suburbano Bituricensis urbis*......
« Theodulfus, cognomento Babolenus, mo-
« nasteria ex regula Columbani omni reli-
« gione pollentia, construxit : primum in
« insula supra fluvium Milmandram, ubi
« religiosorum adunavit catervam, alium
»Gaudiacum nomine, haud procul a flu-
« violo Albeta, tertium Christi Virginum
« congregationi, loco nuncupato Caran-
« tono supra fluvium jam dictum Milman-
« dram..... » (Ex Vit. S. Eustasii, abbat. Luxoviensis, apud Mabillon. *Acta SS. ord. S. Bened.* sæc. II, p. 122.)

[3] *Ex Chartul. S. Martini de Valli.* Mss. de la Biblioth. imp. Collect. Duchesne, t. XX-XXI.

[4] Mss. de la Biblioth. impér. Collect. Gaignières, t. CLXXXV, p. 349.

firme la donation faite au pape de la cité de Rome, « cum du-
« catu suo et *suburbanis* atque viculis ¹, » il est clair que cela ne
s'applique ni aux faubourgs ni à la banlieue de Rome, mais à
son territoire suburbain, c'est-à-dire à l'intégralité de son domaine.

Un monument du VII⁰ siècle contient le passage suivant :
« Cœnobium puellarum *in suburbio Lingonicæ urbis*, in hæreditate
« vel successione paterna conatur (sancta Salaberga) exstruere,
« qui locus licet Austrasiorum finibus immineret, vicinus tamen
« Burgundiæ erat, distans à Luxovio monasterio paullominus
« *millibus quadraginta* ². » Par le mot de *suburbium*, il faut, suivant Mabillon, entendre le diocèse ou le pays de Langres (*pagum Lingonensem*) : car le lieu où la sainte abbesse fonda le
monastère dont il s'agit ici étant situé près des frontières de
l'Austrasie et éloigné de Luxeuil d'un peu moins de quarante
milles (c'est-à-dire vingt-six lieues gauloises et deux tiers), et
Luxeuil étant lui-même éloigné de Langres de près de soixante
milles (c'est-à-dire de près de quarante lieues gauloises), on
ne peut voir dans le passage cité une mention de la banlieue
de Langres, mais du territoire entier de la cité Lingone ³.

Les *comitatus suburbani* dont il est question dans un capitulaire cité par Du Cange désignent une étendue territoriale qui
dépasse de beaucoup une banlieue de ville, et représentent
l'ensemble des circonscriptions qui divisaient la *civitas* ou ancien diocèse ⁴.

Mabillon, dans un autre endroit, fait observer que les expressions *suburbicariæ regiones*, qui sont parfois employées par

¹ Mss. de la Biblioth. impér. Collect. Duchesne, t. LXVI-LXVII.

² Ex Vita S. Salabergæ (ann. 655), auctore fere coævo; dans Mabillon, *Acta SS. ord. S. Bened.* sæc. II, p. 426.

³ *Ubi supra*, note.

⁴ Nous regrettons de n'avoir pu retrouver le passage du Glossaire de Du Cange d'après lequel nous avons noté les *comitatus suburbani*.

les rédacteurs des titres du moyen âge, semblent indiquer la superficie entière que comprend la cité. Cette observation est juste et rentre dans la troisième hypothèse proposée par nous; mais le même savant ajoute que ces mots proviennent de *suburbium* et *suburbanum*, et que, dès lors, ces derniers termes doivent également s'entendre de tout le territoire diocésain [1].

Cette opinion, exacte dans certains cas que nous venons de définir, ne saurait s'appliquer à tous, notamment à ceux qui sont rapportés dans les deux premiers paragraphes de la présente section.

Nous croyons donc pouvoir conclure qu'on doit s'abstenir d'attribuer, à l'avance, aux termes géographiques qui nous occupent une signification invariable, absolue, et qu'il convient, au contraire, d'en déterminer le sens d'après la place où on les trouve et suivant chaque espèce en particulier.

[1] *Acta SS. ordin. S. Bened.* sæc. II, p. 122.

Étienne Baluze

Capitulaires

De la Chambre

Description des Monnaies

Du Princes des

www.ingramcontent.com/pod-product-compliance
Lightning Source LLC
Chambersburg PA
CBHW071951160426
43198CB00011B/1631